高等职业教育公共基础课通用教材

大学生创新创业基础

主　编　廖启明
副主编　唐晓旭　易善芝
编　委　张　雯　汪翠翠　王赛文

北京理工大学出版社
BEIJING INSTITUTE OF TECHNOLOGY PRESS

内 容 简 介

本书是编者多年从事创新创业教育与实践经验的总结。全书共9个单元，主要内容包括认识创新创业、创新能力与创业素质、塑造创业团队、创业机会与创业项目、创业资源、商业模式、创业风险、实施创业计划、新创企业。

本书既可以作为高等院校"创新创业"课程的教材，也可以作为社会人士了解、学习创新创业知识的参考用书。

图书在版编目（CIP）数据

大学生创新创业基础／廖启明主编. -- 北京 ：北京理工大学出版社，2023.8

ISBN 978-7-5763-2825-7

Ⅰ. ①大… Ⅱ. ①廖… Ⅲ. ①大学生-创业-教材

Ⅳ. ①G647.38

中国国家版本馆 CIP 数据核字（2023）第 164759 号

责任编辑：时京京　　文案编辑：时京京
责任校对：周瑞红　　责任印制：施胜娟

出版发行／北京理工大学出版社有限责任公司

社　　址／北京市丰台区四合庄路6号

邮　　编／100070

电　　话／（010）68914026（教材售后服务热线）
　　　　　（010）68944437（课件资源服务热线）

网　　址／http://www.bitpress.com.cn

版 印 次／2023 年 8 月第 1 版第 1 次印刷

印　　刷／三河市天利华印刷装订有限公司

开　　本／787 mm×1092 mm　1/16

印　　张／14.75

字　　数／326 千字

定　　价／42.00 元

图书出现印装质量问题，请拨打售后服务热线，负责调换

前言 Preface

党的二十大报告提出："必须坚持科技是第一生产力、人才是第一资源、创新是第一动力，深入实施科教兴国战略、人才强国战略、创新驱动发展战略，开辟发展新领域新赛道，不断塑造发展新动能新优势。"国家的发展离不开大学生的力量，大学生是知识的代表，是科技领域的新生力量。当代大学生肩负着继承和发展民族大业的重要使命，大学生的创新创业能力培养关乎时代发展和社会走向。

创新创业不仅能够缓解就业压力，解决大学生就业难的问题，而且能够将创新成果转化为实际应用，带动经济转型，实现产业升级。创新创业是大学生实现自我价值和社会价值的根本途径。大学生得益于自身的知识水平，具有一种内在的创新潜能，通过创业实践，不仅能把大学生的创新构想转化为社会现实，从而实现他们的创新和创业梦想，而且自身创新和创业梦想的实现亦具有双重意义。一方面，表明大学生自身的价值得到了社会的认可；另一方面，创新和创业的结果必然会为整个社会的发展做出应有的贡献。

"创新创业"课程是面向在校大学生开设的一门通识教育的必修课程，旨在培养大学生的创新创业精神和意识，初步掌握创新创业基本理论，锻炼和提升创业基本素质和能力。通过本课程的学习，要求大学生达到以下几个方面的目标：第一，培养创新精神和科学创业观。主动适应国家经济社会发展和人的全面发展需求，正确理解创新创业与职业生涯发展的关系，自觉遵循创新创业规律，积极投身创新创业实践。第二，教授创新创业知识。认识创新创业的基本内涵和创新创业活动的特殊性，掌握创新思维、创新方法、创新实践的基本要求，使学生掌握开展创新创业活动所需要的基本知识。第三，提升创新创业能力。掌握创新思维的方法、理论和技巧，掌握创业资源整合与创业计划撰写的方法，熟悉新企业的开办流程与管理，提高创新创业综合素质和能力。重点培养学生识别创业计划、防范创业风险、适时采取行动的创业能力。

本书以创新思维为出发点，以学生创新创业能力的培养为主线，将创新和创业的内容有机地结合起来，实现创新创业知识的吸收、运用和创新创业能力的提升。其主要特色体现在以下几个方面：

（1）将创新与创业内容系统地整合，有利于学生更加深刻地理解创新和创业，从而促进学生创新创业能力的提升。

（2）每个单元都配备了大量的案例，每一个专业术语的讲解都尽可能形象、生动、准确，加强了学生对内容的理解。

（3）以创新创业能力的形成过程和创新创业的基本流程为导向，设计内容体系，将创新创业知识无缝衔接，有利于学生理解与掌握。

本教材由廖启明提出编写大纲，易善芝进行全书校对，最后由廖启明进行统稿。全书由从事创新创业基础课教学的一线教师参与编写。具体分工为：第1单元由廖启明编写；第2、第3单元由易善芝编写；第4、第5单元由张雯编写；第6、第7单元由汪翠翠编写；第8单元由唐晓旭编写；第9单元由王赛文编写。

尽管我们为本书的编写工作做出了一定的努力，但不足之处也在所难免，欢迎广大读者提出意见和建议！

编　者

目 录 Contents

> **第 1 单元 认识创新创业 / 1**

    任务 1　理解创业 / 1

    任务 2　认识创新 / 7

    任务 3　开启创新创业思维 / 12

> **第 2 单元 创新能力与创业素质 / 29**

    任务 1　培养创新能力 / 29

    任务 2　创业必备素质 / 47

> **第 3 单元 塑造创业团队 / 55**

    任务 1　勇做创业者 / 55

    任务 2　组建创业团队 / 62

    任务 3　带好创业团队 / 72

> **第 4 单元 创业机会与创业项目 / 79**

    任务 1　发现创业机会 / 79

    任务 2　选择创业项目 / 97

    任务 3　分析创业项目 / 106

> **第 5 单元 创业资源 / 113**

    任务 1　创业资源概述 / 113

    任务 2　创业资源的利用与整合 / 120

    任务 3　融资决策的过程管理 / 125

    任务 4　创业融资注意事项 / 136

> 第 6 单元　商业模式 / 142

　　　　任务 1　商业模式概述 / 142

　　　　任务 2　商业模式画布 / 145

　　　　任务 3　互联网商业模式 / 151

　　　　任务 4　商业模式设计与创新 / 157

> 第 7 单元　创业风险 / 166

　　　　任务 1　创业风险概述 / 166

　　　　任务 2　大学生创业常见风险 / 171

　　　　任务 3　创业风险的管控对策 / 175

> 第 8 单元　实施创业计划 / 185

　　　　任务 1　认识创业计划 / 185

　　　　任务 2　撰写创业计划书 / 188

　　　　任务 3　创业计划演练与展示 / 197

> 第 9 单元　新创企业 / 206

　　　　任务 1　新创企业的组织形式 / 206

　　　　任务 2　新创企业选址 / 212

　　　　任务 3　新创企业的生存管理 / 219

> 参考文献 / 228

第1单元 认识创新创业

知识目标

1. 了解创业的概念、特征、作用等。
2. 了解大学生创业的意义。
3. 了解创新的含义、特点等。
4. 了解创新思维，认识思维障碍。
5. 掌握训练创新思维的方法，掌握培养创业思维的技巧。

素养目标

树立科学的创业观。主动适应国家经济社会发展和人的全面发展需求，正确理解创业与职业生涯发展的关系，自觉遵循创业规律，积极投身创业实践。

任务1 理解创业

起航阅读

创业与就业的差异

1. 角色差异。创业者与就业者在企业中的地位、责任和使命有较大差异。创业者通常处于新创企业的高层，在企业创建过程中，始终是负责人，始终参与其中；就业者通常处于中低层，到达高层需要一个过程，不需要对企业的成长全权负责，需要做好自身本职工作。

2. 技能差异。创业者身兼多职，既要有战略眼光，又要有具体的经营技能，其应该具备相当全面的知识和技能；就业者通常具备一项专业技能即可开展自己的工作。

3. 收益与风险差异。就业者的主要投入是数年的教育成本，创业者除教育成本外，还包括创业中投入的人力、物力和财力；如果企业失败，两者均不会丧失教育成本，但创业者会丧失创业投入，如果企业成功，就业者只能获得约定的工资、奖金，创业者则会获得全部经营利润，理论上该数额没有上限。

4. 时间管理差异。就业者的时间是"别人的"，创业者的时间是"自己的"。

总而言之，创业和就业是两种不同的职业选择，大学生不应盲目做出决断，跟风选择，而应该有自己的判断和理解。

理论讲堂

学习创业、体验创业与实践创业，是大学生创业的三个连续阶段。事实证明，大学生开展有益的创业活动，将会成为发挥自身才华、展现创新思想和个性特点及充分认识社会的一个大好机会。经历创业的大学生所养成的品质、素质和能力，完全可以胜任一般情况下的就业需求。

一、创业的概念

《辞海》对创业的解释是"创立基业"，《现代汉语词典》对创业的解释是"创办事业"。1775 年，法国经济学家理查德·坎蒂隆对创业首次做出定义，他将创业者和经济中承担的风险联系在一起，提出创业代表着承担风险。自此以后，学术界对创业有多种解释，赋予了创业丰富的内涵。管理者认为创业是创新、变化、驱动以及冒险创造和增长，也有人认为创业是一种以机会为中心的思维、推理和行动，创业过程以机会识别和创造为核心，目的在于价值的创造和获取，其过程具有整体性，其领导决策具有权衡的特征。

目前关于创业，公认的定义来自哈佛商学院创业课程的先锋人物——霍华德·斯蒂文森，他说："在哈佛，我们把创业定义为不局限于用目前拥有的资源去寻找机遇，将不同的资源组合，以利用和开发机会并创造价值的过程。"

简言之，创业是指个人通过寻找和把握创业机会，投入已有的知识技能，配置相关资源，创建新企业，为消费者提供产品和服务、为个人和社会创造价值和财富的过程。创业，一般是指开创自己的事业或企业，创业本身是一种创新、创造性活动。大学生自主创业，一般是指在校生或应届毕业生（毕业 3 年内）开创自己的企业。

二、创业的特征

在不同的历史时期，创业的特征也有所不同。在我国社会主义市场经济条件下，创业有以下特征。

（一）时代性

改革开放以来，我国的政治、经济发生了巨大变化，改革开放为社会主义市场经济的建立与发展提供了非常有力的理论依据，同时也使创业环境得到了很大改善，使人民的择业观念产生了深刻变化。一系列鼓励经济发展的政策和法律法规（如《私营企业暂行条例》《中华人民共和国公司法》《中华人民共和国合伙企业法》《中华人民共和国个人独资企业法》）的颁布，为创业提供了重要的政策保障和法律保障。

（二）开拓创新性

创业的突出特点是有一个从无到有的过程。在这个过程中，一般有两个突出特点：一是增量，即在同样的技术水平基础上，创办一个过去并不存在的新的企业，使社会物质财富的生产、服务的供应更丰富多彩，如新的工厂、新的商店和饭店等，这些企业丰富了社会供给，满足了社会需求，繁荣了经济，同时方便了消费者消费；二是增质，即应用新的技术条件，创办一个过去从未有过的企业，如纳米管产品企业、太阳能汽车公司等。这类企业不仅为社会创造了新的产品和服务，而且推动了新技术的应用，促进了社会生产力的发展。

（三）社会公益性

创业者的创业初始动机可能是利益驱动、实现个人价值或是两者皆有。但是客观上其具有突出的社会公益性，这主要表现在两个方面：一是创造了社会就业岗位，为社会创造就业机会，一般一个初创的小企业至少可以提供三个就业机会，一旦成长为大型企业还可以提供更多的就业机会；二是创造了新的社会财富，创业者通过创业可以满足其个人需求和消费，但创业者的最终价值体现在社会利益的实现上，"玻璃大王"曹德旺热心慈善事业就是一个很好的例子。

（四）风险性与高效益性

创业之所以难，是因为风险大。创业有成功与失败两种可能性。一方面，创业失败的损失巨大，有可能倾家荡产，所以没有巨大勇气和具有挑战特质的人，一般是不会轻易走创业之路的。另一方面，创业的高收益性又具有极大的吸引力，创业成功将会改变一个人的一生，甚至改变世界的生存方式，举世皆知的比尔·盖茨就是因为创办了微软而一举成为世界级富豪，微软也对世界发展产生了极大影响。

（五）实践性、科学性与艺术性

创业既是一项实践活动，也是一门科学，更是一门艺术。创业活动是有规律可循的，但绝不是单靠书本知识就能创业成功的，它往往更需要实际去做的勇气和能力。有许多创业者之所以成为创业者，而另有许多聪明人没有成为创业者，一个本质的区别就是是否去做。在做的过程中，能否使所创立的企业健康成长、壮大，更需要能力、科学和艺术的有机结合。

三、创业的种类

（一）传统式创业和新兴创业

传统意义上的创业大多是创造新企业，创建新公司，把创新的想法发展成一个高增长企业。如福特、大众、亚马逊、微软、麦当劳等数百个家喻户晓的企业。

新兴创业超越了传统的创办新企业的概念。新兴创业可以发生在大企业和小企业、老企业和新企业、高增长企业和低增长企业、私营企业、非营利性组织和政府公共部门，不同的地理位置、不同的经济发展阶段、不同的政治制度中均有可能创业。

3

（二） 生存型创业和机会型创业

生存型创业是指出于生存需要不得不选择创业的一种创业形态，如因失业下岗找不到合适的就业岗位或因其他生活变故等失去生活来源，谋生的需要使人们用创新的方式来就业，这类创业的目的是获得或者改善个体的基本生存条件。生存型创业在租赁、零售、个人服务等行业较为常见。

机会型创业是指通过发现或创造新的商业机会，为了追求更大的利益或发展空间而进行的创业活动。其基本特征是把创业作为个人发展的一种更好的选择，寻求更大的事业发展和价值创造。机会型创业具有创新性强的特点，通常集中在高科技领域、金融保险、房地产等商业服务行业中。

（三） 个体创业和公司创业

个体创业是指从零开始创建一个企业实体，且企业产权完全属于个人，相应地由个人完全承担创业所带来的风险。

公司创业是指在现有公司内部进行的创新和新业务创建，以及通过创新和新业务创建而进行的战略更新活动。

公司内部开展新业务主要强调两个方面：一是看这种新业务是否与现有业务具有一定的相关性，从而可以利用公司在此方面的专长和资源；二是看这种新业务是否能服务于公司的整体战略，是否有利于增强公司的核心竞争力。

（四） 创新型创业和模仿型创业

创新型创业是指创业者能够识别具有创新性的创业机会，通过创造和使用新技术、新工艺、新方法等向市场提供新产品和新服务，并创造价值的创业活动。其明显特征是具有新的商业模式，创造一个产品或服务，能够实现高速成长和创造更大价值等，对经济和社会发展的贡献比较大。

模仿型创业是在已有模式的基础上完全模仿别人的技术、运营方式、产品等建立自己的企业，并没有创造自己的新产品、新技术和新服务。

（五） 商业创业和社会创业

商业创业和社会创业是基于价值创造进行分类的。商业创业是以商业利益为出发点的创业行为。社会创业是以公益为出发点的创业行为，是创业精神和创业技能在非营利性组织和非政府部门的体现与应用。

（六） 加盟创业

加盟创业是通过加盟某个成熟企业的经营活动而实现创业的方法，一般的方式是加盟开店。加盟商（受许人）与连锁总部（特许人）之间缔结契约关系。根据契约，连锁总部向加盟商提供独特的商业经营特许权，并给予人员训练、组织结构、经营管理、商品采购等方面的指导和帮助，加盟商向连锁总部支付相应的费用。其依赖总部拥有的品牌、商标、经营管理技术和现有影响力，相比独创事业，加盟创业在时间上、资金上和精神上负担更少一些，可在更短时间内入行。

此外，奥地利经济学家约瑟夫·熊彼特按创新活动的领域将创业分为五类：新产品创业、新资源创业、新市场创业、新生产方法创业和企业组织创业。

✓ **案例播报**

"创业路上我一直在"

2016 届毕业生王某，现担任丽江圆通速递经理、极兔快递经理、菜鸟驿站站长等职务。王某从大一下学期开始创业，从经营申通快递开始，通过大学四年的发展，先后拿到了学校区域的申通快递、中通快递、圆通速递、百世快递、天天快递、丹鸟快递、京东快递、邮政快递和顺丰快递的经营权。

王某毕业后积极投身于二次创业，入股经营丽江市圆通速递、极兔快递，并紧跟时代步伐积极考虑如何在数字经济大潮中与时俱进。"优享丽江""小蛮驴"等系列新亮点纷至而出，极大地方便了受众群体。现旗下公司拥有长期员工 80 余人，长期兼职的大学生 90 余人，不定期兼职的大学生 300 余人。王某设立的经济管理学院菜鸟驿站奖学金已连续发放 5 年；王某的公司在疫情期间为湖北籍毕业生提供 10 千克内免费优惠券，助力湖北抗疫；2021 年河南水灾，王某的公司为受灾严重的 2021 级河南籍新生捐赠生活用品 30 余套。

四、创业的作用

（一）创业对经济的作用

1934 年，约瑟夫·熊彼特在其著作《经济发展理论》中提到，创业者开发新产品、新技术，并随时间推移不断淘汰当前产品和技术。这样的"创造性破坏"有效提高了消费性需求，大大刺激了经济活力，从而把经济推上新的台阶。这样的小企业被称为"创新者"或"变革推进者"。

20 世纪 70 年代中后期，美国创业活动日趋活跃，中小企业蓬勃发展，在此后的 15 年间美国新注册的公司多达 60 万家，是 20 世纪 50—60 年代经济繁荣时期的 7 倍。至此，美国的经济体系发生了深刻变化，从管理型经济转向创业型经济，其创业现象也成为学者研究的焦点。

（二）创业对就业的作用

创业型企业多是年轻的企业，这些企业提供了大量的就业岗位，吸纳了众多的劳动力，在一定程度上解决了就业问题。美国创业型经济发展时期（1970—1984 年），500 强企业的固定工作逐年减少，减少了约 600 万个就业岗位，而新创不足 20 年的中小企业则提供了不少于 4 000 万个就业岗位。目前，我国中小企业已经超过 800 万家，占全国企业总数的 99%，这些中小企业提供了大约 75% 的新岗位，是解决就业问题的主力军。

随着我国高校的扩招，毕业生人数越来越多，大学生的就业形势越来越严峻。党和国家十分重视大学生的就业问题，实行的"积极鼓励自主创业，促进创业带动就业"就业政策不仅能解决大学生就业难的问题，还能缓解社会就业压力，而且创业的活力会形成带动就业的倍增规模效应。一个具有创业能力的大学生通过自主创业，不但解决了自己的就业问题，还能通过创业活动培养出许许多多的就业增长点，从而为社会增加就业岗位。

（三）创业对教育的作用

大学生创业有利于提高大学生的综合素质，更是提高大学生实践能力极好的途径。培养创新型人才，推进"双一流"建设，又能为国家的教育事业和民族发展做出重要贡献。2015年5月发布的《国务院办公厅关于深化高等学校创新创业教育改革的实施意见》（国办发〔2015〕36号），从促进经济提质增效升级、实施创新驱动发展战略、推进高等教育综合改革及促进高校毕业生更高质量创业就业的高度，明确了深化高等学校创新创业教育改革的指导思想、基本原则和总体目标。创新与创业教育伴随时代发展应运而生，而它的出现也体现了人们对创新与创业之间关系的进一步思考。

（四）创业对个人的作用

（1）创业者能够选择从事自己喜欢的事业，从中感到快乐。

（2）创业活动不同于受雇于人的按部就班和循序渐进，一旦成功，它能带给人巨大的经济回报，可以使人在短时间内拥有财富，甚至实现财务自由。

（3）在创业的过程中，产品从无到有、事业从小到大，充分发挥了创业者的个性，展露个人才能，带给人的自我实现感是巨大的。创业者在创业过程中经历的无穷的变化、挑战、机遇及征服困难的过程都将成为其丰富的人生体验。张瑞敏曾说过："我们每个人都想得到别人的尊重，得到社会的认同，都想展现自我价值，那么创业无疑是一条最好的路。"

五、创业对大学生的意义

随着高等教育从精英教育向大众教育迈进，高校毕业生人数屡创新高，经济结构调整使就业压力凸显，自主创业对解决大学生就业问题及推进市场主体开拓创新具有重要意义。

（一）有利于大学生自身素质的提高

在提高大学教育管理水平与大学生素质的各类实践探索中，大学生自主创业无疑是最经济、最有效的办法之一。通过创业实践，大学生可以充分调动自己的主观能动性，调整自身的就业心态，学会自主学习、独立思考，并学会自我调节与控制，也只有这样，大学生自主创业才有可能成功。一个能自我学习、懂得如何管理自己的时间与财务，善于拓展人际关系并能主动调适工作心态、积极适应社会的大学生，其自身的就业问题也可能迎刃而解。

（二）有利于大学生创新精神的培养

创新是一个国家兴旺发达的不竭动力。大学生作为最具活力的群体，如果顺利推动其创造的动力，那么中华民族将拥有持续的发展希望。大学生的创业活动有利于培养开拓创新的精神，把就业压力转化为创业动力，培养出越来越多的各行各业的创业者。美国作为世界上的发达国家之一，其大学生的创业率在 20% 以上。美国前总统里根曾说："一个国家最珍贵的精神遗产就是创新，这是国家强人与繁荣的根源。"中国的未来在于大学生，在于大学生旺盛的创造力与创新追求。

任务 2　认识创新

✅ 起航阅读

港珠澳大桥——超级工程的超级创新

港珠澳大桥是世界建筑史上里程最长、投资最多、施工难度最大，也是最长的跨海大桥，被英国卫报评为"新的世界七大奇迹"之一。

最长跨海大桥：港珠澳大桥全长 55 千米，是目前世界最长的跨海大桥。

最长钢铁大桥：港珠澳大桥有 15 千米是全钢结构钢箱梁，是目前世界最长的钢铁大桥。

最长海底隧道：港珠澳大桥海底沉管隧道全长 6.7 千米。

最大沉管隧道：沉管隧道标准管节，每一节长 180 米，排水量超过 75 000 吨。

最精准深海之吻：沉管在海平面以下 13~48 米不等的深度进行海底无人对接，对接误差控制在 2 厘米以内。

最深沉管隧道：港珠澳大桥海底隧道最深处在海底 48 米，而目前世界沉管隧道的深度很少有超过 45 米的。

港珠澳大桥位于珠江口伶仃洋水域，其主体工程集桥、岛、隧于一体，项目涉及水文泥沙、地形地质、白海豚保护、防洪、防台和满足通航、海事、航空限高等复杂建设难题，面临诸多世界级技术挑战。其中，港珠澳大桥的沉管隧道是目前世界上规模最大的公路沉管隧道和世界上唯一的深埋沉管隧道。建设这条海底沉管隧道，不仅需要在松软地基上建成当今世界上长度最长、埋深最大的海底沉管隧道，还要在水深 10 余米且软土层厚达几十米的深海中建造两个人工岛，以实现海中桥隧转换衔接。如果按传统方法建设这两个 10 万平方米的人工岛，不仅工期长，而且安全风险极高，还会对白海豚的生存环境造成一定的污染。

通过技术交流，建设团队最终采用了大直径钢圆筒围成人工岛的创意。简单来说，就是以大的钢圆筒止水围岛，岛内填入砂料并加固地基，圆筒外再用混凝土块体等加固防护。两个人工岛建设需要用 120 个直径为 22.5 米、高 40.5~50.5 米、重 500 吨的钢圆筒，以及 242 个副格，每个钢圆筒的最大入土深度可达 29 米，相当于一栋高层住宅楼。

"工欲善其事，必先利其器。"要想把巨大的钢圆筒深插入海底，必须要有配套的振沉设备——岛隧工程采用 8 台 APE600 液压振动锤联动振沉系统，这又是世界首创。通过这些创新技术，两个 10 万平方米的人工岛在 215 天内即完成岛体成岛，比传统抛石围堰工法的施工效率提高近 5 倍，且最大限度地减小了对海洋环境的污染。

（资料来源：提气！港珠澳大桥竟有这么多"世界第一"！揭秘背后的中国创新 https://baijiahao.baidu.com/s？id=1615178285830580695）

理论讲堂

一、认识创新

（一）创新的含义

创新一词古已有之。《广雅》有云，"创，始也"，新，与旧相对。创是始的意思，所以，创造不是后造，而是始造，创新就是造出一个前所未有的事物。《魏书》中有"革弊创新"，《周书》中有"创新改旧"，说的是用新的、好的代替和改造旧的、坏的。现代汉语中的"创新"一词来源于英语 Innovation（创新）的翻译，其起源于拉丁语，有三层含义：第一，更新，就是对原有的东西进行替换；第二，创造新的东西，就是创造出原来没有的东西；第三，改变，就是对原有的东西进行发展和改造。

现代社会，人们对创新有了明确的概念，指人类为了满足自身需要，不断拓展对客观世界及其自身的认知与行为的过程和结果的活动。具体来讲，创新是指人为了一定的目的，在遵循事物发展规律的基础上，对事物的整体或其中的某些部分进行变革，从而使其得以更新与发展的活动。

这个概念包含了以下几种含义。

（1）创新是一种有目的的活动，是为解决实践问题而发生的。

（2）创新存在于经济、社会、文化、生活的方方面面；创新的主体包括国家、企业、大学、科研院所、团体、个人等。

（3）创新的结果是以取得实效为评价标准的，必须有成效才能称为创新。

（4）创新具有时间和空间上的相对性。

（二）创新的核心

创新是基于人类自身认知提高的基础上对客观世界的一种更新或改造，创新的无限性在于物质世界的无限性。人类能够创新的事物和法则是客观存在的，但思维和认知的局限常常会蒙住人们的眼睛，人脑的正常思维在固定的运作秩序内活动，原有的概念、想象、记忆和经验等使人们不可避免地形成带有反刍、惯性、定向等特点的思维定式。打破这种思维定式，不断突破和超越原有观念，是取得创新成功的核心因素。

（三）创新的关键

理念创新是指革除旧有的既定看法和思维模式，以新的视角、新的方法和新的思维方式，形成新的结论或思想观点，进而用于指导新的实践过程。理念创新植根于客观实际，是在实践中不断总结经验教训，不断将感性认识上升为理性认识，并进行理性的认知和概括，一方面指导实践，另一方面促进认识不断深化。理念创新是实现创新的关键所在。中国共产党第二十次全国代表大会指出："全面建设社会主义现代化国家，必须坚持中国特色社会主义文化发展道路，增强文化自信，围绕举旗帜、聚民心、育新人、兴文化、展形象建设社会主义文化强国，发展面向现代化、面向世界、面向未来的，民族的科学的大众的社会主义文化，激发全民族文化创新创造活力，增强实现中华民族伟大复兴的精神力量。"

（四）创新的特点

创新与发明不同。发明是指通过试验，促成新概念、新设想或新技术的产生，是一种科技行为。创新本质上是一个经济概念，是把新概念、新设想或新技术转变成经济上的成就。创新具有以下特点。

（1）目的性。任何创新活动都有一定的目的性，它贯穿创新过程的始终。创新强调效益的产生，不仅要知道"是什么""为什么"，还要知道"有什么用"，怎样才能产生效益。所以，创新是一个创造财富、产生效益的过程。

（2）变革性。创新是对已有事物的改变和革新，是一种深刻的变革。

（3）新颖性。创新不是模仿、再造，它是对现有的不合理事物的扬弃，革除过时的内容，确立新事物。因此，新颖性是创新的首要特征。

（4）超前性。创新以求新为灵魂，具有超前性。这种超前是从实际出发、实事求是的超前。

（5）价值性。创新有明显、具体的价值，对经济社会具有一定的效益。创新可以重新组合生产要素，从而改变资源产出，提高组织价值。创新利润对于企业来说是最重要、最基础的部分。

（6）风险性。创新可能成功，也可能失败，这种不确定性构成了创新的风险性。因此，在创新过程中，只准成功、不许失败的要求是不切实际的。创业者可以通过科学设计并严格实施其创新活动，来尽量降低风险。

（7）动态性。创新是一个动态的过程。在知识经济背景下，唯一的不变就是一切都在变，而且变化得越来越快。因此，任何创新都不可能是一劳永逸的，只有不断地变革和创新，才能适应时代的要求。

◇ **案例播报**

"细胞刀第一人"李勇杰：从无到有，为中国功能神经外科探路 20 年

湖北罗田人郑心意的命运，在"而立"之年被彻底改变了。他扭曲如麻花一样的身体终于不再痉挛、抖动，不受控制的唇舌也终于稳稳地吐出了一声"谢谢"。

他的主治医生、北京功能神经外科研究所所长李勇杰，是中国第一台"细胞刀"手术

的实施者，在过去20年里拯救了成千上万像郑心意这样的功能神经疾病患者。2018年，李勇杰所在的首都医科大学宣武医院功能神经外科暨北京功能神经外科研究所，已连续10年成为全球脑起搏器植入量第一的机构。

1994年，在美国约翰·霍普金斯医学院攻读博士后的李勇杰第一次接触当时最前沿的微电极导向立体定向神经外科手术。这是一种通过毁损脑内"震颤细胞"，从而停止病人肌体震颤的技术，被形象地称为"细胞刀"。

早已在国内行医数年的李勇杰很清楚，中国患有像帕金森病这样的神经系统功能性疾病的患者达数千万，急需高水平的脑外科手术介入治疗。"中国有那么多病人，我要回国，把学到的技术带回去！"

在罗马琳达大学医学中心工作了2年，掌握了"细胞刀"的全部技术后，李勇杰义无反顾地放弃美国绿卡，在宣武医院设立了北京功能神经外科研究所，这是中国第一家功能神经外科领域的临床治疗和科研机构。

1998年7月12日，李勇杰在北京功能神经外科研究所完成第一例立体定向"细胞刀"手术。手术成功了，帕金森病患者的手在术中就渐渐停止了颤抖。慕名而来的病人越来越多，到了那年年底，李勇杰的团队每月要做几十台"细胞刀"手术，一套科学的手术标准流程随之建立，手术时间也缩短到平均2个小时一台。

"如果说我有什么贡献，那就是让立体定向技术在中国发展得更为精细，更有安全保障。"被誉为"细胞刀第一人"的李勇杰谦虚地说。

面对庞大的医疗需求和彼时一片空白的中国功能神经外科领域，李勇杰一肩挑起了人才培养、学科建设两副重担。

除了"细胞刀"，过去20年来，他还将脑深部电刺激、内镜手术等前沿技术一一引入国内。2010年，李勇杰治愈郑心意，"扭转痉挛型脑瘫"的那台手术，使用的就是脑深部电刺激技术，也就是在人脑的深处放入电极，通过对病变细胞加以电刺激，控制和调节它们发病的症状。如今，宣武医院功能神经外科可诊疗的病种已拓展到30多种，涵盖帕金森病、癫痫、肌张力障碍、慢性疼痛等。

20年来，宣武医院功能神经外科已诊治了10万多名患者，进行了1万多例手术，还面向全国各地的医院举办了16期讲习班培训了上千名医生……李勇杰"一个人的战场"已经变成了"团体赛"。

"脑部电刺激技术来自大洋彼岸，植入量再大也只是跟跑，而不是领跑。"李勇杰很清醒，"技术就像一粒种子，我希望它到处开花结果。使功能神经外科作为一门学科在中国取得长足稳定的发展，这才是我回国创业的真正使命所在。"

回国头10年，李勇杰致力于把国内帕金森病和癫痫的诊疗推动到国际水平，现在他又转而关注慢性疼痛的治疗，并试图开拓外科手段对重度抑郁症等情感障碍的治疗方法。

"我希望被大家认可为一名科学家型的医生。"李勇杰在2017年功能神经外科华夏会议上做主旨发言时如是说。

（资料来源：李勇杰：从无到有，为中国功能神经外科探路20年，https://baijiahao.baidu.com/s？id=1609224386933045817&wfr=spider&for=pc）

二、创新的类型

1. 思维创新

思维创新是一切创新的前提，其重点在于改变传统的观念模式，建构全新的思维观念，直接表现为一种创新性思维活动。任何人都不应该封闭自己的思维，如果思维成为定势，就可能严重阻碍创新。"只有想不到，没有做不到"是思维创新的真谛。

2. 理论创新

理论创新是指人们在社会实践活动中，突破原有理论体系或框架的束缚，对旧的理论和方法进行新修正，形成对理论禁区和未知领域的新探索。

理论创新的"新"体现在三个层面。

（1）突破原来的整个理论体系、理论框架；

（2）在原有体系和框架上对若干内容进行突破、修正、改写或添加新内容；

（3）对理论禁区或认识上的未知领域进行积极和大胆的探索。

3. 产品创新

产品创新就是研究、开发和生产出更好的、更满足消费者需要的产品，具体表现如下。

（1）开发出具有新功能的产品。例如，3D 打印行业中的翘楚 3D Systems 发布的 CubeX 3D 打印机。

（2）产品结构方面的改进。例如，电子记事本、笔记本计算机、超薄洗衣机等，都是通过改进原有产品结构获得市场认可。

（3）外观方面的改进。例如，苹果计算机一度依靠推出彩壳流线型 PC 机提高了市场占有率。

4. 技术创新

技术创新是指采用新的生产方法或新的原料生产产品，以达到保证质量、降低成本、保护环境或使生产过程更加安全省力的目的。技术创新可在四个层面上实现。

（1）工艺路线的革新，这是生产方式思路的改变；

（2）材料替代和重组；

（3）工艺装备的革新；

（4）操作方法的革新。

5. 制度创新

制度创新是指人们在现有的生产生活环境下，通过创设新的、能更有效激励人们行为的制度或规范体系，来实现社会的持续发展与变革。制度创新的核心内容是社会、政治、经济和管理等制度的革新，其直接结果是激发人们的创造性和积极性，促使新的知识和社会资源的合理配置，产生新的社会财富，最终推动社会的进步。

6. 管理创新

管理创新是指企业把新的管理要素（包括管理方法、管理手段、管理模式等）或要素组合引入企业管理系统，以更有效地实现组织目标的活动，是组织管理者为科技创新活动创造的必要保障条件。"正确地做事情，做正确的事情"的管理理念就是对管理创新的一种实践。例如，美国通用汽车公司在 20 世纪 20 年代采用事业部制，解决了统一领导与分散经营的矛盾，使规模经营与适应市场的要求得到了统一，极大地增强了竞争力。

任务3 开启创新创业思维

☑ 起航阅读

巧用创新思维方法

北京大钟寺的一座大钟有 8.7 万斤重，号称"钟王"，这是明朝皇帝朱棣为了防止民众造反，派军师姚广孝收集百姓的各种兵器铸就的。

不知是什么原因，这口大钟沉到了西直门外万寿寺前面的长河里。一百多年后的一天，一个打鱼的老汉发现了河底埋的这口大钟。清朝皇帝得知此事后，下令将这口钟打捞上来并挪动到觉生寺（即现在的大钟寺），然后再修建一个大楼来悬挂这口大钟。然而如何从河底把大钟打捞上岸并挪动到五六里以外的觉生寺去，一时间谁也想不出一个可行的办法。

有一天，参与此事的一个工头和几个工匠在工棚里喝闷酒。由于手上有水，工匠们在传递酒杯时没留神把酒盅给弄翻了，引得大伙连声抱怨："太可惜了！太可惜了！"这时，一个工匠很不耐烦地说："何必用手传呢！石桌子上有水，是滑的，轻轻一推不就推过去了。"

坐在旁边的一个平时很少说话的工匠沉思了片刻，然后将石桌子一拍，大叫起来："有啦！有啦！挪动大钟有办法啦！"

这位工匠联想到的办法是：在万寿寺到觉生寺之间挖一条浅河，放进一二尺深的水，待冬天河里的水结冰后，不需要费多大力气便能将大钟放在冰上推走。确认这个方法可行后，工匠们就采用这个方法将大钟从万寿寺挪动到了觉生寺。

这位工匠思考这个问题时运用了形象思维中思维联想的相似联想的思维方法。大钟虽然比酒盅不知要重多少倍，可它们都是"在光滑平面上不用多大的力量就能推走"的物品。这位工匠正是通过运用相似联想由此及彼地想出了解决问题的方法。

理论讲堂 ▷

一、创新思维

（一）创新思维概述

1. 创新思维的定义

创新思维是指以新颖独特的方法解决问题的过程，通过这种思维，能突破常规思维的界限，以超常规甚至反常规的方法、视角去思考问题，提出与众不同的解决方案，从而产生新颖的、独到的、有社会意义的思维成果。

创新思维的本质在于将创新意识的感性愿望提升到理性探索上，实现创新活动由感性认识到理性思考的飞跃。

创新思维是创新的核心和基础，对创新的成功有着非同寻常的意义。大量试验表明，进行专门性、创造性的思维训练，可以使人们的创造性思维水平提高 10%～40%。了解创新思维，掌握创新思维的训练方法，对提高人们的创造能力具有重要的意义。

2. 创新思维的特征

（1）独创性或新颖性。创新思维贵在创新，或者在思路的选择上，或者在思考的技巧上，或者在思维的结论上，具有"前无古人"的独到之处，具有一定范围内的首创性、开拓性。

（2）灵活性。创新思维没有现成的思维方法和程序可循，所以，它的方式、方法、程序、途径等都没有固定的框架。进行创新思维活动的人在考虑问题时可以迅速地从一个思路转向另一个思路，从一种意境进入另一种意境，多方位地探究解决问题的办法。这样创新思维活动就表现出不同的结果或不同的方法、技巧。

（3）艺术性。创新思维活动是一种开放的、灵活多变的思维活动，它的发生伴随着"想象""直觉""灵感"之类的非逻辑、非规范的思维活动，具有极大的艺术性，无法被他人完全模仿、模拟。

（4）对象的潜在性。创新思维活动从现实的活动和客体出发，但它指向的不是现存的客体，而是潜在的、尚未被认识和实践的对象。

3. 创新思维的作用

首先，创新思维可以不断增加人类知识的总量，不断推进人类认识世界的水平。创新思维因其对象的潜在特征，表明它是向着未知或不完全认知的领域进军，不断地扩大着人们的认知范围，不断地把未被认识的事物变为可以认识和已经认识的事物。科学上每一次的发现和创造，都增加着人类的知识总量，为人类由必然王国进入自由王国创造着条件。

其次，创新思维可以不断地提高人类的认知能力。创新思维的特征已表明，创新思维是一种高超的艺术，它的核心本质，即创新思维能力是无法被模仿的。这种能力的获得依赖于人们对历史和现状的深刻了解，依赖于敏锐的观察能力和分析问题能力，依赖于平时知识的积累和知识面的拓展。每一次创新思维的过程都是一次锻炼思维能力的过程，要想获得对未知世界的认知，人们就要不断探索，用前人没有采用过的思维方法、思考角度去进行思考，要独创性地寻求没有先例的办法和途径去有效地观察问题、分析问题和解决问题，这样才可能提高人类认知未知事物的能力。所以，认知能力的提高离不开创新思维。

最后，创新思维可以为实践开辟新的局面。创新思维的独创性与风险性特征赋予了它敢于探索和创新的精神，在这种精神的影响下，人们不满足于现状，不满足于已有的知识和经验，力图探索客观世界中还未被认知的本质和规律，并以此为指导，进行开拓性的实践，开辟人类实践活动的新领域。

创新思维是人类主要的活动方式和内容之一。历史上曾经发生过的工业革命没有完全把人从体力劳动中解放出来，而目前世界范围内的新技术革命，带来了生产的变革，全面的自动化，可以把人从机械劳动和机器中解放出来，从事控制信息、编制程序的脑力劳动。而人工智能技术的推广和应用，可以将人们从事的一些简单的、具有一定逻辑规则的思维活动，交给"人工智能"去完成，从而又把部分人从简单脑力劳动中解放出来。这样，人将有充分的精力把自己的知识、智力用于创造性的思维活动，把人类的文明推向一个新的高度。

（二）认识思维障碍

创新思维障碍一：思维定式。

1. 有笼必有鸟——心理图式

一位心理学家曾和乔打赌说："如果给你一个鸟笼，并挂在你房中，那么你就一定会买一只鸟。"乔同意打赌，心理学家就买了一只非常漂亮的瑞士鸟笼给他，乔把鸟笼挂在起居室桌子边。结果大家可想而知，当人们走进乔的房间时就会问："乔，你的鸟什么时候死了？"

乔立刻回答："我从未养过一只鸟。"

"那么，你要一只鸟笼干吗？"

乔无法解释。

后来，只要有人来乔的房子，就会问同样的问题。乔的心情因此很烦躁。为了不再被人询问，乔干脆买了一只鸟装进了空鸟笼里。

心理学家后来说，买一只鸟比解释为什么他有一只鸟笼要简单得多。人们经常是首先在自己头脑中挂上鸟笼，最后就不得不在鸟笼中装上些什么东西。

2. 狗鱼思维——拒绝变化

有一种鱼叫作狗鱼，狗鱼很富有攻击性，喜欢攻击一些小鱼。科学家们做了这样一个实验：把狗鱼和小鱼放在同一个玻璃缸里，在两者中间隔上一层透明玻璃。狗鱼一开始试图攻击小鱼，但是每次都撞在玻璃上，慢慢地，它放弃了攻击。

后来，实验人员拿走了中间的玻璃，狗鱼仍没有攻击小鱼，这个现象叫作狗鱼综合征。狗鱼综合征的特点是：对差别视而不见，自以为无所不知，滥用经验，墨守成规，拒绝考虑其他的可能性，缺乏在压力下采取行动的能力。

思维定式一旦形成，有时是很悲哀的，这也是我们要不断学习新知识、新观念的原因之一。形势在不断变化，必须关注这些变化并调整自己，一成不变的观念将带来毫无生机的局面。

3. 阿西莫夫的智商——惯性思维

惯性思维就是思维沿着一个思考路径以线性方式继续延伸，并暂时地封闭了其他的思考方向。世界著名的科普作家阿西莫夫曾经讲过这样一个关于自己的故事。阿西莫夫从小就很聪明，年轻时多次参加"智商测试"，得分总在 160 分左右，属于"天赋极高"之人。有一次，他遇到了一位汽车修理工——他的老熟人。修理工对阿西莫夫说："嗨，博士，我来考考你的智力，出一道思考题，看你能不能正确回答。"阿西莫夫点头同意。修理工便开始出题："有一位聋哑人，想买几枚钉子，就来到五金商店，对售货员做了这样一个手势：左手食指立在柜台上，右手握拳做出敲击的样子。售货员见状，先给他拿来一把锤子，聋哑人摇摇头。于是售货员明白了，他想买的是钉子。""聋哑人买好了钉子，刚走出商店，接着进来一位盲人。这位盲人想要一把剪刀，请问，盲人将会怎么做？"阿西莫夫顺口答道："盲人肯定会这样伸出食指和中指，做出剪刀的手势。"听了阿西莫夫的回答，汽车修理工开心地笑起来："哈哈，答错了吧！盲人想买剪刀，只需要开口说'我买剪刀'就行了，他干吗要做手势啊？"阿西莫夫只得承认自己回答得很愚蠢。

4. 猴子实验——群体惯性

有科学家曾做过一个实验：将四只猴子关在一个密闭的房间里，每天喂很少的食物，猴子饿得吱吱叫。数天后，实验者从房间上面的小洞放下一串香蕉，一只饿得头昏眼花的大猴子一个箭步冲向前，可是它还没拿到香蕉就被预设机关泼出的热水烫到了。后面三只猴子依次爬上去拿香蕉时，一样被热水烫到了，猴子们只好望"蕉"兴叹。

又过了几天，实验者换了一只新猴子进入房内，当新猴子肚子饿了，也想尝试爬上去吃香蕉时，立刻被其他三只猴子制止，并告知有危险，千万不可尝试。实验者再换一只猴子进入，当这只猴子想吃香蕉时，有趣的事情发生了，这次不但剩下的两只老猴制止它，连没被烫过的那只猴子也极力阻止它。

实验继续，当所有的猴子都已换过之后，仍没有一只猴子敢去碰香蕉。其实房间上头的热水机关已经取消了，但热水浇注的"组织惯性"束缚着进入笼子的每一只猴子，使它们对唾手可得的盘中美餐奉如神明，谁也不敢前去享用。

从这个故事中，我们可以看到群体惯性形成的过程。在变幻莫测的市场环境中，企业要想赢得竞争优势，就必须学会随着时代的发展变化而迅速调整，否则只能像故事中的猴子那样，在昨天的教训上失掉明天的机会。

然而，一些把成功归因于其富有竞争力的经营管理模式的企业，面对以变化为主题的社会，仍高高在上，丝毫不怀疑让自己成功的经营管理模式的价值和适用性，不思更新，固执地运行在"成功经验"的轨道上。由于一成不变，企业昔日的辉煌可能渐渐蜕变为组织惯性，成为企业生存道路上的羁绊。

5. 引火烧身——线性思维

一个漆黑的夜晚，司机老王开着一辆"除了喇叭不响，什么都响"的吉普车外出，车行半路抛了锚，他初步判断是油耗尽了，便下车检查油箱。由于老王没带手电筒就顺手掏出打火机照明，随着"轰"的一声巨响，他就什么也不知道了……醒来时他正躺在医院的病床上，是一位路过的好心司机救了他，车报废了，万幸的是他的命总算捡了回来。老王说："当时只是想借打火机的光，看清油箱里究竟还剩多少油，根本没想到打火机的火会引爆油箱并引火烧身。"这是典型的线性思维。

线性思维模式有以下两个基本特点。

（1）把多元问题变为一元问题。客观对象所包含的问题往往是多元的，线性思维模式往往突出其中一个问题，把其余问题撇开，或者把复杂问题归结为一个简单问题，然后予以处理。

（2）用一维直线思维来处理一元问题，使之成为答案非此即彼的问题，并排除两个可能答案中的一个。

6. 保守的力量——惰性思维

惰性思维是指人类思维深处存在的一种保守的力量，人们总是习惯用老眼光来看新问题，用曾经被反复证明有效的旧概念去解释变化世界中的新现象。不去尝试，不敢冒险，因循守旧，可能葬送大好的时机和自身无限的潜能，甚至遭遇挫折和失败。

在生活的旅途中，我们经常经年累月地按照一种既定的模式运行，很少尝试走别的路，这就容易生出消极厌世、疲沓乏味之感。如果选择走出思维定式，也许就可以看到许多别样的人生风景，甚至可以创造新的奇迹。

从舞剑可以悟到书法之道，根据飞鸟原理可以造出飞机，从苹果落地可以悟出万有引力……常爬山的人应该去涉涉水，常跳高的人应该去打打球，常划船的人应该去驾驾车。换个位置，换个角度，换个思路，也许我们面前将是一番新的天地。

7. 失去的金子——习惯思维

一个穷人在一本书里发现了寻找"点金石"的秘密，点金石是一块小小的石子，它能将任何一种普通的金属点化成纯金。点金石在黑海的海滩上，和成千上万个与它看起来一模一样的小石子混在一起。但秘密就在这儿，真正的点金石摸上去很温暖，而普通的石子摸上去是冰凉的。

所以，这个穷人去了海边，当他摸着石子是冰凉的时候，便将其扔进大海里。他这样干了一整天，却没有捡到一块点金石，然后他又这样干了一星期、一个月、一年、三年，可还是没有找到点金石。有一天上午他捡起了一块石子，这块石子是温暖的，可他还是随手就扔进了海里。他已经形成了一种习惯，把捡到的所有石子都扔进海里。他已经习惯于做扔石子的动作，以至于当他真正想要的那一块石子到来时，他也将其扔进了海里。

贝弗里奇在其《科学研究的艺术》一书中解释了习惯思维：我们的思想多次采取特定的一种思路，下次采取同样思路的可能性就越大。在一连串的思想中，一个个观念之间形成了联系，这种联系每利用一次，就变得愈加牢固，直到最后，这种联系如此紧密地建立起来，以致它们的连接很难破坏。这样，正像形成条件反射一样，思考受到了条件的限制。我们很可能具备足够的资料来解决问题，然而，一旦采用了一种不利的思路，问题考虑得越多，采取有利思路的可能性就越小。

创新思维障碍二：偏见思维。

1. 被经验淹死的驴子——经验偏见

有这样一则故事：一只驴子背盐渡河，在河边滑了一跤跌入水中，盐在水中融化了，驴子站起来时感到身体轻松了许多。驴子非常高兴，觉得获得了经验。后来有一回，它背了棉花，以为再跌倒，可以同上次一样变得轻松，于是走到河边的时候便故意跌倒在水中。可是棉花吸收了水变得越来越沉，驴子非但没能再站起来，而且一直向下沉，直到被淹死。

是经验使我们昂首否定，也是经验让我们低头认错，人们总是跳不出经验，它甚至让一切最大胆的幻想都打上了个人经验的偏见，就像作家贾平凹津津乐道的一个农民的最高理想："我当了国王，全村的粪一个不给别人拾，全是我的。"这似乎就是人们说的"乡村维纳斯效应"。

德波诺在《实用思维》一书中饶有兴味地描述了一种常见的社会现象："在偏僻的乡村，村里最漂亮的姑娘会被村民当作世界上最美的人，在看到更漂亮的姑娘之前，村里的人难以想象出还有比她更美的人。在村里，它是真理；但在全世界，它就是偏见。"

2. 鸡眼思维——利益偏见

所谓利益偏见，不是指由于个人的利益关系导致自己的立论有意识的明显偏颇，而是指一种无意识的偏斜——对公正的微妙偏离。

利益偏见更普遍的情况是所谓的鸡眼思维，也就是马克思所说的：愚蠢庸俗、斤斤计较、贪图私利的人总是看到自以为吃亏的事情。譬如，一个毫无修养的粗人常常只是因为一个过路人踩了他的鸡眼，就把这个人看作世界上最可恶和最卑鄙的坏蛋，他把自己的鸡眼当作评价人们行为的标准。

推而广之，普通人有偏见吗？一些普通人的话语的背后有值得思考的地方吗？事实上，大多数恋人都认为自己找到了世上最好的人，大多数孩子也会得出结论说自己的父母是世界上最好的父母。"王婆卖瓜，自卖自夸"其实就是一种典型的利益偏见思维模式。

3. 不识庐山真面目——位置偏见

有一则禅的故事说的就是位置偏见。

小海浪：我常听人说起海，可是海是什么？它在哪里？

大海浪：你周围就是海啊！

小海浪：可是我看不到？

大海浪：海在你里面，也在你外面，你生于海，也将归于海，海包围着你，就像你自己的身体。

每个人都生活在一定的社会坐标体系中，思想也被打上其鲜明的烙印，连黑格尔也曾说："同一句格言，出自青年人之口与出自老年人之口是不同的，对一个老年人来说，那也许是他一辈子辛酸经验的总结。"这正是："少年听雨歌楼上，红烛昏罗帐。壮年听雨客舟中，江阔云低、断雁叫西风。而今听雨僧庐下，鬓已星星也。悲欢离合总无情，一任阶前、点滴到天明。"站在什么样的年龄位置就会有什么样的感情，这与站在什么样的位置，就会有什么样的认知是一样的。

在一些企业里，老板总抱怨员工出工不出力、磨洋工，员工总抱怨老板发的钱太少、心太黑。这其实就是各自所处的位置不同，才导致双方产生的似乎无法弥合的思维差距。

4. 情人眼里出西施——文化偏见

曾任美国人类学协会主席的著名华裔人类学家许烺光，在《美国人与中国人》一书中十分严肃地举了一个例子：在一部中国电影中，一对青年夫妇发生了争吵，妻子提着衣箱怒冲冲地跑出了公寓。这时，镜头中出现了住在楼下的婆婆，她出来安慰儿子："你不会孤独的，孩子，有我在这儿呢。"看到这儿，美国观众爆发出一阵哄笑，中国观众却很少会因此发笑。

这两种截然不同的反应展现出的文化差异是明显的，在美国人的观念中，婚姻是两个人的私事，而中国观众却能恰当地理解母亲所说的含义。这正如一些美国留学生在读了《红楼梦》后，总是不解地问中国教授："为什么宝玉和黛玉不偷些金银财宝然后私奔呢？"中国教师知道这不是一个工具性问题，很难用一两句话解释得清。

我们所有的人都会受到自己所在地域、国家、民族长期积淀的文化的影响，对问题的看法不可避免地打上了文化、习俗的烙印。

5. 以偏概全——点状思维

在白纸上画一个黑点，而后回答：你看到了什么？

答案至少有一百种：芝麻、苍蝇、图钉、太阳黑子、污迹……这些都是常规的联想。有的人的思维更活跃一些，他可能会回答说：我看到了缺点……我看到了遗憾……我看到了损失……

但是，为什么没有想到其他的？

为什么你的眼睛仅仅盯住那个黑点？为什么没有看到黑点旁边的那一大片白纸？正是

这个黑点束缚和禁锢了我们的思维，使我们看不到其余更多更好更丰富的东西。一些人一件事情没有办好就垂头丧气："我真没用，我真窝囊，我是天底下最愚蠢的人。"一些人透过别人不经意的一句话或一件事就给某个人下定义——"他品行有问题"。其实，重要的是我们要关注广阔的存在，而不仅是那个黑点。

6. 固执己见——刻板印象

刻板印象指的是人们对某一类人或事物产生的比较固定、概括而笼统的看法，是我们在认识他人时经常出现的一种相当普遍的现象。刻板印象的形成，主要是由于我们在人际交往过程中，没有时间和精力去和群体中的每一位成员都进行深入交往，由于只能与其中的一部分成员交往，因此，我们经常"由部分推知全部"，由我们所接触的部分，去推知这个群体的"全体"。刻板印象固然有省事省力的好处，但不少情况下也会出现耽误大事的错误判断。

7. 霍布森选择——封闭思维

三百多年前，在英国伦敦的郊区，有一个叫霍布森的人。他养了很多马，高马、矮马、花马、斑马、肥马、瘦马都有。他对来到马圈的人说："你们挑我的马吧，可以选大的、小的、肥的，也可以租马、买马。"大家非常高兴地去选了，但是整个马圈旁边只有一个很小的门，大的马完全出不来。

后来诺贝尔奖获得者西蒙把这种现象叫作霍布森选择，就是说，如果人的思维、境界只有这么大，没有打开，思维封闭，结果就是别无选择。

(三) 训练创新思维

1. 发散思维

1）发散思维的概念

发散思维又称"辐射思维""放射思维""多向思维""扩散思维"或"求异思维"，是指从一个目标出发，沿着各种不同的途径思考，探求多种答案的思维。不少心理学家认为，发散思维是创造性思维最主要的特点，是测定创造力的主要标志之一。

发散思维是大脑在思考时呈现出的一种扩散状态的思维模式，比较常见，表现为思维视野广阔，思维呈现出多维发散状。可以通过从不同方面思考同一问题，如"一题多解""一事多写""一物多用"等方式，培养发散思维能力。

2）发散思维的类型

（1）立体思维。思考问题时跳出点、线、面的限制，立体式地进行思考。

①立体绿化：建设屋顶花园增加绿化面积、减少占地、改善环境、净化空气。

②立体农业、间作：玉米地里种绿豆，高粱地里种花生等。

③立体森林：高大乔木下种灌木，灌木下种草，草下种食用菌等。

④立体渔业：网箱养鱼充分利用水面、水体。

⑤立体开发资源：煤、石头、开发产品。

（2）平面思维。平面思维是指人的各种思维线条在平面上聚散交错，也就是哲学意义上的普遍联系，这种思维更具有跳跃性和广阔性，联系和想象是它的本质。人们通常所说的形象思维属于平面思维的范畴。

我国古代著名人物诸葛亮擅于用"兵"是众所周知的。一般人可能认为只有人才可以当"兵"用，但在诸葛亮的思维中，水、火是"兵"，草、木皆"兵"，还可以借东风作"兵"。他可以想到把"人"以外的更多事物当"兵"来用，这就是平面思维的作用。

（3）侧向思维（旁通思维）。侧向思维是指从与问题相距很远的事物中受到启示，从而解决问题的思维方式。19世纪末，法国园艺学家莫尼哀从植物的盘根错节想到水泥加固的办法就是很好的例子。当一个人为某一个问题苦苦思索时，在大脑里会形成一种优势灶，一旦受到其他事物的启发，就很容易与这个优势灶产生联系，从而解决问题。

（4）横向思维。横向思维是相对于纵向思维而言的一种思维形式。纵向思维是按逻辑推理的方法直上直下的收敛性思维；而横向思维是当纵向思维受挫时，从横向寻找问题答案。正像时间是一维的，空间是多维的一样，横向思维与纵向思维代表了一维与多维的互补。最早提出横向思维概念的是英国学者德博诺，目的是针对纵向思维的缺陷，提出与之互补的、对立的思维方法。

例如，有的游客会从帕特农神庙的古老立柱上砍下一些碎片，虽然明知这种行为是违法的，但是游客仍旧选择把碎片作为纪念品带走。这种情况引起了雅典政府的注意，如何才能阻止这一行为呢？

于是，政府从原来维修帕特农神庙时所用的矿石场里收集了一些大理石碎片，每天把这些碎片散放在帕特农神庙的周围。游客以为他们捡起来的大理石碎片是从古老的立柱上掉下来的，很满意地带走了。

（5）多路思维。多路思维是指对一个有多种答案的问题，朝着各种可能解决问题的方向去扩散性思考该问题的各种正确答案的思维。这种思维是从不同角度、不同逻辑起点、不同思维程序观察客观事物，形成多方面、多层次、多因素、多变量的整体认识。解决问题时不一条路走到黑，而是从多角度、多方面思考，这是发散思维最一般的形式（逆向、侧向、横向思维是其中的特殊形式）。

例如，以"电线"为蓝本，设想它的各种用途，我们会自然地将它和"电""信号"等联系起来，作为导体；也可以将它当作绳用来捆东西、扎口袋等。但如果将电线看成铜质、质量、体积、长度、韧性、直线、轻度等要素再去思考，就会发现"电线"的用途无穷无尽。如可加工成织针，弯曲后做成鱼钩，做成弹簧，缠绕加工制成电磁铁，铜丝熔化后可以铸铜字、铜像，变形加工可以做外文字拼图，做运算符号进行运算等。

（6）组合思维。这种思维是从某一事物出发，并以此为发散点，尽可能多地与另一些事物联结成具有新价值（附加价值）的新事物的思维方式。

科学界的第一次大组合是牛顿组合了开普勒天体运行三定律和伽利略的物体垂直运动与水平运动规律，提出了经典力学，引起了以蒸汽机为标志的技术革命；第二次大组合是麦克斯韦组合了法拉第的电磁感应理论和拉格朗日、汉密尔顿的数学方法，提出了更加完备的电磁理论，引发了以发电机、电动机为标志的技术革命；第三次大组合是狄拉克组合了爱因斯坦的相对论和薛定谔方程，提出了相对量子力学，引起了以原子能技术和电子计算机技术为标志的新技术革命。正如爱因斯坦所说："……组合作用似乎是创造性思维的本质特征。"

此外，在科学技术、商业和其他行业都有大量的组合创造的实例，需要注意的是，组合不是随心所欲地拼凑，必须遵循一定的科学规律。

3）发散思维的方法

（1）一般方法。

①材料发散法——以某个物品尽可能多的"材料"为发散点，设想它的多种用途。

②功能发散法——从某个事物的功能出发，构想出获得该功能的各种可能性。

③结构发散法——以某个事物的结构为发散点，设想出利用该结构的各种可能性。

④形态发散法——以某个事物的形态为发散点，设想出利用某种形态的各种可能性。

⑤组合发散法——以某个事物为发散点，尽可能多地将它与别的事物进行组合形成新事物。

⑥方法发散法——以某种方法为发散点，设想出利用该方法的各种可能性。

⑦因果发散法——以某个事物发展的结果为发散点，推测出造成该结果的各种原因或者由原因推测出可能产生的各种结果。

（2）假设推测法。假设的问题无论是任意选取的，还是有所限定的，所涉及的都应当是与事实相反的情况，是暂时不可能的或是现实不存在的事物对象和状态。由假设推测法得出的大学生创业与创新的观念可能大多是不切实际的、荒谬的、不可行的，但这并不重要，重要的是有些观念在经过转换后，可能成为合理的、有用的思想。

☑ 拓展延伸

托兰斯创造思维测试

托兰斯创造思维测验（Torrance Test of Creative Thinking，TTCT）是由美国明尼苏达大学心理学教授托兰斯于 1966 年编制的，是目前应用最广泛的创造力测试。测试分为言语创造思维测验、图画创造思维测验、语音创造思维测验三部分。图 1-1 所示为一个玩具象的设计草图，请尽可能多地列举出你能想象到的最巧妙、最有趣、最新奇的方法来改进这个玩具象，从而使儿童们更加喜欢。（不必考虑价格因素，只需考虑如何让玩具象更让人喜欢玩）

图 1-1　玩具象的设计草图

2. 收敛思维

1）收敛思维的概念

收敛思维也叫作"聚合思维""求同思维""辐集思维""集中思维"，是指在解决问的过程中，尽可能利用已有的知识和经验，把众多的信息和解题的可能性逐步引导到条理化的逻辑序列中，最终得出一个合乎逻辑规范的结论的思维。

收敛思维也是创新思维的一种形式，与发散思维不同。发散思维是解决某个问题时，从这一问题出发，想的办法、途径越多越好，总是追求还有没有更多的办法。而收敛思维则是在解决某一问题时，在众多的现象、线索、信息中，向着问题的一个方向思考，根据已有的经验、知识或发散思维中针对问题的最好办法，得出最好的结论和最好的解决办法。

2）收敛思维的方法

（1）辏合显同法。辏合显同法就是把所有感知到的对象依据一定的标准聚合起来，展示它们的共性和本质。例如，我国明朝时期，江苏北部曾经出现了可怕的蝗虫，飞蝗一到，整片庄稼都被吃掉，人们颗粒无收……徐光启看到人民的疾苦，想到国家的危亡，毅然决定去研究治蝗之策。他搜集了自战国以来两千多年间有关蝗灾情况的资料，提出了许多正确有效的治蝗办法，有些办法甚至一直用到中华人民共和国成立初期。

（2）求异思维法。如果一种现象在第一场合出现，第二场合不出现，而这两个场合中只有一个条件不同，这一条件就是产生这种现象的原因。寻找这一条件的过程，就是求异思维法。

（3）层层剥笋法（分析综合法）。在思考问题时，我们最初认识的仅仅是问题的表层（表面），是很肤浅的东西；然后通过层层分析，向问题的核心一步一步逼近，抛弃那些非本质的、繁杂的特征，才能揭示出隐蔽在事物表面现象后的深层本质。

（4）目标确定法。我们平时接触到的大量问题比较明确，很容易找到问题的关键，只需要采用适当的方法，问题便能迎刃而解。但有时，一些问题并不是非常明确，很容易产生似是而非的感觉，将人们引入歧途。这个方法要求我们首先要确定正确的搜寻目标，并进行认真的观察，找出其中关键的现象，围绕目标进行收敛思维。确定的目标越具体越好，不用确定那些各方面条件尚不具备的目标，这就要求人们对主客观条件有一个全面、正确、清醒的估计和认识。目标可以分为近期的、远期的、大的、小的。运用目标确定法时，可以先选小的、近期的目标，熟练后再逐渐扩大。

在实际生活中，我们也常遇到选择目标的情况。如我们急需上交一篇计算机打字稿，但专职打字员又没在，可能会选择用两个手指非常不规范地、用比打字员长的时间打出来上交了。有的人指责你的打字水平太低，按键姿势太不规范，打字速度慢，应该先去打字班训练。这里就有目标的问题，前者是为了及时上交稿件，不是为了学习打字；而后者则倾向要先学习规范打字，提高打字的速度和质量。显然，目标不同，处理问题的方法也会不同。

（5）聚焦法。聚焦法就是人们常说的沉思、再思、三思，是指在思考问题时，有意识、有目的地将思维过程停顿下来，并将前后思维领域浓缩和聚拢起来，以帮助我们更有效地审视和判断某一事件、某一问题、某一片段信息。聚焦法带有强制性指令色彩，可通过反复训练，培养我们的定向、定点思维的习惯，形成思维的纵向深度和强大穿透力，犹如用放大镜把太阳光持续地聚焦在某一点上就可以形成高热；同时，由于经常对某一片段信息，某一件事、某一问题进行有意识的聚焦思维，自然会积淀起对这些信息、事件、问题的强大透视力、溶解力，有利于最后顺利解决问题。

3. 联想思维

1）联想思维的概念

联想思维是指在人的记忆表象系统中由于某种诱因使不同表象发生联系的一种思维活动。联想思维和想象思维可以说是一对"孪生姐妹"，在人的思维活动中都起着基础性的作用。联想思维是在创新过程中运用概念的语义、属性的衍生、意义的相似性来激发创新思维的方法，它是打开沉睡在人们头脑深处记忆的最简便和最适宜的钥匙。

（1）接近联想。时间或空间上的接近都可以引发不同事物之间的联想。诗歌中有关时空接近的联想佳句很多，如"春江潮水连海平，海上明月共潮升。滟滟随波千万里，何处春江无月明"，这首诗中作者将春江、潮水、大海与明月（既相远又相近）巧妙地联系在一起。

（2）相似联想。从外形或性质上、意义上的相似引起的联想，都是相似联想。如"春蚕到死丝方尽，蜡炬成灰泪始干""床前明月光，疑是地上霜"等。

（3）对比联想。由事物之间完全对立或存在某种差异而引起的联想，就是对比联想（相反特征的事物或相互对立的事物间所形成的联想）。文学艺术中的反衬手法，就是对比联想的具体运用。例如，描写岳飞和秦桧的诗句"青山有幸埋忠骨，白铁无辜铸佞臣"。

（4）因果联想。由于两个事物存在因果关系而引起的联想，就是因果联想。这种联想往往是双向的，可以由因想到果，也可以由果想到因。

（5）类比联想。类比联想是通过对一种事物与另一种（类）事物的对比，而进行创新的联想方法，其特点是以大量联想为基础，以不同事物间的相同、类比为纽带。根据类比联想不同的类比形式可分为多种类比法，下面大致介绍几种。

①直接类比法：如鱼骨—针，酒瓶—潜艇。

②间接类比法：如负氧离子发生器。

③幻想类比法：如第一台电子计算机的诞生。

④因果类比法：如气泡混凝土。

⑤仿生类比法：如抓斗、电子蛙眼、蜻蜓翅痣与机翼颤振。

☑ 案例播报

成功"打卡"马里亚纳海沟，浙大仿生软体智能机器鱼研究登《自然》封面

马里亚纳海沟处于地球的最深处。要涉足这无人之境，人造机器若没有耐压的"盔甲"，都会被强大的水压所破坏。不过，在深海中生活的生物却因有着奇特构造而在这里安然无恙。若能由深海生物启发，把"生命之秘"化作"机器之力"，研发能自适应复杂环境的智能机器，则既可助力深海探索，又能发展新型机器人与智能装备。

浙江大学航空航天学院交叉力学中心李铁风教授团队联合之江实验室，与合作单位开展跨学科交叉研究，率先提出机电系统软-硬共融的压力适应原理，成功研制了无须耐压外壳的仿生软体智能机器人，首次实现了在万米深海自带能源软体人工肌肉驱控和软体机器人深海自主游动。这种环境自适应的仿生软体机器人和智能系统，将为深海探索科考、环境监测与资源勘探提供新的解决方案，为复杂环境与任务下机器人及智能系统设计提供新思路。

生物学研究发现，在马里亚纳海沟 6 000~11 000 米的深度区域，仍有数百种物种生存，狮子鱼就是其中的一种。

万米海底的压力有多大？李铁风说在 10 900 米的海底，静水压高约 110 兆帕，接近 1 100 个大气压。用一个不太恰当的比方，相当于 1 吨重的小汽车全压在指尖上。过去，需要高强度的金属外壳（如铁合金）或压力补偿系统来保护，才能克服深海的极高静水压。而李铁风团队研制的仿生软体机器鱼，由软体人工肌肉驱动一对翅膀状的柔性胸鳍，通过节律性扑翅实现游动；控制电路、电池等硬质器件则被融入集成在凝胶状的软体机身中；通过设计调节器件和软体的材料与结构，实现了机器人无须耐压外壳，就可以承受万米级别的深海静水压力。

（资料来源：本实验室李铁风教授发表 Nature 封面论文，成功"打卡"马里亚纳海沟，sklofp. zju. edu. cn/skl/2021/0304/c27485a2254723/page. htm）

2）联想思维的训练

联想思维可以在日常生活中培养和自我训练，也可以在教师的指导下进行强化训练。在进行联想思维强化训练时应注意以下事项。

（1）在读完题目后，要立即进入题目的情境，设身处地地进行联想。虚拟的情境越逼真，效果越好。

（2）开始联想后，每联想到一件事物，就写在题目后，直到不能再想为止，但不要急于求成。

（3）一般用 2~3 分钟完成一道题目，时间一到，马上转入下个题目。

✓ 拓展延伸

1. 在两个没有关联的信息间，寻找各种联想，将它们联结起来。

例如，粉笔—原子弹：粉笔—教师—科学知识—科学家—原子弹

A. 足球—讲台

B. 黑板—聂卫平

C. 油泵—台灯

D. 汽车—绘图仪

2. 分别在下面每组字上加同一个字使其组成不同的词。

A. 自、察、味、触、幻、感

B. 阔、大、博、东、告、意

C. 具、教、理、士、边、家

4. 灵感思维

灵感思维也称作顿悟，是指经过长时间的思索，问题没有得到解决，但是突然受到某一事物的启发，问题被一下子解决的思维方法。诗人、文学家的"神来之笔"，军事指挥家的出奇制胜，思想战略家的豁然贯通，科学家、发明家的茅塞顿开等，都是灵感思维的体现。灵感来自信息的诱导、经验的积累、联想的升华、事业心的催化。

灵感思维具有以下特点：

（1）突发性。灵感往往是在一个出其不意的刹那间出现，使长期苦思冥想的问题突然得到解决。在时间上，它不期而至，突如其来；在效果上，它突然领悟，意想不到。这是灵感的突发性。

（2）偶然性。灵感在什么时间出现，在什么地点出现，或在哪种条件下出现，都带有很大的偶然性且难以预测，往往给人以"有心栽花花不开，无意插柳柳成荫"之感。

（3）模糊性。灵感的产生往往是闪现式的，而且稍纵即逝，它所产生的新线索、新结果或新结论易使人感到模糊不清。

5. 逆向思维

逆向思维也称为求异思维，它是将司空见惯的、似乎已成定论的事物或观点反过来思考的一种思维方式。逆向思维是创新思维中最主要、最基本的方式。如司马光砸缸的故事，有人落水，常规的思维模式是"救人离水"，而司马光面对紧急险情，运用了逆向思维果断地用石头把缸砸破，"让水离人"，救了小伙伴的性命。

逆向思维具有以下特点：

（1）普遍性。逆向思维在各种领域、各种活动中都有适用性。由于事物都是对立统一的，对立统一的形式又是多种多样的，有一种对立统一的形式，相应地就有一种逆向思维的角度，所以，逆向思维也有无限多种形式。如性质上对立两极的转换：软与硬、高与低等；结构、位置上的互换、颠倒：上与下、左与右等；过程上的逆转：气态变液态或液态变气态、电转为磁或磁转为电等。无论哪种方式，只要从一个方面想到与之对立的另一方面，都是逆向思维。

（2）批判性。逆向是与正向比较而言的，正向是指常规的、常识的、公认的或习惯的想法与做法。逆向思维则恰恰相反，是对传统、惯例、常识的反叛，是对常规的挑战，它能够克服思维定式，破除由经验和习惯造成的僵化的认识模式。

（3）新颖性。循规蹈矩的思维和按传统方式解决问题虽然简单，但容易使思路僵化刻板，摆脱不掉习惯的束缚，得到的往往是一些司空见惯的答案。其实，任何事物都具有多方面属性。由于受过去经验的影响，人们容易看到事物熟悉的一面，对其他方面却视而不见。逆向思维能克服这一障碍，看到的事物往往出人意料，使人耳目一新。

我国古代有这样一个故事，一位母亲有两个儿子，大儿子开染布作坊，小儿子做雨伞生意。每天，这位老母亲都愁眉苦脸，下雨了担心大儿子染的布没法晒干；天晴了又担心小儿子做的伞没有人买。一位邻居开导她，叫她反过来想：雨天，小儿子的雨伞生意做得红火；晴天，大儿子染的布很快就能晒干。逆向思维使这位老母亲眉开眼笑，活力再现。

拓展延伸

创新思维能力测试

下面是 10 道题目，如果符合自身情况，则回答"是"，不符合则回答"否"，拿不准则回答"不确定"，并根据每道题后给出的答案分值计算自己的得分。

1. 你认为那些使用古怪和生僻词语的作家纯粹是为了炫耀。（是得 -1 分；否得 0 分；不确定得 2 分）

2. 无论什么问题，要让你产生兴趣，总比让别人产生兴趣要困难得多。（是得 0 分；否得 1 分；不确定得 4 分）

3. 对那些经常做没把握事情的人，你不看好他们。（是得 0 分；否得 1 分；不确定得 2 分）

4. 你常常凭直觉来判断问题的正确与错误。（是得 4 分；否得 0 分；不确定得 -2 分）

5. 你善于分析问题，但不擅长对分析结果进行综合、提炼。（是得 -1 分；否得 0 分；不确定得 2 分）

6. 你的审美能力较强。（是得 3 分；否得 0 分；不确定得 -1 分）

7. 你的兴趣在于不断提出新的建议，而不在于说服别人去接受这些建议。（是得 2 分；否得 1 分；不确定得 0 分）

8. 你喜欢那些一门心思埋头苦干的人。（是得 0 分；否得 1 分；不确定得 2 分）

9. 你不喜欢提那些显得无知的问题。（是得 0 分；否得 1 分；不确定得 3 分）

10. 你做事总是有的放矢，不盲目行事。（是得 0 分；否得 1 分；不确定得 2 分）

评价：

得分 22 分以上，则说明被测试者有较高的创造思维能力，适合从事环境较为自由，没有太多约束，对创新性有较高要求的职位，如美编、装潢设计、工程设计、软件编程人员等。

得分 11~21 分，则说明被测试者善于在创造性与习惯做法之间找出平衡，具有一定的创新意识，适合从事管理工作，也适合从事与人打交道的工作，如市场营销。

得分 10 分以下，则说明被测试者缺乏创新思维能力，属于循规蹈矩的人，做事有板有眼，一丝不苟，适合从事对纪律性要求较高的工作，如会计、质量监督员等。

二、创业思维

（一）创业思维内涵

一个成功创业者的思维是和常人不一样的。创业项目、创业团队、时机以及投资，都是创业不可或缺的，创业思维更是一个创业者的必备素养。那么，一个创业者应该具备什么样的"创业思维"呢？

创业思维是一种工作态度、一种解决问题的观念和方法，是由主动性、创造性和坚定性等组成的一种复合能力。有创业思维的人，当面对资源约束和各种难题时，他们不是牢骚满腹，而是在创业思维的引导下主动地、创造性地寻找问题的解决方案，思考新的发展机会。创业思维能够引导创业者找到问题的解决办法，不断修正创业方向，直至取得创业的成功。

创业思维作为应对不确定性的一种态度、一种解决问题的观念和方法，强调识别机会并尝试利用机会，引导创业者寻找独一无二的成功之路。创业思维的核心是有效推理的应用。与因果推理为先设的特定目标寻求最佳实现路径不同，有效推理不是从具体的特定目标开始的。基于创业过程固有的不确定性，创业目标总是动态变化的阶段性目标，有效推理引导创业者不断评估个人能力，选择当前可以实现的阶段性动态目标，根据目标实施过程中的新发现，不断调整目标规划，并驱动目标规划的实施。这种发现驱动思维为创业目标的动态选择和实施提供了实用工具，是不确定环境下应对风险的有效办法。

（二）创业思维特征

1. 突破性

创业思维就是要找到解决问题的突破口，抓住问题的本质。江南春，是分众传媒的创始人。一个偶然机会，他看到电梯门上贴着小广告，从中发现了楼宇电梯口这个特定地点的广告价值，想出在电梯旁安装广告视频的方式，于是成立分众传媒，创造出楼宇视频广告的新商业模式。

2. 新颖性

创业思维的新颖性体现在通过独特的视角思考问题、解决问题。某牙膏公司的营业额连续 10 年递增，但在第 11 年出现了下滑。为挽回营业额，一位年轻经理给总裁递了一张纸条，纸条上只写了一句话：将牙膏管开口扩大 1 毫米。这是因为人们每天习惯挤出同样长度的牙膏，如果牙膏管开口扩大 1 毫米，每个人就多用了 1 毫米宽的牙膏。这样，每天牙膏的消耗量将多出许多！果然，扩口后，公司的营业额增加了 32%。

3. 灵活性

创业思维有法但无定法，没有固定套路，可以自由想象。美国艾士隆公司董事长偶然看到几个小孩在津津有味地玩一只非常丑陋的昆虫，他顿时灵机一现，联想到丑陋玩具可以突破人们的常规审美，消除审美疲劳，于是研制出一套"丑陋玩具"，并迅速推向市场。可谓"思路一变天地宽"。

4. 求异性

求异不是盲目标新立异，而是实事求是地寻求新的解决问题的办法和思路。王老吉的成功便是一例。它避开同百事可乐等饮料巨头的直接碰撞，在选择传统营销渠道的基础上，进入餐饮店、酒吧等场所找寻自己独立生存的空间，开辟了营销渠道的蓝海。

（三）创业思维培养技巧

对于思维方式的培养，理论上存在两种观点：一种观点认为思维方式的形成是一个循序渐进的过程，要长时间的思想激荡才能够实现；另一种观点则认为思维方式的转变可以在瞬时发生，即所谓的"顿悟"，这种转变包含学习理论，其过程被称为关键学习事件。

培养创业思维的主要技巧如下：

1. 善于倾听

倾听，是一种平等而开放的交流，是一种了解他人的方式，更是一种与人交往的智慧。倾听是创业者非常重要的技能，要学习关注身边人遇到的问题，以及他们的需求，并且尝试向他们提出解决问题的办法。

2. 学会专注

专注才能做得更好。心在一艺，其艺必工。新东方创始人俞敏洪在《专注的好处》博文中讲："我们一辈子拥有的时间不是无限的，我们能做的事情也不是无限的，能够让自己专注起来，未尝不是一件无比幸福的事情。"专注的培养，一要运用积极目标的力量，二要善于屏蔽来自内心和外界的干扰。

3. 学会思考

21 世纪创业靠智慧。善于思考的人无论在工作上还是生活中都会走在前面，成功的创业者一定是会思考的。面对竞争异常复杂的商场，创业者既要有敏锐的市场观察能力，更要有理性的思考。只有学会思考，才能找到市场的空白点和满足客户需求的思路。

4. 善于发现"抱怨"

"抱怨"出商机。善于发现"抱怨"就是要善于发现人们生活中面临的各种问题，并试图找到可以解决这些问题的产品或服务。一个有创业思维的人，会时刻留心这些"抱怨"，并熟记于心。

✓ 实践应用

吉利汽车的设计与创新

浙江吉利控股集团是中国汽车行业十强企业之一。自 1997 年进入轿车领域以来，吉利公司凭借灵活的经营机制和持续的自主创新取得了快速的发展，连续 8 年进入中国企业 500 强，连续 6 年进入中国汽车行业十强，被评为首批国家"创新型企业"和"国家汽车整车出口基地企业"。

"吉利的成功，就在于创新。"总经理安聪慧介绍道，吉利始终有一个美丽的追求：打造全世界最好的汽车工厂，造最安全、最环保、最节能的好车，让吉利汽车走遍全世界。而面对跨国公司的技术封锁和市场垄断，吉利只有通过创新，才能为自己开创一片天地。

但创新从何下手呢？吉利公司通过对我国汽车产业的调查分析，得出我国汽车产业仍面临投资过热、行业分散、配套设施落后、自主研发与创新能力提高进展缓慢，甚至严重的技术依赖等突出问题。为解决这些问题，吉利公司提出了自身的发展理念，并开始一步一个脚印朝其前进。第一，提升研发能力，不断形成独立的造型设计、工程设计、工程分析、研制试装与同步工程能力，逐渐具备汽车整车、发动机、变速器及新能源等关键技术的自主开发能力。第二，不断推出新型车型产品，科学规划产品开发平台。第三，不断突破核心技术，独创 BMBS 爆胎检测与控制技术，带动主动安全技术的全面提升。第四，科技成果节节攀升，加大专利、论文、科技成果三大科技指标的研发投入。第五，加大人才培养力度，实施独具吉利特色的管理方法——"源动力"工程，赋予员工充分的话语权、考评权和监督权。第六，变低价策略为品质策略，企业理念由"造老百姓买得起的好车"转变为"造最安全、最环保、最节能的好车"。第七，建立完善的营销网络，实现用户需求快速反应和市场信息快速处理。

由此可见，吉利公司通过整个技术体系创新工程的建设与企业发展模式的转变，确保了企业战略转型的成功实施，支撑了企业的可持续发展。

1. 上述材料中，吉利公司的创新之处体现在哪里？它是如何将这些创新成果转变为有利于企业发展的战略支撑，从而使其实现"第二次"创业的？

_____

_____

_____

_____

2. 结合材料，谈谈你对创新与创业关系的进一步理解。

_____

_____

_____

_____

第2单元 创新能力与创业素质

知识目标

1. 理解创新能力的含义及创新能力的内容。
2. 了解创新方法。
3. 掌握培养创新能力的途径。
4. 了解创业精神的作用。
5. 掌握创业能力的培育方法。

素养目标

具备基本的创新意识与创新精神，要有坚定的信念和奋斗的精神；具有实事求是、独立思考、勇于创新的科学精神；形成健全的人格和良好的心理素质。

任务1　培养创新能力

起航阅读

诺贝尔奖获得者屠呦呦

屠呦呦，1930年生于浙江宁波。"呦呦鹿鸣，食野之苹"，《诗经·小雅》中的名句寄托了屠呦呦父母对她的美好期待。

1969年，屠呦呦所在的中医研究院接到了一个"中草药抗疟"的研发任务，代号523。那一年，屠呦呦39岁。因为具有中西医背景且勤奋，屠呦呦很快被任命为研究组组长，带领一个小组的成员开始查阅中医药典籍，走访老中医，埋头于那些变黄、发脆的故纸堆中，寻找抗疟药物的线索。

屠呦呦研究组耗时3个月，从2 000多个方药中筛出640个，又从中锁定到100多个样本，最终入选的胡椒"虽对疟原虫抑制率达84%，但对疟原虫抑杀作用并不理想"。青蒿是当时的191号样本，虽然曾经有过68%的抑菌率，复筛结果却一直不好。

问题出在哪里呢？

屠呦呦开始系统地查阅古代文献，希望能在古籍中找到只言片语，而这还真被她找到了。那就是葛洪的《肘后备急方》中的一句话："青蒿一握，以水两升渍，绞取汁，尽服之。"屠呦呦决定，用沸点只有35 ℃的乙醚代替水或酒精来提取青蒿素。这抓住了"牛鼻子"——温度正是青蒿素（青蒿素到了1972年才获得以命名，此时研究组尚不知这种物质的化学结构）提取的关键，过高的温度将破坏青蒿素的性质，使其丧失抗疟性。

1977年，她首次以"青蒿素结构研究协作组"为名撰写的论文《一种新型的倍半萜内酯——青蒿素》发表于《科学通报》，引起世界各国的密切关注。

屠呦呦多年从事中药和中西药结合研究，在没有先进实验设备、科研条件艰苦的情况下，带领团队攻坚克难，面对失败不退缩，终于胜利完成科研任务，成功提取到的青蒿中性提取物，创制新型抗疟药——青蒿素和双氢青蒿素。

屠呦呦因此获得了诺贝尔生理学或医学奖，填补了我国无诺贝尔科学奖的空白。她将中医中药推向世界，将民族的变成世界的，奠定了中医中药在世界医学领域的地位。青蒿素问世以来，共使超过600万人逃离疟疾的魔掌。未来，屠呦呦希望通过研究，让青蒿素应用于更多地方，为更多人带来福音。

理论讲堂

一、创新能力概述

创新能力是指在技术和各种实践活动领域中不断提供具有经济价值、社会价值的新思想、新理论、新方法和新发明的能力，是经济竞争的核心。

创新能力具有以下内容。

1. 发现问题的能力

爱因斯坦说："我没有什么特别的才能，不过是喜欢刨根问底地追究问题罢了。""提出一个问题往往比解决一个问题更重要，因为解决问题的过程也许仅是一个数学上或试验上的技能。而提出新的问题、新的可能性，从新的角度去看旧的问题，却需要有创造性的想象力，而且标志着科学的真正进步。"要促进创新思维的发展，就要具备发现问题的能力，这样，在提出问题和解决问题时，思维才能活跃起来，思维能力才可能在解决问题的过程中发展起来。

2. 流畅的思维能力

创新能力以思维流畅作为基础。流畅的思维能力使人们能在遇到问题时思维活动畅通无阻，灵敏迅速，在短时间对某个事物的用途、状态等做出准确的判断，提出多种解决问题的方法。

3. 变通的能力

变通的能力使人们思路开阔，能根据时间、地点、条件等的变化，迅速灵活地从一个思路跳到另一个思路，从一种意境进入另一种意境，从多角度、多方位探索并解决问题。

4. 独立创新的能力

爱因斯坦说过，应当把发展独立思考和独立判断的一般能力放在首位。提高创新能力应在实践中不迷信前人、不盲从已有的经验、不依赖已有的成果，独立地发现问题，独立地思考问题，独辟蹊径找到解决问题的有效方法。

5. 制定创新方案的能力

制定创新方案是创新的核心。创新首先要明确一个方向和目标，明确方向后，再制定创新方案，围绕方案努力下去，才可能有创新成果。

6. 评价的能力

创新是个复杂的过程，在创新方案的实施中会遇到多种可选方案，要想选中最优方案，就需要对其进行评价，做出决策，这就要求创新者具备评价能力。

二、学习创新方法

法国生理学家贝尔纳说："良好的方法能使我们更好地发挥运用天赋的才能，而拙劣的方法可能阻碍才能的发挥。因此，科学中难能可贵的创造性才华，由于方法拙劣可能被削弱，甚至被扼杀，而良好的方法则会增长促进这种才华。"下面列举了常见的创新方法：头脑风暴法、5W2H 分析法、奥斯本检核表法、六项思考帽等。

（一）头脑风暴法

在群体决策中，群体中成员的心理相互作用相互影响，易屈于权威或大多数人意见，形成所谓的"群体思维"。群体思维会削弱群体的批判精神和创造力，损害决策的质量。为了保证群体决策的创造性，提高决策质量，产生了一系列改善群体决策的方法，头脑风暴法是较为典型的一种。头脑风暴法适合解决简单的问题，常见于创意行业的广告、产品名称、销售方案以及决策前的信息搜集等。

头脑风暴法又称为智力激励法、BS 法，它是现代创造学奠基人、美国著名创意大师亚历克斯·奥斯本在 1939 年提出的方法。奥斯本是著名的广告公司 BBDO 的创始人，BBDO 的 O 就是指他的姓 Osborn。1938 年，BBDO 公司出现危机，流失了很多重要客户和员工。奥斯本为了挽救公司，想出一套"创意"的武器系统，希望利用团队合作，结合业务、文案、设计，让这些不同角色的人员，合力发挥更强更多的创意。目前头脑风暴法已成为创新活动中最常用的方法。

1942 年，奥斯本在《思考的方法》书中第一次公开提出了"头脑风暴"的概念，并提出了召开头脑风暴会的四个原则。第一个原则：禁止批判。在开会的时候，所有成员自由畅想，相互之间不能批评。第二个原则：独特想法。所有成员都要无拘束地发言，气氛要保持轻松自由。点子越新奇，越能激发独特创意。第三个原则：量重于质，也就是数量比质量重要。开会的时候，围绕主题，用撒网捕鱼的方式，捞取大量点子。数量越多，好点子出现的机会越大。第四个原则：结合改善。1+1>2，多个点子合成可能变成更棒的创意。

另外，召开头脑风暴会议时，还要注意以下七点：①确定具体的主题。如果会议的主题是"减少交通事故"，想不出有效解决方案时，可改为"让人人戴安全帽"，进一步把主题具体化，就可能会有好点子。②将桌子排成四角形，成员围坐成"口"字形，发表意见时，每个人的眼神容易交会。③主持人要带动讨论。主持人要掌握气氛，帮助每个人从不同角度思考，鼓励大家热烈发言。④聚集各种领域人才。参加头脑风暴会的理想人数为5~8人，如果成员中有与主题相关的专家，专家人数最好不要过半。越多不同领域的人才，对生产点子越有帮助。⑤自由发言，详细记录。记录时不可简化、压缩，要逐字记录，只字片语都可能是解决问题的线索。⑥注意休息。会议进行到一段落，可以让大家休息后再进行，理想的休息时间是 60 分钟，休息时间可让成员沉淀，从客观角度思考别人的点子。⑦评估。以"独创性"与"实现性"为主，评估所有点子的可行度，尝试结合不同点子，提升点子的可行度。

头脑风暴可以分为直接头脑风暴（简称头脑风暴）和质疑头脑风暴（也称反头脑风暴）两种。头脑风暴是在专家群体决策中尽可能激发其创造性，产生尽可能多的设想；反头脑风暴是对头脑风暴提出的设想或方案进行质疑，并分析其实现的可行性。

1. 头脑风暴会议的实施与准备

（1）为了提供一个良好的创造性思维环境，首先应该明确会议目标、确定参加会议的最佳人数（以 5~10 人为宜）和召开会议的时间。一般应提前 1~5 天将会议讨论的问题发至参会人员。

（2）选择合适的主持人。参会人包括主持人、记录员和参加者。主持人是头脑风暴法会议的领导者，对会议的成功起着决定性的作用。主持人的职责是严格遵守头脑风暴法的基本原则、使会场保持热烈的气氛、把握会议的主题不偏离并保证全员献计献策。主持人要做好充分的准备并且要有一定的主持会议的技巧，主持人一般不直接发表意见，只需简单地说"很好，请继续进行"，或"很好，让我们改变一下方向"。

（3）确定会议的记录员。记录员需要把参会人员的设想全部记录并编号，防止遗漏。

（4）会议时间。头脑风暴法会议的时间一般在 1 小时以内，避免超过 2 小时。

（5）延迟评价。对设想的评价不应在同一天进行，过几天再评价有利于提出新的设想，评价也可以采用头脑风暴法会议进行。其间可将设想进行分类与整理：一般分为实用型和幻想型两类。前者是指目前技术工艺可以实现的设想，后者指目前技术工艺还不能完成的设想。还可对这两类设想进行进一步开发。完善实用型设想：对于实用型设想，再用头脑风暴法去进行论证、二次开发，进一步扩大设想的实现范围。幻想型设想再开发：对于幻想型设想，再用头脑风暴法进行开发，通过进一步开发，就有可能将创意的萌芽转化为成熟的实用型设想。这是头脑风暴法的一个关键步骤，也是评价该方法质量高低的明显标志。

头脑风暴法成功的关键是讨论方式，即参会人员能否进行充分、非评价性和无偏见的交流，做到自由畅谈、延迟评判、禁止批评和追求数量。此外，参与人员的素质对成功也有一定的影响。

在决策过程中，对直接头脑风暴提出的系统化的方案和设想进行现实可行性评估的三个阶段是：第一阶段，参加者对每一个提出的设想都要质疑，并进行全面讨论，讨论的重点是设想实现的所有限制性条件；第二阶段，为每一组或每一个设想编制一个评论意见一览表以及可行性设想一览表；第三阶段，对质疑过程中抽出的评价意见进行估价，以便形成一个对解决所讨论问题实际可行的最终设想。在三个阶段中，质疑过程需要一直进行，直到没有问题可以质疑为止。另外，应设置分析组负责处理和分析质疑的结果。如需在短时间内就重大问题进行决策，分析小组需吸收一定数量的专家。

2. 头脑风暴的正确使用方法

第一个建议：个人独立思考与团体思考可以先拆开再整合，也就是让每个人先独立思考，然后再聚集到一起开会。假如有 6 个成员开会，那么可以先让每个人写下针对主题的 3 个想法，然后传给隔壁的人，隔壁的人把拿到的想法加以补充，再传给下一个人。这样进行 5 轮，等于每个人都有机会补充其他 5 个人的意见。当所有人的意见都汇总后，再坐在一起进行讨论和评估。这样就可以在减少开会弊端的同时，发挥出头脑风暴的优点。

第二个建议：一定要把想法写下来，甚至画出来，把思路图像化。开会时，一般通过讲话来交流，用文字写下想法或者记录别人的想法。但是我们平常在使用文字的时候，会为了效率习惯性地压缩信息。比如，我们在记别人讲话时，出于效率考虑，要从别人的一堆话中快速截取某个关键字词并把它记录下来。这样一来信息都是高度压缩的，不利于我们发挥创意。所以，在头脑风暴的时候建议尝试把思路图像化，这样可能会有意想不到的收获。

✓ 拓展延伸

头脑风暴法的激发机理

1. 联想反应。联想是产生新观念的基本过程。在集体讨论问题的过程中，每提出一个新的观念，都可能引发他人的联想，再相继产生一连串的新观念，产生连锁反应，形成新观念堆，从而为创造性地解决问题提供更多的可能性。

2. 热情感染。在不受任何限制的情况下，集体讨论问题能激发人的热情。人人自由发言、相互影响、相互感染，能够形成热潮，突破固有观念的束缚，可以最大限度地发挥创造性的思维能力。

3. 竞争意识。在有竞争意识的情况下，人们争先恐后，竞相发言，不断地开动思维机器，力求有独到见解，新奇观念。

4. 个人欲望。头脑风暴法有一条原则，不得批评仓促的发言，甚至不许有任何怀疑的表情、动作、神色。这就能使每个人畅所欲言，提出大量的新设想。

（二）5W2H 分析法

5W2H 分析法又叫七问分析法，是第二次世界大战中美国陆军兵器修理部首创，其流程如图 2-1 所示。5W2H 分析法是发明者用五个以 W 开头的英语单词和两个以 H 开头的英语单词进行设问，以寻找解决问题的线索，寻找发明思路，进行设计构思，从而创造出新的发明项目。

5W2H 分析法并不复杂，却是"步骤化、清单化"的管理思想的典型代表，可以帮助使用者更缜密地找到问题，变革创新，分配任务。该方法方便，易于理解、使用，富有启发意义，被广泛应用于企业管理和技术活动，对于决策和执行性的活动措施也非常有帮助，也有助于弥补考虑问题的疏漏。

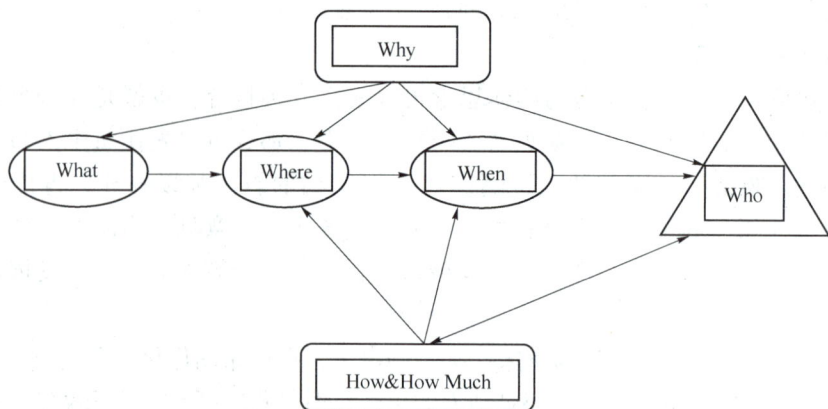

图 2-1　5W2H 分析法流程

（1）What——是什么？目的是什么？做什么工作？

（2）Why——为什么要做？可不可以不做？有没有替代方案？

（3）Who——谁？由谁来做？

（4）When——何时？什么时间做？什么时机最适宜？

（5）Where—— 何处？在哪里做？

（6）How——怎么做？如何提高效率？如何实施？方法是什么？

（7）How Much——多少？做到什么程度？数量如何？质量水平如何？费用产出如何？

提出疑问对于发现问题和解决问题是极其重要的。创造力高的人大多具有善于提问题的能力。

众所周知，提出一个好的问题，就意味着问题解决了一半，较高的提问题的技巧，可以让人充分发挥自己的想象力。同样地，有些问题提出来，可能会挫伤人的想象力。

5W2H 分析法具有以下优势：①可以准确界定，清晰表述问题，提高工作效率；②有效掌控事件本质，完全抓住主骨架，把事件打回原形思考；③简单，方便，易于理解、使用，富有启发意义；④有助于思路的条理化，杜绝盲目性；⑤有助于全面思考问题，从而避免在流程设计中遗漏项目。

下面介绍 5W2H 分析法的三种常见用法。

（1）用 5W2H 法找到问题。

下属反映前员工俱乐部最近不温不火，要弄明白这个问题，你可以试着拿起 5W2H 检查板。

What：前员工俱乐部的互动越来越少。

Where：减少的是微信群里的发言数量。

When：最近 3 周，尤其是最近 1 周。

Who：都不怎么发言了，尤其是以前最活跃的几个人。

How Much：500 人的群，过去每天有 1 000 条以上的发言，现在降到了几十条。

Why：这可能是因为群成员水平高低不齐，话题价值不一，越来越多人疲累了。这样，就将"前员工俱乐部最近不愠不火"的问题具体化了。

（2）用 5W2H 法变革创新。

在思维导图前，面对中央的"前员工俱乐部"六个大字，开始用 5W2H 法，围绕七个问题层层展开。甚至可以试着把这七个问题中的每一个问题都继续深入四个层次，寻找创新机会。比如 Why，做前员工俱乐部的原因是什么？第一层深入：因为要保持和前员工的联系；第二层深入：为什么要保持和前员工的联系？因为希望前员工帮助推广产品，推荐新员工，给新产品提意见；第三层深入：有更合适的实现这些目标的方法吗？有，比如邀请其中一些真正有影响力、有能力的人成为"荣誉顾问"；第四层深入：为什么这么做更合适？因为这样可以避免很多无效沟通。

综上，在"前员工俱乐部"的基础上，设计了更有效的"荣誉顾问"计划。

（3）用 5W2H 法分配任务。

会议结束时一定要带着 3W（Who do，What by，When）离开。这个 3W，其实就是 5W2H 的一个子集。比如，"李雷，帮我调查调查前员工俱乐部的现状，明天向我汇报。"这是 3W。更缜密一些就是："李雷，老板希望改善前员工俱乐部的运营，你先帮我调查一下现状，列出好的 10 点，不好的 10 点。明天下午 4 点，在我办公室汇报。你可以找韩梅梅帮你一下。"

下面以检查原产品的合理性为例对 5W2H 法的应用程序进行说明。

1. 检查原产品的合理性

（1）为什么（Why）？

为什么采用这个技术参数？为什么不能有响声？为什么停用？为什么设计成红色？为什么要做成这个形状？为什么采用机器代替人力？为什么产品的制造要经过这么多环节？为什么非做不可？

（2）做什么（What）？

条件是什么？哪一部分工作要做？目的是什么？重点是什么？与什么有关系？功能是什么？规范是什么？工作对象是什么？

（3）何人（Who）？

谁来办最方便？谁会生产？谁可以办？客户是谁？谁被忽略了？谁是决策人？谁会受益？

（4）何时（When）？

要何时完成？何时安装？何时销售？何时是最佳营业时间？工作人员何时容易疲劳？何时产量最高？何时完成最为适宜？需要几天才算合理？

（5）何地（Where）？

何地最适宜某物生长？何处生产最经济？从何处买？还有什么地方可以做销售点？安装在什么地方最合适？何地有资源？

（6）怎样（How）？

怎样做省力？怎样做最快？怎样做效率最高？怎样改进？怎样得到？怎样避免失败？怎样求发展？怎样增加销路？怎样达到效率？怎样才能使产品更加美观大方？怎样使产品用起来更方便？

（7）多少（How Much）？

功能指标要达到多少？销售多少？成本多少？输出功率多少？效率多高？尺寸多少？重量多少？

2. 找出主要优缺点

如果现行的做法或产品经过上面七个问题的审核已无懈可击，便可认为这一做法或产品可行。如果七个问题中有一个答复不能令人满意，则表示这方面有改进余地。若有独创的优点，可以进行放大。

3. 决定设计新产品

克服原产品的缺点，扩大原产品独特优点的效用。"5W2H"的思维方式可以使管理精确化、数字化，在实际操作中，避免盲目性或感情用事。在审查产品或者改善产品时，启用5W2H分析法可以评估产品是否有价值、是否值得去做。

（三）奥斯本检核表法

奥斯本检核表法是指以该技法的发明者奥斯本命名、引导主体在创造过程中对照九个方面的问题进行思考，以便启迪思路，开拓思维想象的空间，促进人们产生新设想、新方案的方法。奥斯本检核表法主要面对九个大问题：有无其他用途、能否借用、能否改变、能否扩大、能否缩小、能否代用、能否调换、能否颠倒、能否组合。

（1）现有的东西（如发明、材料、方法等）有无其他用途？如保持原状不变能否扩大用途？稍加改变，有无别的用途？

人们从事创造活动时，往往沿这样两种途径：一种是确定某个目标后，沿着从目标到方法的途径，根据目标找出达到目标的方法；另一种则与此相反，首先发现一种事实，然后想象这一事实能起什么作用，即从方法入手将思维引向目标。后一种方法是人们最常用的，而且随着科学技术的发展，这种方法将得到越来越广泛的应用。

某个东西"还能有其他什么用途？""还能用其他什么方法使用它？"……这能使我们的想象活跃起来。当我们拥有某种材料，为扩大它的用途，打开它的市场，就须善于进行这种思考。德国有人想出了300种利用花生的实用方法，仅仅用于烹调的方法，他就想出了100多种。橡胶有什么用处？有家公司提出了成千上万种设想，如用它制成床毯、浴盆、人行道边饰、衣夹、鸟笼、门扶手、棺材、墓碑等。炉渣有什么用处？废料有什么用处？边角料有什么用处？……当人们将自己的想象投入这条广阔的"高速公路"上，就会以丰富的想象力产生出更多的设想。

（2）能否从别处得到启发？能否借用别处的经验或发明？外界有无相似的想法，能否借鉴？过去有无类似的东西，有什么东西可供模仿？谁的东西可供模仿？现有的发明能否引入其他的创造性设想之中？

当伦琴发现"X光"时，并没有预见到这种射线的用途，因而当他发现这项发现具有广泛用途时，他感到十分吃惊。通过联想借鉴，现在人们不仅使用"X光"来治疗疾病，外科医生还用它来观察人体的内部情况。同样，电灯在开始时只用来照明，后来，改进了光线的波长，发明了紫外线灯、红外线加热灯、灭菌灯等等。科学技术的重大进步不仅表现在某些科学技术难题的突破上，也表现在科学技术成果的推广应用上。一种新产品、新工艺、新材料，必将随着它越来越多的新应用而展现其生命力。

（3）现有的东西是否可以做某些改变？改变一下会怎么样？可否改变一下形状、颜色、味道？是否可改变一下意义、型号、模具、运动形式？……改变之后，效果又将如何？

如汽车，有时改变一下车身的颜色，就可能增加汽车的美感，从而增加销量。又如面包，给它裹上一层芳香的包装，就能提高嗅觉吸引力。此外据说女士用的游泳衣是婴儿衣服的模仿品，滚柱轴承改成滚珠轴承就是改变形状的结果。

（4）放大、扩大。现有的东西能否扩大使用范围？能不能增加一些东西？能否添加部件，拉长时间，增加长度，提升强度，延长使用寿命，提高价值，加快转速？……

在自我发问的技巧中，研究"再多些"与"再少些"这类有关联的成分，能给想象提供大量的构思设想。使用加法和乘法，便可能使人们扩大探索的领域。

"为什么不用更大的包装呢？"——橡胶工厂大量使用的黏合剂通常装在一加仑的马口铁桶中出售，使用后便扔掉。有位工人建议将黏合剂装在五十加仑的容器内，容器可反复使用，节省了大量马口铁。

"能使之加固吗？"——织袜厂通过加固袜头和袜跟，使袜子的销量大增。

"能改变一下成分吗？"——牙膏中加入某种配料，成了具有某种附加功能的牙膏。

（5）缩小、省略。缩小一些会怎么样？现在的东西能否缩小体积，减轻重量，降低高度，压缩、变薄？能否省略，能否进一步细分？……

前面沿着"借助于扩大""借助于增加"通往新设想的渠道，这一个问题则是沿着"借助于缩小""借助于省略或分解"的途径来寻找新设想。袖珍式收音机、微型计算机、折叠伞等就是缩小的产物。没有内胎的轮胎，尽可能删去细节的漫画，就是省略的结果。

（6）能否代用。可否由别的东西代替，可否由别人代替？可否用别的材料、零件代替？可否用别的方法、工艺代替？可否用别的能源代替？可否选取其他地点？

如在气体中用液压传动来替代金属齿轮，又如用充氩的办法来代替电灯泡中的真空，以提高钨丝灯泡亮度。通过取代、替换的途径，可以为想象提供广阔的探索领域。

（7）从调换的角度思考问题。能否更换一下先后顺序？可否调换元件、部件？是否可用其他型号？可否改成另一种安排方式？原因与结果能否对换位置？能否变换一下日程？……更换一下，会怎么样？

重新安排通常会带来很多的创造性设想。飞机诞生的初期，螺旋桨安排在头部，后来，将它装到了顶部成了直升机，喷气式飞机则把它安放在尾部，这说明通过重新安排可以产生种种创造性设想。商店柜台的重新排列，营业时间的合理调整，电视节目的顺序安排，机器设备的布局调整……都有可能带来更好的结果。

（8）从相反方向思考问题，通过对比也能成为萌发想象的宝贵源泉，可以启发人的思路。倒过来会怎么样？上下是否可以倒过来？左右、前后是否可以对换位置？里外可否倒换？正反是否可以对换？可否用否定代替肯定？……

这是一种反向思维的方法，是一种在创造活动中颇为常见和有用的思维方法。第一次世界大战期间，有人就曾运用这种"颠倒"的设想建造舰船，建造速度也有了显著的提升。

（9）从综合的角度分析问题。组合起来怎么样？能否装配成一个系统？能否把目的进行组合？能否将各种想法进行综合？能否把各种部件进行组合？

例如，把铅笔和橡皮组合在一起成为带橡皮的铅笔，把几种部件组合在一起变成组合机床，把几种金属组合在一起变成种种性能不同的合金，把几件材料组合在一起制成复合材料，把几个企业组合在一起构成横向联合……

应用奥斯本检核表是一种强制性的思考过程，有利于突破不愿提问的心理障碍。很多时候，善于提问本身就是一种创造。

✅ 拓展延伸

根据自身的兴趣和需要，选择一款典型产品，补充完成表 2-1，从而破除旧的思维框架，提出新设想。

表 2-1　利用奥斯本检核法对产品进行的检核结果

检核项目	创新设想
能否他用	
能否借用	
能否改变	
能否扩大	
能否缩小	
能否代替	
能否调换	
能否颠倒	
能否组合	

请根据你在表中提出的创新设想，并结合实际，对新设想进行进一步的分析和筛选，得出最具创造性和可行性的产品改进方案。

（四）六顶思考帽

六顶思考帽（图 2-2）是"创新思维学之父"爱德华·德博诺博士开发的一种思维训练模式，也可以说是一个全面思考问题的模型。它提供了"平行思维"的工具，可以避免将时间浪费在争执上。这种创新方法强调的是"能够成为什么"，而非"本身是什么"，是寻求一条向前发展的路，而不是争论谁对谁错。运用德博诺的六顶思考帽，将会使混乱的思考变得更清晰，使团体中无意义的争论变成集思广益的创造，使每个人变得富有创造性。

图2-2 六顶思考帽

（1）白色思考帽：白色是中立而客观的。戴上白色思考帽，人们要思考的是客观的事实和数据。

（2）绿色思考帽：绿色代表茵茵芳草，象征勃勃生机。绿色思考帽寓意创造力和想象力，具有创造性思考、头脑风暴、求异思维等功能。

（3）黄色思考帽：黄色代表价值与肯定。戴上黄色思考帽，正常人们从正面考虑问题，表达乐观的、满怀希望的、建设性的观点。

（4）黑色思考帽：戴上黑色思考帽，人们可以运用否定、怀疑、质疑的看法，合乎逻辑地进行批判，尽情发表负面的意见，找出逻辑上的错误。

（5）红色思考帽：红色是情感的色彩。戴上红色思考帽，人们既可以表现自己的情绪，还可以表达直觉、感受、预感等方面的看法。

（6）蓝色思考帽：蓝色思考帽负责控制和调节思维过程，负责控制各种思考帽的使用顺序，规划和管理整个思考过程，并负责做出结论。

下面是一个六顶思考帽在会议中的典型应用的步骤：

（1）陈述问题（白帽）；

（2）提出解决问题的方案（绿帽）；

（3）评估该方案的优点（黄帽）；

（4）列举该方案的缺点（黑帽）；

（5）对该方案进行直觉判断（红帽）；

（6）总结陈述，做出决策（蓝帽）。

对六顶思考帽的理解的最大误区就是仅仅把思维分成六个不同的颜色，对六顶思考帽的应用关键在于使用者用何种方式去排列帽子的顺序，也就是组织思考的流程。只有掌握了如何编织思考的流程，才能说是真正掌握了六项思考帽的应用方法，不然往往会让人们感觉这个工具并不实用。而帽子顺序的编制仅通过读书是难以达到理想效果的。

帽子顺序非常重要，我们可以想象一个人写文章的时候需要事先计划自己的结构提纲，以保证不会写得混乱；一个程序员在编制大段程序之前也需要先设计整个程序的模块流程，思维同样是这个道理。六项思考帽不仅定义了思维的不同类型，而且表明了思维的流程结构对思考结果的影响。一般人们认为，六项思考帽是一个团队协同思考的工具，事实上六项思考帽对于个人应用同样拥有巨大的价值。

一个人需要考虑某一个任务计划，那么有两种状况是他最不愿面对的，一个是头脑之中的空白，会使他不知道从何开始；另一个是头脑的混乱，过多的想法交织在一起会造成淤塞。六项思考帽可以帮助他设计一个思考提纲，按照一定的次序思考下去。就思考工具的实践而言，会让大多数人感到头脑更加清晰，思维更加敏捷。

在团队应用当中，六项思考帽最大的应用情境是会议，这里特指讨论性质的会议，因为这类会议是真正的思维和观点碰撞、对接的平台。我们在这类会议中往往难以达成一致，这不是因为某些外在技巧的不足，而是从根本上对他人观点的不认同造成的。这时，六项思考帽就搭建了特别有效的沟通框架。在蓝帽的指引下按照框架的体系进行思考和发言，不仅可以有效避免冲突，而且可以就一个话题讨论得更加充分和透彻。在会议中应用六项思考帽不仅可以压缩会议时间，也可以加大讨论的深度。

六项思考帽还可以应用在许多场景，如六项思考帽可以作为书面沟通的框架，用六项思考帽的结构来管理电子邮件，利用六项思考帽的框架结构来组织报告书、审核文件等。除了把六项思考帽应用在工作和学习当中，在家庭生活当中使用六项思考帽也经常会取得某些特别的效果。

在多数团队中，团队成员被迫接受团队既定的思维模式，可能会限制个人和团队的配合度，以致不能有效解决某些问题。运用六项思考帽模式，团队成员可以不再局限于某一单一思维模式。思考帽代表的是角色分类，是一种思考要求，而不是代表扮演者本人。六项思考帽代表的六种思维角色，几乎涵盖了思维的整个过程，既可以有效地支持个人的行为，也可以支持团体讨论中的互相激发。

✓ 拓展延伸

运用"六项思考帽"思维方法，根据六项思考帽各自的应用范畴，尝试对"如何看待大学生网购热潮"这一问题进行分析，最后得出结论。

1. 蓝色思考帽：确定主题，聚焦分析重点。

你设定的分析议题及分析重点为：＿＿＿＿＿＿＿＿＿＿＿＿＿＿＿＿＿＿＿＿＿＿

＿＿＿＿＿＿＿＿＿＿＿＿＿＿＿＿＿＿＿＿＿＿＿＿＿＿＿＿＿＿＿＿＿＿＿＿＿＿

＿＿＿＿＿＿＿＿＿＿＿＿＿＿＿＿＿＿＿＿＿＿＿＿＿＿＿＿＿＿＿＿＿＿＿＿＿＿

＿＿＿＿＿＿＿＿＿＿＿＿＿＿＿＿＿＿＿＿＿＿＿＿＿＿＿＿＿＿＿＿＿＿＿＿＿＿

2. 白色思考帽：梳理关键事实、数据和资料等信息。

可通过设计问卷调查、查阅相关报告、走访相关人士等途径搜集资料。

你搜集的资料为：_____

_____

_____

3. 红色思考帽：表达对大学生网购热潮的感性看法。

你的感性看法为：_____

_____

_____

4. 黄色思考帽：通过综合客观事实，发现大学生网购的价值。

你发现的大学生网购的价值为：_____

_____

_____

5. 黑色思考帽：分析大学生网购可能面临的问题和风险。

你认为大学生网购可能面临的风险为：_____

_____

_____

6. 绿色思考帽：针对黑色思考帽发现的问题，创造性地提出解决办法。

你所提出的解决办法为：_____

_____

_____

7. 最后，通过上述分析，你得出什么结论？

_____

_____

_____

_____

三、培养创新能力

大学生应培养创新能力，争当创新人才，为即将到来的职业生涯做好准备。

大学生创新能力的培养，应从以下三个方面入手。

1. 树立自觉创新意识

创新意识是人们对创新与创新的价值性、重要性的一种认识水平、认识程度，以及由此形成的对待创新的态度，并以这种态度来规范和调整自己活动方向的一种稳定的精神态势。

创新意识是创新的前提和条件，只有在自觉自愿的创新意识的强力催动下，才可能有创新实践活动的产生。在知识经济时代，创新包括了技术创新、制度创新、管理创新、文化创新等，涉及社会生活的方方面面。就大学生个人而言，创新既是前进的动力，又是发展的必经之途，所以，在就业和创业过程中，应牢固树立创新意识。

（1）激发自身的创造动力。寻找真正感兴趣的学习或工作，或者在现在从事的学习工作中找到兴趣点，寻找学习、工作中的自我满足点，接受更具挑战性的任务；设立自己的目标，并努力达到目标。通过以上一系列措施，激发自身的创造活力。

（2）保持高涨的创造兴趣能促进创造活动的成功。对所学习或研究的事物要有好奇心，好奇心能使人们产生强烈兴趣。牛顿少年时期就有很强的好奇心，他常常在夜晚仰望天上的星星和月亮。星星和月亮为什么挂在天上？星星和月亮都在天空运转着，它们为什么不相撞呢？这些疑问激发着他的探索欲望。后来，经过专心研究，他终于发现了万有引力定律。

能提出问题，说明在思考问题。在学习过程中，提不出问题才是最大的问题。正像爱因斯坦说的那样："我没有特别的天赋，只有强烈的好奇心。"

（3）具有正确的创造情感。创造情感是引起、推进直至完成创造的心理因素，拥有正确的创造情感才可能使创新成功。

（4）培养创造意志。创造意志是在创造中克服困难、冲破阻碍的心理力量，创造意志具有目的性、顽强性和自制性。爱迪生在1 600多次试验的失败后，仍能坚持不懈；在竹丝灯泡能够使用以后，还继续研发改进为钨丝灯泡。在日常学习生活中，大学生应培养严谨求实、坚持不懈、一丝不苟的优良品格才能取得创新的成功。

2. 提高创新思维能力

创新思维能力是可以通过有意识地培养和训练提高的。大学生在学习生活中要注重突破思维障碍，自觉提高创新思维能力，可从以下几个方面入手。

（1）对所学习或研究的事物要有怀疑态度。不要认为被人验证过的都是真理，要用发展的眼光看问题。许多科学家对旧知识的扬弃、对谬误的否定，都是从怀疑开始的。伽利略正是从对亚里士多德"物体依本身的轻重而下落有快有慢"的结论开始怀疑，发现了自由落体规律。因此，怀疑是发自内在的创造潜能，它激发人们去钻研、去探索。

（2）对所学习或研究的事物要有追求创新的欲望。如果没有强烈的追求创新的欲望，那么无论怎样谦虚和好学，最终都是模仿或抄袭，只能在前人划定的圈子里周旋。要创新，就要坚持不懈地努力，勇敢跳出前人划定的圈子，勇敢面对困难。同时，要有克服困难的决心，不要怕失败，要相信"失败乃成功之母"。

（3）对所学习或研究的事物要有求异的观念，不要人云亦云。创新不是简单的模仿，要有创新精神和创新成果，必须有求异的观念。求异实质上就是换个角度思考，从多个角度思考，并将结果进行比较。求异者往往要比常人看问题更深刻、更全面。

（4）对所学习或研究的事物要有冒险精神。创新实质上是一种冒险，因为否定人们习惯了的旧思想可能会招致公众的反对。这种冒险不是那些危及生命和肢体安全的冒险，而是一种合理性冒险。大多数人都不会成为伟人，但我们至少要最大限度地挖掘自己的创新潜能。

（5）对所学习或研究的事物要做到永不自满。一个有很多创新性思想的人如果就此停止，害怕去想另一种可能比这种思想更好的思想，或已习惯了一种成功的思想而不能产生新的思想，那么这个人就容易变得自满，甚至停止创新。

（6）努力学习科学知识，构建合理的知识结构。一个苹果砸到牛顿头上，然后他发现了万有引力；伽利略看到小孩玩玩具发明了温度计；门捷列夫玩纸牌发现了元素周期表。真理永恒不变，我们要用发展的眼光看问题，跳出思维定式和已有知识的束缚，永远行走在寻找真理的路上，从纷繁复杂的表象里找到真理存在的一角，则为创新。但是，创新思维不是某天的突发奇想，牛顿、伽利略、门捷列夫都是知识渊博，对所研究事物殚精竭虑不懈探索的人。所以，大学生应该努力学习，广泛涉猎，以丰富的知识和广博的学科视野撑起创新思维的翅膀，以不断提高的创新思维能力助推创新能力的起飞。

3. 积极开展创新实践

实践对认识具有决定作用。实践是认识的来源，是认识发展的动力，是认识的最终目的和检验认识正确与否的唯一标准。大学生积极投身创新实践，有利于培养创新能力，提高创新水平。

（1）在日常学习生活中开展创新实践。创新是一个不断发现问题、解决问题的复杂过程。大学生在日常的学习生活中，可在教师引导下，或自己有意识的，本着不唯书、不唯上的科学探索精神，不断发现问题、分析问题、解决问题，在实践中提高创新能力。

（2）注重参加创新创业实践平台练兵活动。目前，各大高等院校大力开展创新创业教育活动，积极搭建大学生创新创业平台，在夯实基础教育的同时，潜心培育、建设大学生创新实践基地，设立特色鲜明的学科竞赛项目，引导大学生开展创新创业实践。大学生可以在学校积极参加活动，在实践中练兵，培育和提高创新能力。

（3）顺应时代潮流，走向社会开展创新创业实践。知识经济时代，信息技术的发展深刻改变了人们的学习、生活和社会环境。2015 年 3 月 2 日，国务院办公厅印发《关于发展众创空间推进大众创新创业的指导意见》（国办发〔2015〕9 号），指出推进大众创新创业要坚持市场导向、加强政策集成、强化开放共享、创新服务模式。在用户创新、大众创新、开放创新、协同创新的创新 2.0 新形势下，我国涌现出一大批各具特色的众创空间。比如，上海的新车间、深圳的柴火创客空间、杭州的洋葱胶囊、南京创客空间等。知识经济时代良好的政策环境和各种便利的创新要素的支持，为大学生创新实践提供了良好的环境。大学生要勇于把握时代脉搏，积极投身到大众创业、万众创新的时代洪流中开展创新实践活动。

☑ **拓展延伸**

测试你的创造力

美国普林斯顿创造才能研究公司总经理、心理学家尤金·劳德塞通过对善于思考、富有创造力的科学家、工程师和企业经理的个性与品质的研究，设计出一套测试创造力的试题，简称"普林斯顿创造力测试"。试验要从 A、B、C 三个字母中选择一个字母表示你对试题的同意程度。其中，A 代表同意；B 代表中立；C 代表不同意。回答时要做到尽量准确、诚实，不要有所猜测。表2-2为普林斯顿创造力测试试题。

表2-2　普林斯顿创造力测试试题

序号	试题	A	B	C
1	我不做盲目的事，即我总是有的放矢，用正确的步骤来解决每一个问题			
2	只提出问题而不想获得答案，无疑是浪费时间			
3	无论什么事情，要我产生兴趣总比别人困难			
4	合乎逻辑的、循序渐进的方法，是解决问题的最好方法			
5	有时，我在小组里发表的意见会使一些人感到厌烦			
6	我花费大量时间来考虑别人是怎样看待我的			
7	做自认为是正确的事情，比力求博得别人的赞同重要得多			
8	我不喜欢那些做事没有把握的人			
9	我需要的刺激和兴趣比别人多			
10	我知道如何在考验面前保持自己的内心镇静			
11	我能坚持很长一段时间来解决难题			
12	有时我对事情过于热心			
13	在无事可做时，我倒常常想出好主意			
14	在解决问题时，我常常单凭直觉来判断"正确"或"错误"			
15	在解决问题时，我分析问题较快，而综合收集资料的速度较慢			
16	我会打破常规去做我原来并未想到要做的事			
17	我有收藏癖			
18	幻想促进了我许多重要计划的提出			
19	我喜欢客观而又理性的人			
20	如果要我在本职工作之外的两种职业中选择一种，我会选择当一个实际工作者，而不当探索者			
21	我能与自己的同学或同事们很好地相处			
22	我有较高的审美能力			
23	在我的人生中，我一直在追求名利和地位			
24	我喜欢坚信自己的结论的人			
25	灵感与获得成功无关			
26	争论时，原来与我观点不一的人变成了我的朋友会使我感到高兴			
27	我更大的兴趣在于提出新的建议，而不在于设法说服别人接受这些建议			

序号	试题	A	B	C
28	我喜欢独自一人整天"深思熟虑"			
29	我往往避免做那些使我感到低下的工作			
30	在评价资料时，我认为资料的来源比其内容更为重要			
31	我不喜欢不确定和不可预言的事情			
32	我喜欢一门心思苦干的人			
33	一个人的自尊比得到他人的尊重更为重要			
34	我觉得那些力求完美的人是不明智的			
35	我更愿意和大家一起努力工作，而不愿意单独工作			
36	我喜欢能够对别人产生影响的工作			
37	在生活中，我经常碰到不能用"正确"或"错误"来加以判断的问题			
38	对我来说，"各得其所""各在其位"很重要			
39	那些使用古怪和不常用的词语的作家，纯粹是为了炫耀自己			
40	许多人之所以感到苦恼，是因为他们把事情看得太认真了			
41	即使遭遇不幸、挫折与反对，我仍然能对工作保持原来的精神状态和热情			
42	想入非非的人是不切实际的			
43	我对"我不知道的事"比"我知道的事"印象更深刻			
44	我对"这可能是什么"比"这是什么"更感兴趣			
45	我经常为自己在无意中说话伤人而闷闷不乐			
46	即使没有报答，我也乐意为新颖的想法而花费大量时间			
47	我认为"出主意没什么了不起"这种说法是中肯的			
48	我不喜欢提出那些显得无知的问题			
49	一旦任务在肩，即使受到挫折，我也要坚决完成			

从表2-3描述人物性格的形容词中，挑选出10个你认为最能说明你性格的词。

表2-3 人物性格形容词

精神饱满的	有说服力的	实事求是的	虚心的
观察力敏锐的	谨慎的	束手束脚的	足智多谋的
自高自大的	有主见的	有献身精神的	有独创性的
性急的	高效的	乐于助人的	坚强的
老练的	有克制力的	热情的	时髦的

自信的	不屈不挠的	有远见的	机灵的
好奇的	有组织力的	铁石心肠的	思路清晰的
脾气温顺的	可预言的	拘泥形式的	不拘礼节的
有理解力的	有朝气的	严于律己的	精干的
讲实惠的	嗅觉灵敏的	无畏的	严格的
一丝不苟的	谦逊的	复杂的	漫不经心的
柔顺的	创新的	实干的	泰然自若的
渴求知识的	好交际的	善良的	孤独的
不满足的	易动情感的		

普林斯顿创造力测试计分方法如表2-4所示。

表2-4　计分方法

序号	A	B	C	序号	A	B	C	序号	A	B	C
1	0	1	2	2	0	1	2	3	4	1	0
4	-2	0	3	5	2	1	0	6	-1	0	3
7	3	0	-1	8	0	1	2	9	3	0	-1
10	1	0	3	11	4	1	0	12	3	0	-1
13	2	1	0	14	4	0	-2	15	-1	0	2
16	2	1	2	17	0	1	2	18	3	0	-1
19	0	1	2	20	0	1	2	21	0	1	2
22	3	0	-1	23	0	1	2	24	-1	0	2
25	0	1	3	26	-1	0	2	27	2	1	0
28	2	0	-1	29	0	1	2	30	-2	0	3
31	0	1	2	32	0	1	2	33	3	0	-1
34	-1	0	2	35	0	1	2	36	1	2	3
37	2	1	0	38	0	1	2	39	-1	0	2
40	2	1	0	41	3	1	0	42	-1	0	2
43	2	1	0	44	2	1	0	45	-1	0	2
46	3	2	0	47	0	1	2	48	0	1	3
49	3	1	0								

根据从表 2-3 中选择的人物性格形容词计算得分。表 2-5 中所示的人物性格形容词每个得 2 分，表 2-6 所示的形容词每个得 1 分，其余不得分。

表 2-5　所选形容词（一）

精神饱满的	观察力敏锐的	不屈不挠的	柔顺的
足智多谋的	有主见的	有献身精神的	有独创性的
感觉灵敏的	无畏的	创新的	好奇的
有朝气的	热情的	严于律己的	

表 2-6　所选形容词（二）

自信的	有远见的	不拘礼节的	不满足的
一丝不苟的	虚心的	机灵的	坚强的

（资料来源：创造力测试完整版，百度文库）

1. 你的得分合计为：_____。
2. 通过创造力测试，你认为自己具备多大的创造潜力？今后又应做哪些改进？

_____

_____

_____

任务 2　创业必备素质

◇ 起航阅读

勇于批判的创新精神

袁隆平如果因循守旧、盲从权威，也许会成为一名很好的中专教师，但永远成不了伟大的科学家，更遑论解决我国的粮食问题。对此，袁隆平先生有自己的见解："要是说杂交水稻的成功有什么秘诀的话，那就是不囿于现存结论的创新思维。"正是在这样的创新思维的指引下，才有了袁隆平一步步培育出杂交水稻的成功。

1945 年到 1964 年，近 20 年的时间内，苏联的李森科和波莱热的用以否定孟德尔—摩尔根学派的遗传学新概念在整个社会主义阵营占据强势地位，真正的遗传学研究受到批判，但袁隆平的特点是尽信书不如无书，他通过对李森科"无性杂交"理论的具体实践发现其学说的致命漏洞，冒着被批判的危险坚持了在孟德尔分离理论指导下进行杂交水稻研究，从而奠定了杂交水稻培育的正确基调。随后，面对"水稻是自花授粉作物，没有杂种优势"的国际普遍论调，袁隆平反其道而行之，在发现"雄性不育株"之后独辟蹊径地提出了用"不育系""保持系"和"恢复系"配套培育体系。正是在"三系法"的独创理论框架下，杂交水稻才缓缓揭开其神秘的面纱。

科学的道路从来就不是平坦的，在杂交水稻的后续研究中，不育率低、制种产量低、杂交种子成本太高等问题接踵而至，袁隆平坚持以基本科学原理为基础，不断发挥自己的主观能动性，通过将"野败"培育成"不育系"，通过设计父本与母本分垄间种的栽培模式，将问题一一解决。在强调自主创新的今天，中国科学界面临着盲目跟风、盗版重复和低水平重复的硬伤考验。而袁隆平的经历告诉我们，唯有独立思考、大胆创新，坚持实践出真知，才有可能跨进科学的殿堂。每一位科学工作者都应该以袁隆平为榜样，敢于质疑权威，勇于在艰苦环境下挑战权威，将祖国的科研经费用在刀刃上，而不是挥霍在简单重复上。

理论讲堂

对于创业者而言，具备优秀的素质，就为开创自己的事业打下了良好的基础。下面主要从培养创业精神、孕育创业能力和掌握创业知识等方面来阐述创业必备素质。

一、培养创业精神

(一) 创业精神的内涵

创业精神既是创业的源泉和动力，也是创业的支柱。没有创业精神，就不会有创业行动，创业也就无从谈起；即使有创业，也往往是浅尝辄止、极易半途而废。

1. 创新是创业精神的灵魂

创新是指将新的理念和设想通过新的产品、新的流程、新的市场需求及新的服务方式有效地融入市场中，进而创造出新的价值或财富的过程。没有创新，就不会有新企业的诞生和小企业的成长壮大。

2. 冒险是创业精神的天性

没有甘冒风险和勇担风险的勇气，就不可能成为创业者。中外无数创业者虽然成长环境和创业动机各不相同，但无一例外都是在条件有限的情况下，敢为人先。

3. 合作是创业精神的精髓

随着行业分工越来越细，合作在企业发展过程中越来越重要。智慧的创业者都是善于合作的，而且还能将这种合作精神扩展到企业的每个员工。有了这种合作精神，即便企业面临困境，团队成员也能团结一心，从而更容易走出困境。

4. 执着是创业精神的本色

选择创业也就意味着选择面对更多困难、迎接更多挑战，创业精神就体现在战胜困难与挑战的过程中。创业者只有在不断战胜困难的过程中学会成长，才能抓住更多属于自己的机会。

(二) 创业精神的核心维度

尽管不同的创业精神论述在具体的维度构成认识上有所差异，但特定的创业事件总是不同程度的创新性、冒险性与主动性的组合，这就是创业精神的基本特征。以往大量研究所采用的创业精神均可分成上述的三个维度。它们的具体含义是：创新性指新奇的研发，开发独特的产品、服务方式或生产流程；冒险性指愿意尝试具有较大失败可能的机会；主动性指在克服障碍时的创造力与持续的努力。在研究中，通常以这个三方面的行为表现来对创业精神进行测试。

在比尔·盖茨看来，成功的首要因素就是冒险，有冒险才有机会，正是有风险才使得事业更加充满跌宕起伏的趣味。创业家的冒险，迥异于冒进。什么是冒险，什么是冒进？冒险是这样一种东西：你经过努力，有可能得到，而且那东西值得得到。否则，你只是冒进。创业者一定要分清冒险与冒进的关系，要区分清楚什么是勇敢，什么是无知。无知的冒进只会使事情变得更糟，你的行为将毫无意义。

✅ 案例播报

创业本身就是一项冒险活动

很多创业者在创业的道路上都有过"惊险一跳"的经历。这一跳成功了，功成名就，白日飞升；要是跳不成，就只好凤凰涅槃了。当年周枫带人做婷美，这样一个 500 万元的项目，做了 2 年多，花了 440 万元还是没有做成。眼看钱要没了，合作伙伴都失去了信心，要周枫把这个项目卖了。周枫说，这么好的项目不能卖，要卖也要卖个好价钱。合作伙伴说，这样的项目怎么能卖到那么多钱，要不然你自己把这个项目买下来算了。周枫就花 5 万元把这个项目买了下来。原来大家一起还有个合伙公司，作为代价，周枫把在这个合伙公司的利益也全部放弃了，据说损失有几千万元。单干的周枫带着 23 名员工，把自己的房子做了抵押，跟几个朋友一共凑了 300 万元。他把其中 5 万元存在账上，其余的钱，他算过，一共可以在北京打 2 个月的广告。从当年的 11 月到 12 月，他告诉员工，这回做成了咱们就成了，不成，你们把那 5 万块分了，算是你们的遣散费，我不欠你们的工资。咱们就这样了！这些话把他的员工感动得要哭，当时人人奋勇争先，个个无比卖力，结果婷美成功了。周枫成了亿万富翁，他的许多员工成了千万富翁、百万富翁。

现在很多的大学教授、市场专家分析周枫和婷美成功有诸多原因，发现其实事情没有多么复杂。说白了，不过是一个合适的产品，加上一个天性敢赌的领导，加上一些合适的营销手段，就有了这样一桩成功的案例。

(三) 创业精神的作用

创业精神能够激发人们进行创业实践的欲望，是心理上的一种内在动力机制。它在很大程度上决定着一个人是否敢于投身创业实践活动，支配着人们对创业实践活动的态度和行为，并影响着态度和行为的方向与强度。

创业精神能够在三个广阔的领域产生作用。

（1）个人成就的取得：个人如何成功地创建自己的企业。

（2）大企业的成长：大企业如何使整个组织重新焕发创业精神，以具有更强的竞争力并创造高成长。

（3）国家的经济发展：帮助人民变得富强。

（四）创业精神的培育

培育创业精神不仅需要创业者提高自身的学识修养，更需要制度建设。学识修养是软件，制度建设是硬件。不能只依靠内在的修养，还要依靠制度的调节。

1. 建立创业精神的主体孵化机制

创业精神的某些特质是一种天赋，即成功的创业者的许多资质都是天生的。但需要指出的是，在强调天赋的同时，还应该看到后天学习对创业精神培育的作用。创业精神的孵化离不开创业者自身的勤奋学习、不断进取，以及对某些特质、个性的刻意培养和强化。

2. 保持思想上的先进性

先进的思想理念是任何行动成功的基本前提。观念上的超前会将创业者置于更高的层次，为其提供更为广阔的视野和更新的观察视角。保持思想上的先进性就是要以动态的、发展的眼光看待问题，时刻与外部环境同步，保持高度的外界敏感度，在此基础上进行不断的观察、分析与总结。

3. 不断完善知识框架

现代科技的迅猛发展促使创业者不断提升和更新知识架构。创业者的知识架构靠日积月累，不断充实。一方面要"博"，创业者应该广泛涉猎社会生活知识、人文历史知识、经济学基本理论、管理科学知识和法律、法规知识，这将有助于为自己的知识结构筑就广博的"源头活水"；另一方面要"专"，良好的专业技能是创业者事业成功的保障，创业者应该根据自己的兴趣特长深入发掘自己的专业潜能。

4. 培养过硬的心理素质

创业者的心理素质是创业者气质、兴趣、性格的统称。创业者的心理素质结构应当合理，即创业者各种气质、兴趣、性格能够兼容互补，减少冲突，达到和谐。

创业者的心理素质培养，应该着力于三个方面。

（1）培养顽强的忍耐力，塑造百折不挠的韧性。要认识到，困难是人生的常态，挫折是一种投资，所以，要百折不挠、勇往直前。

（2）培养高度的承受力，要学会自我心理调节。商场如战场，市场环境变化无常，福祸难测，创业者要具有良好的心理调节能力，真正做到临危不惧，处乱不惊，受挫不馁。

（3）要学会独处，注意时常反省自身。戒骄戒躁，不断反省自我，时刻保持真我本色和清醒的头脑。

二、孕育创业能力

1. 创新能力

创新能力是民族进步的灵魂、经济竞争的核心；当今社会的竞争，与其说是人才的竞争，不如说是人的创造力的竞争。

创业者必须具备创新能力，有创新思维，才能根据客观情况的变化及时提出新目标、新方案，不断开拓新局面，创出新路子，可以说，不断创新是创业者不断前进的关键。

2. 分析决策能力

决策能力是创业者根据主客观条件，因地制宜，正确地决定创业的发展方向、目标战略及选择具体实施方案的能力。创业者需要具有超常的决断能力，为自己的公司争取时间和机会，以获得成功。大学生创业，首先要在众多的创业目标及方向中进行分析比较，选择最适合发挥自己特长与优势的创业方向、途径和方法。

3. 用人能力

市场经济的竞争是人才的竞争，谁拥有人才，谁就拥有市场、拥有顾客。一个创业者如果不吸纳德才兼备、志同道合的人共创事业，创业就难以成功。因此，创业者必须学会用人，要善于吸纳比自己强或有某种专长的人共同创业。

4. 组织协调能力

创业者要打开工作局面，就必须学会协调各方面的关系，以便化解矛盾，消除阻力，变消极因素为积极因素，推动创业的顺利进行。

5. 社交能力

社交能力是指在创业过程中，围绕创业目标与企业内部人员的交流行为能力，以及参与各种社会关系的交往行为能力。社交能力是创业者必须具备的能力，它直接影响着创业的成功与失败。

创业者应该妥当地处理与外界的关系，同时要善于团结一切可以团结的人，团结一切可以团结的力量，求同存异，共同协调发展。要做到不失原则、灵活有度，要善于将原则性和灵活性巧妙地结合起来。总之，创业者要搞好内外团结，处理好人际关系，才能建立一个有利于自己创业的和谐环境，为成功创业打好基础。

6. 激励能力

创业的成功，依赖于一个成功的组织。团队和组织的目标是让员工充分发挥自己的才能，而创业者就要用各种手段激励员工，使员工之间形成凝聚力。

三、掌握创业知识

对于一名创业者来说，无论他准备投身何种创业项目，一些商业知识与经营之道都是必须要提前掌握的，而且，这些商业知识与经营方法要具有很强的针对性，一个专业的创业者肯定要对他所要从事的行业有着相当的了解，并且对这个行业的经营特点也要了如指掌，否则创业者就可能在创业过程中交出昂贵的学费。

1. 管理知识

作为企业，实行优化管理，创造最大的利润和社会效益是永恒的目标。管理就是通过计划、组织、控制、激励和领导这五项措施来协调人力、物力和财力方面的资源，从而达到管理的目的。

在一个企业中，任何关系最终都表现为人与人之间的关系，任何资源的分配也都是以人为中心的，因而管理的关键就是协调人与人之间的关系。一个组织要有成效，必须使组织中的各个部门、各个单位和个人的活动同步、和谐，组织中人力、物力和财力的配备也同样要同步、和谐。协调人力、物力和财力资源是为使整个组织活动更加富有成效，这也是管理活动的根本目的。

管理知识涉及计划、组织、控制、激励、领导等几方面内容。

2. 营销知识

营销是指企业发现或挖掘准消费者需求，从整体氛围的营造及自身产品形态的营造去推广和销售产品，主要是深挖产品的内涵，切合准消费者的需求，从而使消费者深刻了解产品进而购买该产品的过程。

营销知识营销始于产品生产之前，并一直延续到产品售出以后，贯穿于企业经营活动的全过程，营销知识主要包含以下几个方面。

（1）市场预测与市场调查知识；

（2）消费心理知识；

（3）定价知识和价格策略；

（4）仓储知识；

（5）销售渠道的开发知识；

（6）营销管理知识；

（7）社交礼仪等。

3. 财务知识

企业经营活动所必需的劳动力、生产资料和信息资源都需要用资金去购买，企业运作的各项开支都必须由财务来安排，企业最终的经营效果也必须体现为资金的使用效果。企业能否成长或生存下去，财务问题是最直接的核心要素之一。如何构建企业的财务管理，应该了解以下几个方面的知识。

（1）货币（支票、本票、汇票等）金融知识；

（2）信用及资金筹措知识；

（3）资金核算及记账知识；

（4）证券、信托及投资知识；

（5）财务会计基本知识等。

4. 专业知识

创业者在工作中不需要事事精通、面面俱到，但是熟练的专业知识、精湛的专业技能是保证自己在业内游刃有余的必备条件。

5. 政策法规知识

了解行业的准入门槛和条件，了解注册、纳税的步骤是规范办事、依法经商的要求。国家对大学生自主创业的大好政策，是缺乏资金和经验的大学生创业成功的保障。当然，这并不是要求创业者必须完全具备这些素质才能去创业，但创业者本人要有不断提高自身素质的自觉性和实际行动。提高素质的途径一是学习，二是改造。要想成为一个成功的创业者，就要做一个终身学习者和自我改造者。

✓ 拓展延伸

现在的你具备创业的资质吗？

创业充满了诱惑，但并非每个人都适合走这条路。美国创业协会设计了一份测试题，假如你正想自己"单挑"，不妨做一做下面的测试题。

以下每道测试题都有四个选项：A. 经常；B. 有时；C. 很少；D. 从不。

1. 在急需决策时，你是否在想"再让我考虑一下吧"？

2. 你是否为自己的优柔寡断找借口说"得慎重，怎能轻易下结论呢？"

3. 你是否为避免冒犯某个有实力的客户而有意回避一些关键性的问题，甚至有意迎合客户呢？

4. 你是否无论遇到什么紧急任务都先处理日常的琐碎事务呢？

5. 你是否非得在巨大压力下才肯承担重任？

6. 你是否无力抵御妨碍你完成重要任务的干扰和危机？

7. 你在决策重要的行动和计划时，常忽视其后果吗？

8. 当你需要做出很可能不得人心的决策时，是否需要寻找借口逃避而不敢面对？

9. 你是否总是在晚上才发现有要紧的事没办？

10. 你是否因不愿承担艰苦任务而寻找各种借口？

11. 你是否常来不及躲避或预防困难情形的发生？

12. 你总是拐弯抹角地宣布可能得罪他人的决定吗？

13. 你喜欢让别人替你做你自己不愿做而又不得不做的事吗？

计分：选 A 得 4 分，选 B 得 3 分，选 C 得 2 分，选 D 得 1 分。

得分分析：

50 分以上，说明你的个人素质与创业者相去甚远。

40~49 分，说明你不算勤勉，应彻底改变拖沓、低效率的特点，否则创业只是一句空话。

30~39 分，说明你在大多数情况下充满自信，但有时犹豫不决，不过没关系，这也是稳重和深思熟虑的表现。

15~29 分，说明你是一个高效率的决策者和管理者，有望成为成功的创业者。

☑ 实践应用

结合所学专业，完成大学生创新实践项目申请表（见表 2-7）。

1. 目的及要求：通过完成大学生创新实践项目申请表，初步了解创新实践项目准备、组织实施、过程管理等相关知识，为实践创新做好准备。

2. 项目内容：根据项目主题，成立项目团队或研究小组，完成大学生创新实践项目申报前期工作。

3. 训练步骤：

（1）在导师指导下确定项目主题。

（2）选择人员，结合团队意识、科研能力和专业水平组创团队。

（3）进行项目可行性分析。

（4）收集和研读相关文献资料。

（5）对项目实施工程、实践环节等方面进行初步安排。

（6）完成申请表的填写。

4. 实训结果：

(1) 根据研究结果，完成创新实践项目申报表。

(2) 师生共同讨论，对其创新性、可行性、实用性等进行评估，并形成评估意见。

表 2-7　大学生创新实践项目申请表

项目名称					
项目所属					
项目类型	个人		团队		
项目实施时间	起始时间		完成时间		
申请人或申请团队		姓名	年级	专业	电话	邮箱
	主持人					
	成员					
指导教师	姓名			年龄		
	单位			职务		
	指导教师研究方向及成果					
申请理由（包括申请人和团队成员具备的知识条件、特长、兴趣、已有的创新实践成果等）						
前期准备（包括主题、人员、项目可行性分析、资料准备） 组织实施（包括研究内容、研究思路及方法，项目特色与创新性） 过程管理（包括制定实施阶段时间与阶段任务） 导师指导（包括各阶段导师指导内容） 项目条件（开展项目所需的实验条件及资金、政策支持） 项目结题（包括结题时间及结题阶段工作任务） 预期成果（预期项目成果形式）						
导师指导意见 　　　　　　　　　　　　　　　　　　　　　签名： 　　　　　　　　　　　　　　　　　　　　　时间：						

第3单元 塑造创业团队

知识目标

1. 了解创业者的概念与类型，了解创业动机的相关知识。
2. 熟悉创业团队的内涵，学会分析创业团队的优劣势。
3. 掌握组建创业团队的程序。
4. 掌握创业团队的管理方法。

素养目标

培养创业团队的协作能力、组织能力等。

任务1 勇做创业者

起航阅读

"选择了就要坚持"
——百度公司创始人李彦宏

或许你不关注时政，不关注金融股市，也不关心娱乐时尚，但只要你接触过网络，你就一定用过百度。作为现今实力最强的中文搜索引擎，20多年来百度经历了从无到有、从小到大的发展壮大过程。下面让我们来看看百度创始人李彦宏的创业故事。

中国的网民大都是百度的客户。百度能取得今天的成就，得益于李彦宏独到的眼光和坚定的信念，用他的话说就是："认准了就去做！"20多年前，他放弃了美国"硅谷"的优厚待遇，选择回国创业，一心要创建一个中文搜索引擎。根据当时中国所处的国际、国内环境，他觉得中文搜索引擎一定会有大发展。但他身边的很多人却并不看好这个项目，有些人甚至表示反对。但他并没有因为别人不理解就轻易放弃，他表示，选定这个项目是基于对市场的深入调查和分析，正是因为别人还没注意到这块有潜力的市场，他才要去做。"既然认准了，就不能轻易掉头，更别说放弃。"他笑言。

创业是一件高风险、高回报的事，就好比百慕大三角，它神秘、迷人，但想要走出来，既要有运气又要有技术。这个过程总是伴随着艰辛和阻碍，从来没有什么一帆风顺。

百度也一样，经历了艰难和困境。2001 年和 2002 年，所有的互联网企业都很艰难，面对全球的泡沫经济，很多企业选择掉头或是压缩成本以求高利，但这种做法限制了那些公司的发展。李彦宏说："直到 2001 年，我们还在大规模投入，并没有急于赢利。但不急于赢利并不代表一直不赢利，如果企业不追求利益的话，那它就去做慈善了。"

同时，李彦宏一直坚持"少承诺、多兑现"的原则。百度的第一笔融资是 120 万元，李彦宏告诉投资人，他要用 6 个月的时间做出世界上最好的搜索引擎。没想到，对方问他：如果投更多的钱，能不能用更快的时间完成？李彦宏回答"不能"。后来证明，李彦宏诚实的回答令对方很满意，而他真正做出来也只用了 4 个月时间。正是他的诚实帮助百度积累了信誉。

在创业过程中，一定要具备独立的思考能力和判断力。李彦宏的这两种能力是在大学期间培养出来的，并在以后的创业途中深深地影响着他。例如，2005 年百度上市，2008 年百度在日本运营搜索网站，开始尝试国际化，2010 年拆股，这些无一不受到他独立思考能力的影响。就像他在回答一位大一女生"大学期间要为成功创业准备什么"的提问时所说："一定要具备独立的思考能力和判断力，那样你才不会轻信别人。"

创业从来就不是一件简单的事，它需要比坐办公室承担更大的风险。选择创业的项目一定要是自己喜欢和擅长的，那样才会有坚持的动力，因为中途会有很多质疑的声音，这个时候如果不够坚定，那么结局很可能就是失败。

李彦宏说，成功的模式向来都不是可以复制的，他讲述他的经历只是给想要创业的朋友们提供一些借鉴。他说："利益是自己争出来的，永远都不要希望别人会喂到你嘴里。"虽然他希望每一位创业者都能成功，但是希望并不等于现实，可是创业者们若能把所奋斗的事业当成一种信仰，记住"认准了，就去做，不跟风，不动摇"，坚定不移地去努力实现，那么离成功的春天应该不远！

（资料来源："选择了就要坚持"——百度公司董事长兼首席执行官李彦宏谈创业，http://www.bjbys.net.cn/c/2010-08-23/242566.shtml）

理论讲堂

一、创业者概念

创业者一词来源于 17 世纪的法语，表示某个新企业的风险承担者，早期的创业者也是风险承担的"承包商"。欧美的经济学研究中将创业者定义为一个组织、管理生意或企业并愿意承担风险的人。美籍奥地利人、经济学家熊彼特认为，创业者应该是创新者，应具有发现和引入更好的能赚钱的产品、服务和过程的能力。

我们认为，创业者首先是一个有梦想的追求者，他追求的是未来的回报，而非现在的回报。如果未来的回报低于预期，或者低于现在的回报，一个人不可能有创业的动力。因此，创业者进行创业活动是为了获得更大的价值，这种价值的实现，有物质上的诉求，而更多的是人生价值的实现。创业者的未来收益是一种投资性活动的收益，这些投资既可能是实际的资本投入，也有本人和团队的时间与精力的投入，而收益也就不只是金钱上的收益，还应包括价值的实现、理想的实现等。

创业者一般被界定为具有这些特征的人：创业者是一种主导劳动方式的领导人；创业者是具有使命、荣誉、责任、能力的人；创业者是组织、运用服务、技术和器物作业的人；创业者是具有思考、推理、判断能力的人；创业者是能使人追随并在追随的过程中获得利益的人；创业者是具有完全权利能力和行为能力的人。

在实际生活中，与一般人的观念不同，创业者所谓较高的商业才能，不仅是指创业者创办一个企业，而且指在企业的整个发展过程中，创业者拥有的能够做出正确的决策，及时解决面临的问题，修正企业的发展方向，使企业长期保持活力，不断发展壮大，成为具有影响力的企业的才能。同时，还应该从社会发展的角度来界定创业者。那些建立了新的商业模式并获得了发展的企业，那些为其他企业的发展提供样板、为社会提供就业、不断带来财富的企业的创立者通常也被称为创业者。

二、创业者的类型

根据不同的标准，创业者可以划分为不同的类型。

1. 根据创业过程中所扮演的角色和所发挥的作用划分

从在创业过程中所扮演的角色和所发挥的作用上看，创业者可划分为独立创业者和团队创业者两种类型。

（1）独立创业者。

独立创业者是指自己出资、自己管理的创业者。独立创业充满机遇和挑战。独立创业者可以自由地发挥自己的想象力、创造力，充分发挥主观能动性、聪明才智和创新能力，可以主宰自己的工作和生活，按照个人意愿追求自身价值，实现创业的理想和抱负。但是，独立创业的难度和风险较大，创业者可能缺乏管理经验，缺少资金、技术资源、社会资源、客户资源等，生存压力大。

（2）团队创业者。

相对于独立创业而言，团队创业是指在创业初期（包括企业成立前和成立早期），由一群才能互补、责任共担、愿为共同的创业目标奋斗的人组成的团队来进行的创业。在一个创业团队中，包括主导创业者与跟随创业者。带领大家创业的人就是团队的领导者，即主导创业者，其他成员就是跟随创业者，也叫参与创业者。

美国一项针对104家高科技企业的研究报告指出，在年销售额达到500万美元以上的企业中，有83.3%是以团队形式建立的。而在另外73家停止经营的企业中，仅有53.8%的企业有数位创始人。这一模式在一项关于"100强企业"的研究中表现得更为明显，100家创立时间较短、销售额高于平均数几倍的企业中70%有多位创始人。

由此可见，由于知识互补、资源共享，团队创业后期的成长空间比个人创业更宽广。但是，团队创业也存在着思想意识难以统一、发展过程中产生分歧以致难以为继的现象。因此，创业模式主要依据创业目标的类型来选择。Arild Aspelund对新创技术型企业的创业团队的研究表明，创业是一个包含众多人的组织的形成过程，特别是创业过程更为复杂的技术型公司要求输入更多的力量。因此，新创技术型企业宜采用团队模式进行创业。

2. 根据创业者的创业背景和动机划分

从创业者的创业背景和动机看，创业者可划分为生存型创业者、变现型创业者和主动型创业者三种类型。

（1）生存型创业者。

这类创业者是我国数量最大的创业人群。清华大学的一份调查报告指出，这一类型的创业者占我国创业者总数的90%。

这种类型的创业者，最初或许根本就没有什么创业的概念以及伟大的理想与梦想，只是出于生存的渴望与责任，凭借自己的勤劳、努力与节俭，在生存的道路上不断积累财富、经验、人脉，然后不断做大、做强，最后在历史潮流的推动下，走上一条持久创业发展的道路，最终取得自己从未想过的成就与事业。

（2）变现型创业者。

这类创业者就是过去聚拢了大量资源的人，在机会适当的时候，自己出来开公司、办企业，实际上是将过去的资源和市场关系变现，将无形资源变现为有形的货币。

（3）主动型创业者。

主动型创业者又可以分为两种：一种是盲动型创业者，另一种是冷静型创业者。前一种创业者大多极为自信，做事冲动。这样的创业者很容易失败，但一旦成功，往往就是一番大事业。冷静型创业者是创业者中的精华，其特点是谋定而后动。他们不打无准备之仗，他们或是掌握资源，或是拥有技术，一旦行动，其创业成功的概率很大。这种创业者执着于心中的梦想与目标，充满激情与活力，但他可能没有什么特别的权势与财富积累，只是凭借自己的眼光、思想、特长、毅力与感召力去坚持不懈地努力，感召越来越多的志同道合者，聚集越来越多的资源，吸引越来越多的投资商，凭着一股"打不死"的精神，做出一番事业。

三、创业动机

（一）创业动机的含义

动机是推动个体及组织从事某种活动，并朝一个方向前进的内部动力，它是为实现一定目的而行动的原因。创业动机是引起和维持创业者（或创业团队）从事创业活动，并使该活动朝某些特定目标发展的内部动力。

在此我们主要讨论与创业者个人有关的创业动机问题。

（二）创业动机的主要类型

创业者的创业动机主要有两种类型：第一种是生存型创业，即创业者迫于生存压力，为获得个人基本生存或更好的生存条件而选择创业，它是创业动机中最常见、最基本的类型，大多数创业者都是因为这种动机而开始创业；第二种是机会型创业，这类创业者虽然有不错的就业机会，但为追求更多的利润、更大的发展空间或更明显的自身价值实现，通过发现或创造新的市场机会进行创业。

在眼下"大众创业、万众创新"的宏观环境与政策的影响下，从事机会型创业的创业者正在逐渐增多。

（三）大学生创业动机的类型

根据有关学者的观察和实证性研究，大学生的创业动机受不同级别需求的驱动。其中最重要的是源于自我实现等高级需求的驱使，生存驱动的低级需求通常居于后位。这表明大学生创业并不主要是不得已而为之的行为，而是经过理性思考之后的主动行为。

大学生与普通社会创业者的创业动机相对比，除了生存需要、自我实现的需要外，还有积累经验、拓宽就业渠道等方面的需求。

大学生创业是创业环境与做好创业准备的大学生相互结合的产物，其动机有一定的特殊性，归纳起来主要有以下四种类型。

1. 兴趣驱动型

兴趣是最好的老师，是大学生创业的重要动因之一。如果创业者对一件事物产生了兴趣，就会调动自身的潜能、时间和精力去了解和体验它，不管遇到什么困难险阻，都会一如既往地坚持下去。这种精神状态就是创业者必须具备的创业素质。当兴趣出现时，你就无形中拥有了创业者必备的重要素质。因此，我们可以说兴趣是大学生创业者起步的动力源泉。如比尔·盖茨因为对计算机操作系统产生浓厚兴趣而成就了微软公司，成为个人电脑（PC）操作系统市场的霸主。所以说，兴趣是创业者事业发展至关重要的因素，也是创业的原动力之一。

✓ 案例播报

马克·艾略特·扎克伯格，1984年5月14日出生在美国纽约。作为牙医和心理医生的儿子，扎克伯格从小就受到了良好的教育，是个电脑神童。10岁的时候他得到了第一台电脑，从此将大量时间花在其中。高中时，他为学校设计了一款MP3播放机。之后，包括微软公司在内的不少业内公司都向他抛来了橄榄枝。但是扎克伯格却拒绝了年薪95万美元的工作机会，毅然选择去哈佛大学上学。在哈佛，主修心理学的他仍然痴迷电脑。在上哈佛的第二年，他侵入了学校的一个数据库，将学生的照片"偷来"贴在自己设计的网站上，供本班同学评估彼此的吸引力。黑客事件之后不久，扎克伯格就和两位室友一起，用了一星期时间编写网站程序，建立了一个为哈佛同学提供互相联系的网站，命名为Facebook。Facebook在2004年2月一经推出，即横扫整个哈佛校园。2004年年底，Facebook的注册人数已突破一百万，这时的扎克伯格毅然选择了从哈佛退学，全职运营网站。

Facebook现在已是世界排名领先的照片分享站点，截至2023年7月，Facebook拥有约30亿用户。2019年4月18日，扎克伯格上榜美国《时代》杂志2019年度全球百位最具影响力人物榜单。2021年4月，扎克伯格以970亿美元财富位列《2021福布斯全球富豪榜》第5名。2021年10月，扎克伯格以1 345亿美元财富位列《2021年度美国富豪榜》第3名。2023年4月，扎克伯格入选2023胡润全球白手起家U40富豪榜，位列第1名。

2. 职业需求型

美国学者克雷顿·奥尔德弗认为，一个个体主要存在三种需要，即生存的需要、相互关系的需要和成长发展的需要。"生存的需要"包括生理需求、安全需求等,"相互关系的需要"是指人们对于保持重要的人际关系的要求,而"成长发展的需要"则主要指个体谋求发展的内在愿望。

随着年龄的增长,大学生对于相互关系和成长发展的需要会逐渐增加。大学生为了增加自己的实践经验,丰富自己的社会阅历,增强择业能力,或者为自己以后的发展做好经济上、经验上的准备,在条件成熟的情况下也会积极利用课余时间走上创业的道路。这个类型的创业者往往以锻炼为目的,承受失败的能力较强。

3. 就业驱动型

近年来,全国每年有数百万高校毕业生走出校门,高校毕业生已成为新的就业大军。在这种情况下,有一部分大学生开始了创业之路,以期解决就业出路,并能取得更好的经济收入。此外,随着就业压力的增大,各种鼓励大学毕业生创业的政策也纷纷出台,毕业生创业已成为社会关注的热点问题。这种密切关注的程度透露出各级政府迫切希望自主创业能成为缓解大学生就业压力的一条有效途径。

4. 价值实现型

大学生是创新创业最为活跃的群体,他们思维活跃、创新意识强烈,同时受到的约束和束缚较少。他们更容易接触一些新的发明和学术上新的成果,或者他们中的一部分人本身就拥有具有自主知识产权的科研成果。为了能早日实现成功的目标,他们中的一部分人改变了自己的就业观念,转为开始自主创业。另外,大学生是自我意识较强的群体,"希望有一番自己的事业,而不是一辈子给别人打工。"这代表了当代大学生的现实想法。大学生选择自主创业是为了通过这一途径证明自己的能力,挑战自我,实现自我价值,得到社会的认可。

(四) 创业动机的主要影响因素

创业者选择创业的动机受诸多直接和间接因素的影响。这些因素既包括创业者本身的特质、职业目标和周围的商业环境,也与创业者创业的机会成本、心理预期等有关。

1. 影响创业动机的直接因素

影响创业者创业动机的直接因素主要是内在的个体因素,具体内容如下。

(1) 风险倾向。

众多创业者的实践证明,风险倾向主要作用于创业认知的渴望性,风险倾向强的个体更容易产生创业动机。换句话说,风险倾向和创业动机呈正相关关系。

(2) 自我效能感。

自我效能感由美国心理学家班杜拉于1977年首次提出,是指个体在执行某一任务之前对自己能够在何种水平上完成该任务所具有的信念、判断或自我感受。当人们面对挫折的时候,自我效能将影响其选择、热情、努力和坚持,同时,也影响人们对目标能否成功实现的信念。有相当多的学者认为只有人们对创业成功具备足够的信念和自信的时候,才有可能产生稳定的创业倾向。也就是说,自我效能感越强,创业动机也越强。

(3) 资源水平。

个体拥有较多的创业资源,不仅能够增强个体产生创业认知的渴望,导致创业倾向,而且对创业认知的可行性也将产生积极的影响。也就是说，个体所能调配的创业资源越多，创业动机就越强。

2. 影响创业动机的间接因素

创业是创业者与环境互动的过程，因此影响创业活跃程度的一个重要因素是创业的外在环境。影响创业动机的间接因素主要是外在环境。外在环境主要包括文化环境和政策环境。

（1）文化环境。

一个国家（地区）的文化环境会影响当地人的创业意识和动机。积极的创业文化能促动更多的人萌生创业动机，从而使有创业动机的个体有意识地搜寻因为环境变动带来的商业机会，而消极的创业文化会在思想上束缚一些人创业动机的萌芽。如我国历史上长期积淀的"重官轻商"封建文化曾制约了民间的创业。也就是说，周边的创业氛围越浓，创业者的创业动机越强。

（2）政策环境。

政策环境是不同层级的政府为了其特定的目的而实施的一系列制度（规章）的集合。一些制度或规章能直接和创业者的行为相联系（例如针对高新科技创业的资金支持、土地优惠、税收减免、财政补贴等优惠措施），有些政策虽不直接针对创业，但因其为整个经济运转的各个环节服务，所以也会通过连锁反应，影响创业者的行为（例如发展资本市场，对金融企业进行市场化改革、完善环保政策、社保体系等）。也就是说，创业政策越好，个体创业的动机就越强。

✅ 拓展延伸

徐小平谈创业动机

创业到底是为什么？我们为什么要创业？

第一，为金钱。对于创业而言，有一个敏感的话题，那就是财富，很少有人旗帜鲜明地说我创业是为了金钱、创造财富。当然如果你创业不创造财富，难道你还有其他的什么价值？直截了当地说，创业就是要创造财富。但是在我们的创业者当中总有很多奇怪的现象，在2006年的时候，新东方刚上市，老虎基金、纳斯达克的人问为什么要上市？大家说为了增资、发展，为了更好地服务公众。其实上市的一个简单目标也是很多人回避的，就是创造财富，上市才会有更多的资金。所以当俞敏洪在路演的时候，人家问你们为什么要上市？俞敏洪说，我们奋斗很久了，我们需要钱，要知道这个东西是最真实的。美国全球投资人听了都哈哈大笑，这才叫真实，这叫实在。创业创到最后，辛苦得不得了，数倍于人的辛苦，如果说财富不是创业者的主要目标那肯定是骗人的。创业其实就是追求财富，虽是老生常谈，但是那些不太成功的人总是在说创业不在乎钱。

怎么看待财富是非常重要的，怎么使用财富呢？这是你的钱，我们不管，你可以像比尔·盖茨一样使用财富，你也可以像张朝阳一样使用财富，总之创业要有正确的价值观，即创业者创造财富。中国人的思维里面，李嘉诚曾说过一句话，创业，财富只是一个成绩单，你做好你的作业，创业就是做好你的事，而财富只是一个成绩单。但是大家想一想，哪一个人做作业不是为了成绩单呢？

第二，为自我实现。自我实现是创业者最高境界的人生奋斗目标，你当然可以在一个企业里面做一辈子高管，你也可以在任何一个机构里面追求你的兴趣爱好。在某种意义上，科研、写作本身就是一种创业，把某种东西从无到有地做起来，马斯洛的最高层面是自我实现。什么是自我实现？你想做的事做成了。在财富中死去的人是可耻的人，必须把这个钱用于社会，这叫自我实现。我想讲，自我实现就是通过创业实现自我的人生价值，无论你做的多大或者多小，即使是一个小小的梦想，仅几个人跟着你一起做，也是自身价值的自我实现。

雷军说，这么多年参与了金山的创建，创建了卓越网，也卖给了亚马逊，做投资也做得很不错，但是心中依然有某种未曾满足的渴望。这个渴望是什么呢？其实就是自我实现。无论你是否已经创造了财富，是否已经是成功的企业家，或者是刚刚大学毕业、中学毕业或者小学毕业这样的创业者，想做一点事，成就一点事业，自我实现可以说是一模一样的。

当然，创业者最可怕的是设立一个不可能实现的目标，然后去追求。我想在创业中我们要立一个力所能及的目标，在做的时候，要脚踏实地。

这个实现当然是最终的自我实现，苹果创始人乔布斯坚信"疯狂的人往往是推动世界改变的人"。尽管他已经不在人世，但是他创造的东西还和我们在一起，他获得了永生。

第三，为自由。我觉得这是创业最伟大的东西。所谓创业，一个人创造企业，无论是一个人、两个人还是一万人、两万人的时候，你的世界里面你是最高的权威，你不听从于任何人，你做的事，按照自己的意愿，按照团队的利益，按照社会的价值在追求一种东西，这可以说是创业的最高境界，也是这个时代创业的一个重要的探索价值。

（资料来源：徐小平：创业者对财富的追求必须是终身的，https://www.huxiu.com/article/2993.html）

任务 2　组建创业团队

✓ 起航阅读

小米公司的创始人是大名鼎鼎的雷军。1992 年雷军参与创办金山软件，1998 年出任金山软件 CEO，1998 年创办了卓越网。2007 年，金山软件上市后，雷军卸任金山软件总裁兼 CEO 职务，担任副董事长。之后几年，雷军作为天使投资人，投资了凡客诚品、多玩、优视科技等多家创新型企业。

2010 年 4 月 6 日，雷军选择重新创业，建立了小米公司，并于 2011 年 8 月 16 日正式发布小米手机。

小米估值的跳跃之路，就像一个"多级跳"，能够成就如此小米速度的，是小米公司那七个堪称超豪华的联合创业团队，他们是金山软件的董事长和著名的天使投资人雷军，谷歌研究院的副院长林斌，谷歌高级工程师洪锋，微软工程院首席工程师黄江吉，金山软件人机交互设计总监、金山词霸总经理黎万强，摩托罗拉北京研发中心总工程师周光平，来自世界顶级设计院校艺术中心设计学院毕业的工业设计师刘德。

雷军是如何组织起这样的联合创业团队，怎么找到这些合作伙伴，又是如何说服这些合作伙伴来和他一起创业的呢？

一直以来，雷军始终认定投资就是投人，在雷军的众多投资项目中，雷军最为看重创业团队的素质。他投资的团队需要具备以下综合素质：

能洞察用户需求，对市场极其敏感；

志存高远且脚踏实地，团队里最好是两三个优势互补的人在一起；

互联网领域的创业者一定要有技术过硬并有能带队伍的技术带头人；

团队需要具备在低成本情况下快速扩张的能力，并且最好有创业成功的经验。

小米科技正是依此打造出了这个奢华的创业团体，组成了小米在商海中乘风破浪飞速前进的核心舰队。成立至今，小米手机的全球出货量排第4位。作为"人类历史上达到百亿美元销售，百亿美元估值发展最快的公司"，小米的用人之道有何特殊之处？答案就是：合伙人的重要性超过了其商业模式和行业选择。

理论讲堂

一、创业团队内涵

（一）创业团队的含义

创业团队有别于一般团队，主要表现在以下五个方面。

1. 团队的目的不同

初创时期的创业团队的建设目的是成功地创办新企业，随着企业成长，创业团队可能会发生成员的变化，新组建的高管团队是创业团队的延续，其目的在于发展原来的企业或者开拓新的事业领域。然而，一般团队的组建只是为了解决某类或某种特定问题。

2. 团队成员的职位层级不同

创业团队的成员往往处在企业的高层管理的位置，对企业重大问题产生影响，其决策甚至关系到企业的存亡。而一般团队的成员往往是由一群能解决特定问题的专家组成的，其绝大多数也并不处于企业高层位置。

3. 团队成员的权益分享不同

创业团队成员往往拥有公司股份，负有更高的责任，而一般团队未必要求成员拥有股份。

4. 团队关注的视角不同

创业团队成员关注的往往是企业全局性的、战略性的决策问题，而一般团队成员只关注战术性或执行层面的问题。

5. 成员对团队的组织承诺不同

创业团队成员对企业有一种浓厚的情感，其连续性承诺（由于成员对组织投入而产生的一种机会成本，足以让成员不离开组织的倾向）、情感性承诺（个体对组织的认同感）和规范性承诺（个人受社会规范影响而不离开组织的倾向）都较高，而一般团队成员的组织承诺并不高。

大学生创业团队应该具有较强的资源整合能力，能通过团队成员之间的技能互补提高驾驭环境的不确定性的能力，从而降低新创企业的经营风险，增加创业成功的概率。

（二）创业团队的构成要素

1. 目标

创业团队首先要设置清晰的创业目标。创业目标是创业团队存在的理由，也是团队运作的核心动力。只有具有明确的目标，创业团队才能清楚创业的方向，知道为了实现此目标需要付出的行动和努力，才能准确把握时机和商机。此外，明确的目标能够使创业团队清楚地知道组织需要什么样的人才，在寻找合作伙伴或雇用员工时能按照创业团队的目标选择最合适的人才，提高团队的综合实力。创业目标的设立要切实可行，并依靠团队的力量共同规划和设计，使之成为凝聚团队成员的无形信念和精神力量。创业目标确定之后，为了推动团队最终实现创业目标，要对总目标加以分解，设定若干可行的、阶段性的子目标。

2. 定位

定位是指团队通过何种方式同现有的组织结构相结合，如何产生新的组织形式。创业团队的定位有两层含义。

（1）创业团队的定位，创业团队在创业企业中处于什么位置、由谁选择和决定团队的成员、创业团队最终应对谁负责，以及采取什么方式激励下属。

（2）创业团队成员的个体定位，即成员在创业团队中要扮演什么角色，是决策者还是计划制订者，或是监督者等，要根据每个成员的专业和优势确定其角色定位，从而保证每个成员都能最大限度地发挥自己的能力。此外，要决定是大家共同出资、共同参与管理还是共同出资、聘请第三方（职业经理人）管理，这表现在创业企业的组织形式是合伙企业还是公司制企业。

3. 权限

权限是指团队负有的职责和享有的权利。在创业团队中，权限主要包括两层含义。

（1）团队成员的权力。虽然许多创业团队推崇群策群力，将决策权交给全部成员，每项决策都是由整个团队共同商议讨论之后才做出决定，但是在具体执行的时候需要适当的分权，在不损害集体利益的情况下，个人需要拥有与职责相对应的决策权力。团队核心领导人的权力大小与创业团队的发展阶段相关，一般来说，在创业团队的发展初期，领导权力相对集中，团队越成熟，领导者拥有的权力相应越小。

（2）团队权力。要确定创业团队在创业企业中拥有什么决定权，如财务决定权、人事决定权等。

4. 计划

计划是为达成目标所做出的安排，是未来的行动方案。只有把创业总目标、阶段性的子目标转化成科学合理、极具操作性的行动计划，才能有效地推进团队向创业目标靠近，实现创业团队的成功。创业团队在制订计划时要充分考虑创业企业的内外部环境、企业自身优劣势等因素；制订的计划一定要具有可行性，否则就只是纸上谈兵，对创业团队没有任何帮助；计划不仅要确保组织目标的实现，而且要从众多的方案中选择最优方案，从而使创业团队的资源得到最合理、最有效的应用。

5. 人员

创业目标是通过创业团队成员实现的，所以，人员是构成创业团队最核心的力量。只有吸收适合创业的成员进入创业团队，才能保证创业团队的稳健经营。不适合的人员进入创业团队，会给团队的管理和发展带来巨大的危害。选择团队成员的方法主要是根据团队的发展目标，团队需要的知识、技能、经验，然后根据个人加入团队的目的、知识结构、个性、兴趣、价值观念等选择合适的人选。

创业团队各构成要素之间相互影响、相互作用、缺一不可。其包括以下四个方面的含义。

（1）创业团队有共同的价值观、统一的目标和标准。这是组建创业团队的前提。创业团队必须为统一的目标而奋斗，并有一致的价值观，这样组成的创业团队才有战斗力。没有统一的目标和共同的价值观，创业团队即使组建起来了，也不能形成合力，缺乏战斗力。

（2）创业团队成员负有共同的责任。有了统一的目标和价值观后，创业团队成员还必须共同负起责任来达到目标。一个好的创业团队一定是所有成员都能共同负责任的团队。

（3）创业团队成员的能力互补。这是组建创业团队的必要条件。当组建起来的创业团队成员的知识、能力可以互补时，这个团队就可发挥出"1+1>2"的作用。如果创业团队成员的知识、能力不能互补，就失去了组建团队的意义，即使组建了团队，也不能起到很好的作用，甚至会限制有能力的人发挥作用。

（4）创业团队的人愿意为共同的目标做出贡献。这是创业团队能否取得成功的关键。创业团队的成员除有责任心外，还要有甘于奉献的精神和良好的行动力，这样才能成为企业的核心，带领企业前进。

（三）创业团队的人员选择

创业团队的人员主要从以下几方面进行选择。

1. 加入目的

李嘉诚曾经说过："创业合作必须有三大前提：一是双方必须有可以合作的利益；二是必须有可以合作的意愿；三是双方必须有共享共荣的打算。"团队成员要有除金钱外的共同的价值追求，要有一荣共荣、一损俱损的决心，要有对工作长期保持满腔热血的激情。

2. 彼此了解

创业团队的所有成员应尽量互相熟悉，知根知底。对于大部分创业团队而言，成员大都以熟人组成。当然，在熟人圈里无法找到合适的合作伙伴时，也可以通过媒体广告、亲友介绍、招商洽谈、互联网等多种形式寻找最为合适的人选，这个过程中对彼此的了解也必不可少。在创业之初，就要把团队成员最基本的责、权、利说透彻，尤其是股权、利益分配，包括增资、扩股、融资、撤资、人事安排及解散等。这样在企业发展壮大后，才不会因利益、股权等分配而产生矛盾，甚至导致创业团体的解体。

3. 角色安排

英国剑桥大学贝尔宾博士提出的贝尔宾角色模型认为，一个结构合理的团队应该由创新者、实干者、凝聚者、信息者、协调者、推进者、监督者、完美者、技术专家等九个角色组成，各角色的描述如表 3-1 所示。在寻找合作伙伴之前，首先需要制定好合作目的与目标；然后要根据目标规划好合作伙伴的职责，有目的地去寻找团队成员，让团队成员承担不同的角色。

表 3-1　团队角色的描述

角色	作用	特征
创新者	团队的智囊，观点的提出者	观念新潮，思路开阔，想象力丰富；不拘小节，特立独行；易冲动，甚至不切实际
实干者	将思想和语言转化为行动，美好愿景转化为现实	计划性、纪律性强，有自控力，相信天道酬勤，坚持不懈，责任心强
凝聚者	意志坚定的领袖，润滑各种关系	温文尔雅，善解人意，总是能够关心、理解、同情和支持别人；处事灵活，能将自己同化到群体中去，信守和为贵
信息者	提供决策支持的信息和资源	对外界敏感好奇，是天生的交流家，性格外向，待人热情，喜欢交友
协调者	关心团队成员的需要，协调各方利益和关系	很有个人魅力，成熟、自信，有信赖感；办事客观、处事冷静，善于发现每个人的优势并能在实现目标的过程中妥善运用
推进者	促进决策实施，确保团队完成工作进度	目的性强，办事效率高，有高度的工作热情和成就感，喜欢挑战别人，更喜欢争辩，往往以自我为中心，缺乏相互理解
监督者	监督决策实施的过程	判断力强，冷静、聪明、言行谨慎，公平客观，不易激动
完美者	迅速发现问题并解决问题	注重细节，力求完美，追求卓越；主动自发地完成工作，且对工作和下属要求较高
技术专家	为团队提供技术支持	某个领域的权威，热爱自己的职业并为自己的特长自豪，他们的工作就是要维护一种标准，而不能降低这个标准

4. 人生价值观念

价值观念和道德观念等其他个人综合素质也是创业团队选择团队成员的重要标准。

（四）创业团队的分类

根据创业团队的组成者，创业团队可以分为星状创业团队、网状创业团队和虚拟星状创业团队三种。

1. 星状创业团队

在星状创业团队中，一般有一个核心主导人物充当领军的角色。这种团队在形成之前，一般是核心主导人物有了创业的想法，然后根据自己的设想进行创业团队的组织。因此，在团队形成之前，核心主导人物已经就团队组成进行过仔细思考，并根据自己的想法选择相应人物加入团队，这些加入创业团队的成员可能是核心主导人物以前熟悉的人，也可能是不熟悉的人，这些团队成员在企业中更多时候是支持者的角色。

星状创业团队的特点如下：

（1）组织结构紧密，向心力强，主导人物在组织中的行为对其他个体影响巨大；

（2）决策程序相对简单，组织效率较高；

（3）容易形成权力过分集中的局面，从而使决策失误的风险加大；

（4）当其他团队成员和主导人物发生冲突时，因为核心主导人物的特殊权威，其他团队成员在冲突发生时往往处于被动地位；当冲突较严重时，其他团队成员可能会选择离开团队，对组织的影响较大。

星状创业团队如，美国太阳微系统公司创业之初就是由维诺德·科尔斯勒确立了多用途开放工作站的概念，接着他找了比尔·乔伊和贝托谢姆两位分别在软件和硬件方面的专家，和具有实际制造经验的麦克尼里，组成了太阳微系统公司的创业团队。

2. 网状创业团队

网状创业团队的成员一般在创业之前都有密切的关系，如同学、亲友、同事、朋友等。这些团队成员一般都是在交往过程中，共同认可某一创业想法，并就创业达成共识以后，开始共同创业。这种创业团队组成时，没有明确的核心人物，大家根据各自的特点进行自发的组织角色定位。因此，在企业初创时期，各位成员基本上扮演的是协作者或伙伴的角色。

网状创业团队有以下几个明显的特点：

（1）团队没有明显的核心，整体结构较为松散；

（2）组织决策时，一般采取集体决策的方式，通过大量的沟通和讨论达成一致意见，其决策效率相对较低；

（3）由于团队成员在团队中的地位相似，容易在组织中形成多头领导的局面；

（4）当团队成员之间发生冲突时，一般都采取平等协商、积极解决的态度消除冲突，团队成员不会轻易离开；但是一旦团队成员间的冲突升级，某些团队成员撤出团队，就容易导致整个团队的涣散。

网状创业团队如，微软的比尔·盖茨和他的童年玩伴保罗·艾伦，惠普的戴维·帕卡德和他在斯坦福大学的同学比尔·休利特等。目前世界上多家知名企业的创建者多是同学或朋友关系，基于一些互动激发出创业点子，然后合伙创业。

3. 虚拟星状创业团队

虚拟星状创业团队是由网状创业团队演化而来。在创业团队中，有一个核心成员，核心成员地位的确立是团队成员协商的结果，因此，从某种意义上说虚拟星状创业团队的核心人物是整个团队的代言人，而不是主导型人物，其在团队中的行为必须充分考虑其他团队成员的意见。

✅ **案例播报**

卢兴全：勇于追梦，从"百帮起家"到"百邦集团"

卢兴全，郑州澍青医专2010级临床医学系优秀校友，现为郑州百邦财务集团（以下简称百邦财务）创始人，资深财税实战专家，拥有深厚的财会操盘经验，一直致力于为企业提供财税综合解决方案。2016年，卢兴全敏锐地抓住"大众创业，万众创新"的时代机遇，以"成为中小企业老板最信赖的财务咨询机构"为愿景，以"让天下没有难管的财务，助力老板实现财务自由"为使命，成立了郑州百邦财务集团。该集团拥有多年的服务实践与专业积淀，以高度负责的职业精神和专业服务定位，赢得了行业与客户的一致好评，成为河南区域较有影响力的专业财务服务机构。百邦财务旗下拥有代理记账公司、财务服务公司、知识产权公司、税务事务所等分、子公司，帮助3 000余名老板成功创业，财务咨询服务超过4 000家，累计服务客户10 000余家，为客户创造了巨大价值。

回溯至2011年，卢兴全在学校就业创业中心主任唐晓旭的指导下，参加了校级社会实践组织——大学生就业创业协会，并任协会第三届会长。平时课程不多的时候，卢兴全就带领其他同学一起参加学校诸多实践活动。学校就业创业中心每年要组织校园现场招聘会，他就组织协会其他同学积极参加，帮参展企业摆桌子、挂海报、做导引，用自己的实际行动帮助参展企业，锻炼大伙儿的实践能力。周末的时候，卢兴全组织协会其他成员一起举办"近郊游"等活动，社团成员自己组织散客、自己制定行程，自己寻找交通工具和联系景区，一趟趟活动下来，他和协会成员的组织能力、协调能力得到了极大锻炼和提高。赶上节假日，卢兴全带领大家卖旧书、卖电话卡，平安夜晚上在操场卖苹果等，靠着这些积累，他的3年生活费竟然有了着落。卢兴全说："3年的大学生活，除了在教室，就是在社团协会，其他地方很少光顾。"

从澍青医专毕业后，卢兴全选择留在郑州创业。2013年下半年，卢兴全做起了兼职中介，开办了启佳校园网，一方面为刚毕业的大学生提供就业信息和就业机会，一方面代理诸多用人单位的劳务派遣工作。有一次，经过努力沟通和艰苦谈判，他与一家用人企业谈成了百余名员工的用工意向和劳务派遣合同，按照当时的代理费，价值五六万元，后因合约公司的毁约造成了损失，这对刚刚起步的他来说是灾难性的，因为刚起步没有积蓄、没有经验，他只好按下了人生第一次创业的暂停键。

2016年，在我国"大众创业、万众创新"时代号召下，全国就业创业工作走向更大范围和更高层次。经过前期创业的经验积累和良好人脉关系的稳定维护，在与家人商定后，卢兴全决定再次创业。公司成立以后，业务量迅速扩大，原先积累的人脉资源发挥了巨大作用。有的朋友知道他再次创业的举动后积极支持，不仅在微信朋友圈点赞鼓励，还把自己的业务交到了卢兴全的手里，公司业务量稳步增高，规模急剧扩大，从初创的两三人，发展到如今拥有三四十名员工、营业额破千万的新型财务公司，卢兴全在行业内一步一个脚印地站稳了脚跟。卢兴全认为，公司的发展一是要靠销售，二是要靠管理，销售是公司增长的"灵魂"，管理是公司发展的"树根"。卢兴全说："当时想法很简单，就是做好销售，要保证公司活下来，每天晚上 11 点以后下班是常有的事情，不怕苦、不怕累，拼命往前冲。"卢兴全还认为一个公司的发展离不开好的时代和团队，他说："如果没赶上'大众创业、万众创新'的时代背景，即使我积累了丰富经验和深厚的人脉，也不可能取得创业的成功。所以，我一直以一颗敬畏心，感谢这个美好的新时代，感谢党和政府给予创业者的优惠政策、宽松环境和优厚条件，同时也感谢团队伙伴的同心协力。"

（资料来源：勇于追梦，从"百帮起家"到"百邦集团"——记我校优秀创业学生代表卢兴全，https://mp.weixin.qq.com/s?__biz=MzAwMDI2MDE2Mw==&mid=2650016576&idx=1&sn=c467427d5dbe22884129841ce3d8cde4&chksm=82eb0a6cb59c837a6e）

二、创业团队的优劣势分析

（一）创业团队的优势

"一个好汉三个帮。"几个人齐心协力、集合各自优势，所产生的能量会远远超过个体单独产生的能量。同理，一个由研发、技术、市场、财务、融资等各方面组成的可以进行优势互补的创业团队，是创业成功的法宝。团队创业会带来各方面的优势，主要包括以下几点。

1. 促进优势互补

无论一个人如何优秀，他都不可能具备所有的经营管理经验，同时，任何人都不可能在知识、资源、能力、技术等方面具有同样的比较优势。特别是那些首次创业的人，他们往往缺乏对市场的判断力和对潜在市场的洞察力。建立创业团队将会十分有效地解决这些问题。在一个团队中，不同的人掌握不同的社会资源，他们具备不同的知识能力和经验，有的有客户关系、有的有理论、有的有经验、有的懂技术、有的擅长内务、有的擅长外交……这种优势互补的创业模式将会极大地强化团队成员之间的彼此协调。一般来说，一个团队的角色结构和能力结构越合理，这个团队的知识面就越宽广，创业成功的可能性也就越大。

2. 减少决策风险

一个新创企业在起步阶段总会遇到各种困难，如果创业者在遇到麻烦时完全亲自解决，不仅会花费大量的精力和时间，而且常常会由于解决问题的能力有限而增加决策风险。当创业人员是一群人而非个体时，成败就变成了集体的事情，只要创业团队成员能够同甘共苦，发挥每个成员的特长，就必定能提高解决问题的效率，增加成功解决问题的可能性。

3. 缓解融资问题

中小企业融资问题一直困扰着很多新创企业，究其原因，无非是由于银行贷款难度大，民间借贷利率偏高，这让许多中小企业难以负担。在外部融资极其困难的情况下，内部融资成了解决中小企业融资，特别是新创企业融资问题的办法。在经济不景气的大环境下，内部融资的作用尤其显著。

（二）创业团队的劣势

团队创业虽然有诸多好处，但在现实生活中，组建了自己的创业团队并不一定就能成功，其中的原因可能是经济萧条、竞争恶化、产品定位不合理等，因此，团队创业并不是一种完美的创业模式，其劣势主要有以下几点。

1. 思想冲突

新创企业团队一般都由少数几个人组成，大多数成员都直接参与管理决策；而且因为都是企业的创始人，无论是否有经验，他们在企业中都担任要职，都发表"重要意见"，关于一个问题难免会出现不同的见解，提出不同的方法。在出资人出资比例相当的情况下，此种情况尤其严重，甚至会引发激烈争论，问题却迟迟得不到解决，一旦出了问题就可能互相指责，互相推诿。

2. 管理冲突

既是员工又是出资人的双重身份，往往使合伙人成为创业团队最难管理的人群。许多创业团队成员由于不能在企业中摆正自己的位置，常常认识不到自己也是企业的员工，也应该遵守企业的规章这一事实。在现实中，很多创业团队成员会自觉或不自觉地抬高自己的地位，越位发号施令，这会导致企业管理成本的增加。

3. 利益冲突

企业利润会随企业的壮大而增加，当企业规模壮大后，当初出资谨慎的企业合伙人常常由于原先出资过少而后悔，心态逐渐开始不平衡，工作量不少可分红时却少于别人，容易产生"老板为老板打工"的心态；还有一些没有出资或出资较少的创业团队成员，他们可能掌握了企业的核心技术或无形资产，当这些知识投入没有被恰当地量化成货币时，可能会出现不平衡的心理。当诸如此类的局面不能被合理化解时，常常会激化合伙人之间的矛盾。

三、组建创业团队的原则

1. 目标明确合理原则

目标必须明确，这样才能使团队成员清楚地认识到共同的奋斗方向。同时，目标也必须是合理的、切实可行的，这样才能真正达到激励的目的。

2. 互补原则

创业者之所以寻求团队合作，其目的就在于弥补创业目标与自身能力间的差距。只有当团队成员在知识、技能、经验等方面实现互补时，才有可能通过相互协作发挥出协同效应。

3. 精简高效原则

为了减少创业期的运作成本、最大比例地分享成果，创业团队人员应在保证企业能高效运作的前提下尽量精简。

4. 动态开放原则

创业过程是一个充满不确定性的过程，团队中可能因为能力、观念等各种原因不断有人在离开，同时也有人在要求加入。因此，在组建创业团队时，应注意保持团队的动态性和开放性，使真正完美匹配的人员能被吸纳到创业团队中来。

四、创业团队组建的程序

1. 明确创业目标

明确创业目标，一方面应明确自己的创业思路；另一方面必须将自己掌握的创业机会形成一定的创意，进而形成一个创业目标。创业团队的总目标就是要通过完成创业阶段的技术、市场、规划、组织、管理等各项工作实现企业从无到有、从起步到成熟。总目标确定后，为了推动团队最终实现创业目标，再将总目标加以分解，设定若干可行的、阶段性的子目标。

2. 制订创业计划

创业计划是在对创业目标进行具体分解的基础上，以团队为整体来考虑的计划。创业计划确定了在不同的创业阶段需要完成的阶段性任务，通过逐步实现这些阶段性目标来最终实现创业目标。一份完整的创业计划，必须包括创业核心团队的计划和人力资源计划。通过创业计划，可以进一步明确创业团队的具体需求，如人员的构成、素质和能力要求、数量要求等。创业团队的组建需要契合创业计划的要求，以匹配创业项目的运作。

3. 招募合适的人员

招募合适的人员是组建创业团队最关键的一步。创业团队成员的招募应考虑两个方面的问题。

（1）互补性。创业团队至少需要管理、技术和营销三个方面的人才，只有这三个方面的人才形成良好的沟通协作关系后，创业团队才可能实现稳定、高效。

（2）规模适度。这是保证团队高效运转的重要条件，团队成员一般为 3~25 人。

4. 职权划分

创业者要处理好责、权、利等各方面的关系，即确定每个成员所要负担的职责及所享有的权力。根据创业计划的需要，明确团队成员的职责定位，可以使创业团队形成合力，共同实现创业目标，同时，也可避免因职责不明、权力分配不明确引发的冲突。一般来说，创业团队越成熟，领导者所拥有的权力相对越小；在创业团队发展的初期，领导权相对比较集中。

5. 构建创业团队的制度体系

创业团队制度体系体现了创业团队对成员的控制和激励能力，主要包括团队的各种约束制度和各种激励制度。一方面，创业团队通过各种约束制度（主要包括纪律条例、组织条例、财务条例、保密条例等）指导其成员避免做出不利于团队发展的行为，对其行为进行有效的约束，以保证团队的稳定秩序；另一方面，创业团队要实现高效运作需要有效的激励机制（主要包括利益分配方案、奖惩制度、考核标准、激励措施等），才能使团队成员看到随着创业目标的实现，其自身利益将会得到的改变，从而达到充分调动成员的积极性、最大限度发挥团队成员作用的目的。

6. 对团队进行调整融合

随着团队的运作，团队组建时在人员配备、制度设计、职权划分等方面的不合理之处会逐渐暴露出来，这时就需要对团队进行调整融合，这是一个动态持续的过程。在进行团队调整融合的过程中，最为重要的是要保证团队成员间经常积极有效的沟通与协调，培养、强化团队精神，提升团队士气。

任务3 带好创业团队

✓ 起航阅读

巧用创新思维方法

小王与小高毕业之后在同一家公司工作了3年时间。经过3年工作的历练，两人无论是在能力上还是在经验上，都有了质的飞跃，并且两个人都怀揣着一个创业的梦想。二人在经过一番谋划之后，决定开办一家快递公司。二人在确定了公司名字之后，又着手安排公司构架、人员组成和服务口号等事宜。

不久，公司就安排了第一次业务员的招聘活动，面试官由小王担任。小王在以前的公司里从事人事方面的工作，有着充足的招聘经验。招聘现场，小王向应聘者提了几个问题，很容易地分辨出哪些人说了实话，哪些人说了谎话。那么小王是怎么做到的呢？

有的应聘者介绍自己是个爱劳动、勤于锻炼的人，小王就让他们举起哑铃试试。有的应聘者说自己对营销很感兴趣，曾经做过这方面的工作，小王就询问了他们一些营销的基本常识。后来，凡是据实回答问题的应聘者都进入了下一轮面试，而那些说谎的应聘者，就全部被刷了下来。

管理并非夸夸其谈，管理者需要在实践中不断积累管理经验。创业者管理企业的过程，也是管理理念为员工所认同的过程，这种认同感积累到一定程度时，管理理念的作用才能逐步显现。

理论讲堂 ◀

一、创业团队管理的特殊之处

创业团队的管理不同于工作团队的管理。对于大多数企业内的工作团队来说，如研发团队、销售团队和项目团队等，因为人员和岗位稳定性相对较高，人们习惯性地将重点放在过程管理上，注重通过建设沟通机制、决策机制、互动机制和激励机制等发挥集体智慧，实现优势互补，提升绩效。但对创业团队管理而言，则正好相反，其重点在于结构管理，而不是过程管理。

首先，创业团队管理是缺乏组织规范条件下的团队管理。在创业初期，创业团队还没有建立起规范的决策流程、分工体系和组织规范，"人治"味道相当浓厚，处理决策分歧显得尤为困难。此时，团队成员之间的认同和信任尤其重要，但这很难在短期建立起来。因此，认同和信任关系取决于创业团队的初始结构。

其次，创业团队管理是缺乏短期激励手段的团队管理。成熟企业内的工作团队可以凭

72

借雄厚的资源基础，借助月度工作考核等手段，在短期实现成员投入与回报的动态平衡。相比之下，创业初期需要团队在时间、精力和资金等资源上的高度投入，但这些投入短期内无法实现期待的激励和回报。成功不可能一蹴而就的时候，就需要找到能适应这种状况的合伙人。

最后，创业团队管理是以协同学习为核心的团队管理。成熟企业内的工作团队的学习以组织知识和记忆为依托，成员之间共享相似的知识基础。但是创业过程充满不确定性，需要不断试错和验证，同时在此基础上创造并存储、组织知识和记忆。创业团队的协同学习，建立在团队成员之间的、在创业之前形成的共同知识和观念基础上，这仍旧取决于创业团队的初始结构。

二、创业团队的三维结构管理

通常，创业团队可以从知识结构、情感结构和动机结构三个方面入手来实施结构管理。知识结构反映的是创业团队成功创业的能力素质，情感结构是创业团队维持凝聚力的重要保障，动机结构则是创业团队实现理念和价值观认同的关键因素。

1. 知识结构管理

知识结构管理的核心，是建立以创业任务为核心的知识和技能的互补性，强调创业团队有完备的能力来完成创业相关任务。

谈到知识和技能的互补，《西游记》中由唐僧率领的取经团队被公认为是一支"黄金组合"的创业团队。师徒四人的性格各不相同，却又同时有着不可替代的优势。例如，唐僧慈悲为怀，使命感很强，有组织设计能力，注重行为规范和工作标准，所以，他担任团队的主管，是团队的核心；孙悟空武功高强，是取经路上的先行者，能迅速理解、完成任务，是团队的业务骨干和铁腕人物；猪八戒看似实力不强，又好吃懒做，但是他善于活跃工作气氛，使取经之旅不至于太沉闷；沙僧勤恳、踏实，平时默默无闻，关键时刻他能稳如泰山，稳定局面。

2. 情感结构管理

情感结构管理的重点是注重年龄、学历等不可控因素的适度差异。中国文化注重层级和面子关系，如果创业团队之间年龄和学历因素差距过大，成员之间在混沌状态下发生冲突和争辩，很容易出现彼此感觉丢面子的情况，进而演变为情感性冲突。一旦出现这种情况，创业团队将不得不把时间和精力浪费于沟通方式设计和内部矛盾化解上，内耗大于建设，不利于创业成功。

3. 动机结构管理

动机结构管理的关键在于注重创业团队成员理念和价值观的相似性。如果创业团队成员之间价值观不同，想做事业的成员可能不会过分关注短期收益，而怀揣赚钱动机的成员则不会认同忽视短期收益的做法。相似的理念和价值观有助于创业团队保持愿景和方向的一致，有助于创业团队克服创业挑战并逐步成功。

值得一提的是，创业团队的结构管理是兼顾三个方面结构要素的平衡过程，短板效应非常明显。但是在现实中，人们往往过分重视知识结构的互补性，而对情感结构管理和动机结构管理重视程度不够，因此，引发的问题往往会随时间而强化，一旦创业出现困难障碍，往往会演变为创业团队的内耗和冲突。

三、结构与过程互动

建立促进合作和学习的决策机制是发挥创业团队结构优势，进而成功创业的重要途径。创业事业能否继续下去，在很大程度上取决于核心团队成员能够看到其他人的长处，不断相互学习。具体而言，创业团队的互动过程建设应遵循以下原则。

（1）建设合作式冲突的氛围和文化。创业团队成员间一定会有冲突，但关键在于创业团队遵循一致目标，看到对方观点和建议的长处和价值，不要认为对方在挑战自己的权威。合作式冲突的氛围和文化往往能够充分调动每个人的潜能和专长，形成相对有效的决策方案和机制。

（2）避免竞争式冲突。所谓竞争式冲突，即创业团队成员之间的观点争论并不是为了达成某种共识，而是固执地认为自己的观点正确，听不进去其他成员的观点。

（3）创业过程既需要充分吸收多样性观点，又需要保证快速做出决策。听取成员的观点并不意味着依从，而在于整合观点。这需要营造成员充分发表看法和观点的开放性机制，同时又需要快速形成决策结果的集中性机制。

✓ 拓展延伸

HR 性格测试
——你是"老虎""孔雀""考拉""猫头鹰"还是"变色龙"？

PDP 的全称是 Professional Dyna-Metric Programs（行为特质动态衡量系统），是一个用来衡量个人的行为特质、活力、动能、压力、精力及能量变动情况的系统。PDP 根据人的天生特质，将人群分为五种类型，包括支配型、外向型、耐心型、精确型、整合型。为了将这五种类型的个性特质形象化，根据其各自的特点，这五类人群又分别被称为"老虎""孔雀""考拉""猫头鹰""变色龙"。PDP 是一个进行人才管理的专业系统，能够帮助人们认识与管理自己，帮助组织做到"人尽其才"。

HR 性格测试可以协助个人了解自己的行为特征，也是企业常用来了解员工天赋特质的工具，目的在于找出每个人的强项，确保自己能找到或被安排在正确、适合的职位上发挥所长。

测试开始，请根据自己的实际情况选择最符合自己的答案。

回答以下 30 道题目，非常同意打 5 分；比较同意打 4 分；差不多打 3 分；有一点同意打 2 分；不同意打 1 分。

1. 你是一个做事值得信赖的人吗？
2. 你个性温和吗？
3. 你有活力吗？
4. 你善解人意吗？
5. 你独立吗？
6. 你受人爱戴吗？

7. 你做事认真且正直吗？

8. 你富有同情心吗？

9. 你有说服力吗？

10. 你大胆吗？

11. 你精确吗？

12. 你适应能力强吗？

13. 你组织能力好吗？

14. 你是否积极主动？

15. 你害羞吗？

16. 你强势吗？

17. 你镇定吗？

18. 你勇于学习吗？

19. 你反应快吗？

20. 你外向吗？

21. 你注意细节吗？

22. 你爱说话吗？

23. 你的协调能力好吗？

24. 你勤劳吗？

25. 你慷慨吗？

26. 你小心翼翼吗？

27. 你令人愉快吗？

28. 你传统吗？

29. 你亲切吗？

30. 你工作足够有效率吗？

评分：

"老虎"分数为第 5、10、14、18、24、30 题的分数总和。

"孔雀"分数为第 3、6、13、20、22、29 题的分数总和。

"考拉"分数为第 2、8、15、17、25、28 题的分数总和。

"猫头鹰"分数为第 1、7、11、16、21、26 题的分数总和。

"变色龙"分数为 4、9、12、19、23、27 题的分数总和。

假若你有某一项分远远高于其他四项，你就是典型的这种属性；若你有某两项分数大大超过其他三项，你是这两种动物的综合；假若你各项分数都比较接近，恭喜你，你是一个面面俱到、近似完美性格的人；假若你有某一项分数特别偏低，想提高自己就需要在那一种动物属性的加强上下功夫了。下面我们就来逐一分析各种迥然不同的"动物"吧！

一、老虎型（支配型）

◎个性特点：有自信，够权威，决断力高，竞争性强，胸怀大志，喜欢评估。企图心强烈，喜欢冒险，个性积极，竞争力强，有对抗性。

◎优点：善于控制局面并能果断地做出决定，往往成就非凡。

◎缺点：当感到压力时，可能太重视迅速地完成工作，容易忽视细节，可能忽视自己和别人的情感。由于要求过高，加之好胜的天性，有时会成为工作狂。

◎最适合的工作：开创性与改革性的工作，在开拓市场的时期或需要执行改革的环境中，最容易有出色的表现。

◎主要行为：交谈时进行直接的目光接触；有目的性且能迅速行动；说话快速且具有说服力；运用直截了当的实际性语言；办公室挂有日历、计划要点等。

二、孔雀型（表达型）

◎个性特点：很热心，够乐观，口才流畅，好交朋友，风度翩翩，诚恳热心，热情洋溢、个性乐观、表现欲强。

◎优点：生性活泼，能够使人兴奋；善于建立同盟或搞好关系来实现目标。

◎缺点：因跳跃性的思考模式，常无法顾及细节，对事情的完成度执着，容易情绪化。

◎最适合的工作：适合需要当众表现、引人注目、态度公开的工作；适合人际导向类的工作；适合从事推动新思维、执行某种新使命或推广宣传类的工作。

◎主要行为：运用快速的手势；面部表情特别丰富；运用有说服力的语言；工作空间里充满了各种能鼓舞人心的东西。

三、考拉型（耐心型）

◎个性特点：稳定，敦厚，不好冲突，行事稳健、强调平实，有过人的耐力，温和善良。

◎优点：对其他人的感情很敏感，在集体环境中左右逢源。

◎缺点：不喜欢面对与同事意见不合的局面，不愿处理争执，很难坚持自己的观点，很难迅速做出决定。

◎最适合的工作：适宜安定内部的管理工作，是极佳的人事领导者；适合在需要专业精密技巧的领域或在气氛和谐的职场环境中工作。

◎主要行为：面部表情和蔼可亲；说话慢条斯理，声音轻柔；用赞同型、鼓励性的语言；办公室里摆有家人的照片。

四、猫头鹰型（精确型）

◎个性特点：传统，注重细节，条理分明，责任感强，重视纪律。保守、分析力强，精准度高，喜欢把细节条理化，个性拘谨含蓄。

◎优点：天生就有爱找出事情真相的习性，耐心仔细考察所有的细节，并想出合乎逻辑的解决办法。

◎缺点：把事实和精确度置于感情之前，会被认为是感情冷漠；在压力下，有时为了避免做出结论，容易分析过度，钻牛角尖。

◎最适合的工作：适合在架构稳定和制度健全的组织环境中工作；创造和创新能力相对较弱，因此不宜担任需要创建或创新能力的任务。

◎主要行为：很少有面部表情；动作缓慢；使用精确的语言、注意特殊细节；办公室里挂有图表、统计数字等。

五、变色龙型（整合型）

◎个性特点：没有突出个性，兼容并蓄，以中庸之道处世；性格善变，处事极具弹性，应变能力强。

◎优点：善于在工作中调整自己的角色去适应环境，具有很好的沟通能力。

◎缺点：从别人眼中看变色龙族群，会觉得他们较无个性及原则。

◎最适合的工作：能密切地融合于各种环境中，适合进行企业对内对外的各种交涉，只要任务确实和目标清楚，都能恰如其分地完成任务。

◎主要行为：看似没有突出个性，但擅长整合内外资源；没有强烈的个人意识形态，恰是处事的价值观。

✓ 实践应用

模拟组建创业团队

根据下述步骤的提示，分小组进行创业团队组建的模拟练习。

1. 明确创业目标。

创业目标是创业团队在之后的创业过程中同甘共苦，共同完成具有挑战性事业的凝聚力和驱动力。明确创业目标需要首先明确创业阶段的目标，即创业阶段的技术、市场、组织、管理等各项工作。

拟定的创业目标为：＿＿＿＿＿＿＿＿＿＿＿＿＿＿＿＿＿＿＿＿＿＿＿＿＿＿＿＿

＿＿＿＿＿＿＿＿＿＿＿＿＿＿＿＿＿＿＿＿＿＿＿＿＿＿＿＿＿＿＿＿＿＿＿＿＿＿

＿＿＿＿＿＿＿＿＿＿＿＿＿＿＿＿＿＿＿＿＿＿＿＿＿＿＿＿＿＿＿＿＿＿＿＿＿＿

＿＿＿＿＿＿＿＿＿＿＿＿＿＿＿＿＿＿＿＿＿＿＿＿＿＿＿＿＿＿＿＿＿＿＿＿＿＿

2. 明确团队的具体工作。

根据创业目标确定实现目标所需开展的具体工作。例如，创业目标为实现"农产品+互联网"销售，那么，团队的具体工作应包括农产品采购、仓储管理、电商渠道构建、产品配送、客户服务（售前、售中、售后）、企业财务管理等。

拟定的团队具体工作为：＿＿＿＿＿＿＿＿＿＿＿＿＿＿＿＿＿＿＿＿＿＿＿＿＿＿

＿＿＿＿＿＿＿＿＿＿＿＿＿＿＿＿＿＿＿＿＿＿＿＿＿＿＿＿＿＿＿＿＿＿＿＿＿＿

＿＿＿＿＿＿＿＿＿＿＿＿＿＿＿＿＿＿＿＿＿＿＿＿＿＿＿＿＿＿＿＿＿＿＿＿＿＿

＿＿＿＿＿＿＿＿＿＿＿＿＿＿＿＿＿＿＿＿＿＿＿＿＿＿＿＿＿＿＿＿＿＿＿＿＿＿

3. 明确团队成员的权责划分。

为保证团队成员分工合理地开展各项工作，应预先在团队内部进行职权划分，具体明确每个成员的职责和相应的权限。例如，产品采购的工作应由采购人员来完成，采购人员应保证认真完成采购工作，若产品出现问题应由其承担责任。

拟定的团队成员权责划分情况为：＿＿＿＿＿＿＿＿＿＿＿＿＿＿＿＿＿＿＿＿＿＿

＿＿＿＿＿＿＿＿＿＿＿＿＿＿＿＿＿＿＿＿＿＿＿＿＿＿＿＿＿＿＿＿＿＿＿＿＿＿

＿＿＿＿＿＿＿＿＿＿＿＿＿＿＿＿＿＿＿＿＿＿＿＿＿＿＿＿＿＿＿＿＿＿＿＿＿＿

＿＿＿＿＿＿＿＿＿＿＿＿＿＿＿＿＿＿＿＿＿＿＿＿＿＿＿＿＿＿＿＿＿＿＿＿＿＿

4. 构建企业制度体系。

企业制度体系应包括约束制度和激励制度，对团队成员进行有效的控制和激励。约束制度主要包括组织条例、纪律条例、保密条例等，激励制度主要包括利益分配方案、奖惩制度、绩效考核、激励措施等。约束制度和激励制度可根据企业形式灵活调整。需要注意的是，创业团队的制度一经协商确立，应以规范的书面协议的形式确定下来，以免带来不必要的混乱。

拟定的企业制度管理体系为：_____

_____

_____

_____

5. 招募团队成员。

在完成上述奠基工作之后，便要进行团队成员招募了。招募团队成员是创业团队组建的关键一环。在进行招募时，既要保证上述工作的要求，又要考虑团队成员的互补性、协调性。一般认为，团队成员规模不宜过大，要控制在 2~12 人，以 4~5 人最佳。可通过网上招聘、发放传单、宣传介绍、组织招募会等途径进行招募。

6. 团队的调整融合。

成熟运转的创业团队并非一经组建便能建立，很多时候要随着企业的生存发展进行调整。创业团队是经过对问题的不断解决获得成长的，团队问题的暴露是一个动态持续的过程，因此，团队调整也是分阶段进行的动态过程。创业团队阶段及特征如表 3-2 所示。

表 3-2　创业团队阶段及特征

阶段	特征
形成期	初步形成创业团队的工作部署、内部框架、工作机制
规范期	通过交流想法形成相对一致的团队目标、成员职责、流程标准等规范性制度
震荡期	隐藏问题暴露，公开讨论、有效沟通、改善关系、解决矛盾
凝聚期	形成团队文化以及更清晰合理的授权与权责划分
收获期	遇到挑战，提升团队效率以解决问题，取得阶段性成功
调整期	对团队进行调整，明确新阶段的目标、计划，优化团队规范

第4单元　创业机会与创业项目

知识目标

1. 了解创业机会的概念、特征、类型与来源。
2. 了解创业项目的分类。
3. 掌握选择创业项目的基本原则。
4. 熟悉大学生常见的创业模式。
5. 掌握创业项目分析的方法。

素养目标

能够正确认识自己，充分发挥自己的优势，改正或避免自己的缺点，结合自身优势选择项目，选择自己熟悉或感兴趣的行业。

任务1　发现创业机会

✓ 起航阅读

创业物流快递广告

随着居民消费结构的升级和转型，快递业的发展前景非常广阔。在电子商务爆炸式增长的环境下，一位"90后"女孩发现了一个创业理念，创立了中国第一家"快递单广告"商业公司，月营业额近100万元。

郭星是标准的90后一代。毕业后，她找到了第一份工作，并为一家公司散发了广告传单。每天，她都能看到快递公司的员工拖着大量的货物，穿梭于街道和居民区，拿着快递单寻找门牌号，并将货物送到门口。她的灵感闪现：如果将广告印在快递公司的送货清单上，那么至少有两个人可以看到或阅读广告，一个是送货人员，另一个是收货人。

几天后，在没有任何资金的情况下，一个由10多人组成的"快递单广告"创业团队成立了，郭星和胡薛梅是联合创始人和领导者。他们很快分成两组，进行分工和行动。一组人联系物流和快递公司，而另一组人去寻找愿意在快递单上做广告的顾客。所有的事情在完成之前都是困难的，而且他们是充满激情但缺乏社会经验的应届毕业生。在一开始的几天里，他们一无所获，有些人无法坚持，选择了退出。半个多月过去了，尽管几家快递公司声称愿意合作，但他们还没有找到愿意在快递单上刊登广告的客户。这时，急中生智的他们想出了一个好主意：让郭星把"快递订单广告"的宣传材料放进快递信封，扮成快递公司的员工，直接去电商公司，督促前台工作人员将快递转给相关部门和领导。等了一个星期后，一家小吃公司联系了郭星。经过双方的深入沟通，小吃卖家愿意支付 8 000 元，以尝试的态度在快递单上购买了两个广告位。"快递单广告"创业团队获得了第一笔订单，受到了极大的鼓励，这 8 000 元成了这个团队的启动资金。

不久之后，郭星成功注册了自己的快递订单广告公司。郭星从"快递单广告"业务的创业理念到团队和公司的建立，逐渐赢得了众多商家和客户的青睐。他们一个接一个地加入并投放广告，吸引了业界和媒体更多的关注。

快递订单广告公司成立后，郭星和她的公司经历了一个多月的热情扩张。他们与 11 家快递公司建立了长期合作伙伴关系，业务标准是一个广告点收费 0.4 元，一万份开始印刷。与此同时，50 多家商家将自己的品牌和广告放在快递单广告业务上。快递订单广告公司的业务和收入日益增长，一个月内累计收入 100 万元。如今，在成都成华区的一栋住宅里，一个简单的办公环境下，一位年轻的"90 后"女大学生已经很忙，要么接受物流和快递公司的来访，要么在电脑上寻找有广告需求的商业客户。无论是创业时间、业务增长、业务配额和品牌价值，他们的快递订单广告公司都创造了惊人的神话。

（资料来源：90 后的女孩发现了通过快递创业的法子，每月营业额达到近百万元，https://cloud.tencent.com/developer/news/765477）

理论讲堂 ◢

一、创业机会的基本概念

所谓创业，是在动态竞争前提下的机会驱动过程，是创业者在面对大量的不确定性因素时分析、评估机会并进行有选择的投资决策的行动。简单来说，创业是指创办新的企业或开辟新的事业，实践性是创业的标志。创业就是发现机会，整合资源，从而创造财富。识别创业机会是创业的起点，也是核心；识别创业机会是创业的开端，也是创业的前提。在社会经济高速发展的现在，可以说机会无时不在，无处不在。

随着世界经济与科技的进步，创新与企业家精神在经济发展中起着日益重要的作用。创业活动作为二者的集中体现，在当今的中国乃至全世界越来越成为经济发展中的强劲推动力。创业家们常说："好的创意是成功的一半。"然而，创意并不等于创业机会，这是因为一个创意可以通过多种方法产生，可以不十分注重其实现的可能性，但一个创业机会却必须是实实在在的，是能够用来作为新创企业的基础的。这是一个相当关键的区别，因此，创业者必须要进行创业机会研究。实际上，创业往往是从发现、把握、利用某个或某些商业机会开始的。所谓创业机会，也称商业机会或市场机会，是指有吸引力的、较为持久的和适时的一种商务活动的空间，并最终表现在能够为消费者或客户创造价值或增加价值的产品或服务之中。识别创业机会是创业成功重要的第一步，好的创业机会是创业成功的一半。

二、创业机会的特征

1. 客观性

创业机会是客观存在的，不依赖于人的主观想象，无论新创企业是否意识到，它都客观存在于一定的社会经济环境之中。尽管有时是企业在创造一些市场机会，但是这些所谓的"创造"的创业机会仍然是客观存在的，只是被新创企业最先发现和利用而已。客观存在的创业机会对所有人都是公开的，每个创业者都有可能发现，不存在独占权。在创业者发现创业机会的时候，就要考虑潜在的竞争对手，不能认为发现创业机会就意味着独占，独占创业机会就意味着成功。

2. 潜在性

机会是一种无形的事物，人们只能凭感觉意识到它的存在，而无法看到、触摸它。机会总是潜藏在社会现象的背后，因此，人们很难意识到机会的存在，往往会与机会失之交臂。创业机会并不是一种现实的、明确的、具有价值的产品或服务，其潜在性决定了其风险性。创业机会从潜在的需求变成现实产品或服务的过程也是创业者不断躲避风险，创造价值的过程。

3. 时效性

时效性是指创业机会必须在机会窗口存续的时间内被发现并利用。机会窗口是指将商业想法推广到市场上所花费的时间。创业者在机会窗口的哪个阶段进入市场，很大程度上决定了创业的成败。一般来说，市场规模越大，待定机会的时间跨度越大，市场的成长性越好。但如果创业者一定要等到天时地利人和且各种条件都具备的时候再开始实践，可能机会已经不复存在了。

4. 行业吸引力

不同行业的利润空间、进入成本和资源要求不同，其行业吸引力也不同。一般来说，最具有吸引力的是持续成长的行业，有不断增长的市场空间和长期利润的预期，对新进入者的限制较少。另外，当产品对消费者必不可少时，说明消费者对该产品存在刚性需求，如生活必需品，这也会提升行业吸引力。行业的选择是创业者选择创业机会时首先要考虑的问题。对于任何创业者，应首先进入那些大部分参与者都能获得良好效益的行业，而不要选择那些很多公司为了生存而拼命挣扎的行业。

5. 不确定性

创业机会总是存在的，但机会的发展往往难以事先预料。创业机会在一定的条件下产生，条件改变了，结果往往也会随之发生改变。创业者在发掘创业机会时，一般是根据已知条件进行的，但结果可能会出乎意料，因为创业条件有可能会改变，或者创业者利用机会的努力程度不够。

三、创业机会的类型

创业机会的类型对创业过程有着重要的影响。创业类型的分类方法有很多种，阿迪切威利等人根据创业机会的来源和发展情况对创业机会进行了分类。在创业机会矩阵中有两个维度，纵轴以探寻到的价值（即机会的潜在市场价值）为坐标，这一维度代表着创业机会的潜在价值性是否已经较为明确；横轴以创业者的创造价值能力为坐标，这里的创造价值能力包括通常的人力资本、财务能力及各种必要的有形资产等，代表着创业者是否能够有效开发并利用这一创造机会，按照这两个维度，他们把不同的机会划分为四个类型（见图4-1）。

探寻到的价值

		未确定	已确定
创造	未确定	"梦想" Ⅰ	尚待解决的问题 Ⅱ
价值			
能力	已确定	技术转移 Ⅲ	市场形成 Ⅳ

图4-1　创业机会的四个类型

第Ⅰ象限中，机会的价值并不确定，创业者是否拥有实现这一价值的能力也不确定，这种机会为"梦想"。

第Ⅱ象限中，机会的价值已经比较明确，但如何实现这种价值的能力尚未明确，这种机会是一种"尚待解决的问题"。

第Ⅲ象限中，机会的价值尚未明确，而创造价值的能力已经较为确定，这一机会实际上是一种"技术转移"，即创业者或技术的开发者的目的是为手头的技术寻找一个合适的应用点。

第Ⅳ象限中，机会的价值和创造价值的能力都已经确定，这一机会可称为"业务"或者说是"市场形成"。

在自身创造价值能力不确定的情况下，比起市场需求和企业资源已经明确的情况，创业成功的概率要小很多。

四、创业机会的来源

创业机会的来源主要包括问题（需求）、变化、创造发明（新技术、新发明）、竞争、顾客差异五个方面。

1. 问题（需求）

创业的根本目的是满足顾客需求，而顾客需求在被满足之前就是问题。寻找创业机会的一个重要途径，就是善于发现和体会自己与别人在需求方面的问题或者生活和工作中的难处，如共享单车解决了出行最后一公里的问题。

2. 变化

创业的机会大都产生于不断变化的市场环境，环境变了，市场需求、市场结构必然发生变化。市场变化主要来自产业结构的变化、消费结构升级、城市化加速、人口思想观念的变化、政府政策的变化、人口结构的变化、居民收入水平的提高、全球化趋势等方面。比如，居民收入水平提高，私人轿车的拥有量将不断增加，这就会派生出汽车销售、修理、配件、清洁、装潢、二手车交易、陪驾等诸多创业机会。

3. 创造发明（新技术、新发明）

创造发明提供了新产品、新服务，可以更好地满足顾客需求，如随着电脑的诞生，电脑维修、软件开发、电脑操作的培训、图文制作、信息服务、网店等创业机会随之而来，即使你不发明新的东西，你也能成为销售和推广新产品的人，从而给你带来商机。

4. 竞争

如果能弥补竞争对手的缺陷和不足，这也将成为创业机会。看看你周围的公司，你能比他们更快、更靠谱、更便宜得提供产品或服务吗？你能做得更好吗？若能，你也许就找到了机会。因此，很多创业机会是由于竞争对手的不足和失误而"意外"获得的。

5. 顾客差异

顾客要为创业产品或服务买单，因此，顾客的性别、年龄、地域、购买习惯等差异会影响创业机会的产生。在电商巨头把更多的注意力放在一二线城市居民的消费升级上时，拼多多另辟蹊径，以"爆款+低价"的模式，通过社交裂变的方式，成功接收了很多三线以下城市收入不高的消费者，利用短短的几年时间，从零开始，一跃而上发展成为新的电商巨头。

五、识别创业机会的技巧

1. 着眼于问题把握机会

机会并不意味着无须代价就能获得，许多成功的企业是从解决问题起步的，需求的问题就是创业机会。例如，顾客需求在被满足之前就是问题，而设法满足这一需求就抓住了市场机会。

2. 利用市场环境变化把握机会

市场环境变化中常常蕴藏着商机，许多创业机会产生于不断变化的市场环境。环境变化将带来产业结构的调整、消费结构的升级、思想观念的转变、政府政策的变革、市场利率的波动等。人们透过这些变化，可能会发现新的机会。例如，循环经济、绿色制造的理念将变革传统的生产和消费模式，带来节能减排、废物回收、材料更新、循环利用等领域的创业机会；移动互联网、3D打印技术、"云端计算"等高新技术的出现，必将引发新一轮产业革命。任何变化都可能引发甚至创造出新的创业机会，这就需要创业者凭着自己敏锐的嗅觉发现和识别。

3. 捕捉政策变化把握机会

我国市场受政策影响很大，新政策出台往往引发新商机，如果创业者善于研究和利用政策，就能抓住商机站在潮头。2006年，国家出台了新的汽车产业政策，鼓励个人、集体和外资投资建设停车场。停车场日益增多的同时，对停车场建设中的智能门禁考勤系统、停车场系统、通道管理系统等的需求也随之增多，专门供应停车场所需的软硬件设备就成为一个重要商机。

4. 在市场夹缝中把握机会

创业机会存在于为顾客创造价值的产品或服务中，而顾客的需求是有差异的。创业者要善于找出顾客的特殊需求，盯住顾客的个性需求并认真研究其需求特征，这样就可能发现和把握商机。随着科技的发展，开发高科技领域是时下热门的课题，但是，创业机会并不只存在于高科技领域，在运输、金融、保健、饮食、流通这些所谓"低科技"领域中也有机会，关键在于发现。所以，创业者要克服从众心理，摆脱传统习惯思维的束缚，寻找市场空白点或市场缝隙，从行业或市场在矛盾发展中形成的空白地带把握机会。

5. 弥补对手缺陷把握机会

很多创业机会是源于竞争对手的失误而"意外"获得的，如果能巧妙地抓住竞争对手策略中的漏洞做文章，或许能比竞争对手更快、更可靠、更便宜地提供产品或服务，也许就找到了机会。因此，创业者要跟踪、分析和评价竞争对手的产品和服务，找出现有产品的缺陷和不足，有针对性地提出改进的生产方法，形成新的创意。

6. 跟踪技术创新把握机会

世界产业发展的历史告诉我们，新兴产业的形成和发展，都是技术创新的结果。产业的变更或产品的替代，既满足了顾客需求，同时也带来了前所未有的创业机会。例如，随着计算机的诞生，软件开发、计算机维修、图文制作、信息服务、电子游戏、网上购物等创业机会随之而来。任何产品或服务都有生命周期，会不断趋于饱和达到成熟甚至走向衰退，最终被新产品或新服务所替代。创业者如果能通过技术创新，跟上产品或服务替代的步伐，就能够不断识别出新的发展机会。

7. 整合资源创造机会

创业者除了要学会寻找机会外，还要懂得创造机会。每个人在成长的过程中都会学习一些知识，从事过一种或几种职业，有一些工作或生活中的朋友。另外，也许创业者还具备一些专业技能或特长，有特定行业的从业经验以及过去的工作网络或销售渠道。这些无论是创业者自身具有的，还是存在于外界的，都是创业者的个人资源。从自己拥有的资源入手，通过分析与整合，也可能会产生创业的机会。曾经做过中学教师，后来创办了"好孩子集团公司"的宋郑在创业之初，就是通过一位学生家长得到了第一批童车订单。之后不久，宋郑在准备将自己设计的好孩子童车投入生产时遇到资金短缺问题，依然是通过一位在银行做主任的学生家长解决了问题。资源的整合为宋郑今日的成就提供了重要的支持，如果没有这些外部资源也许就不会有今天的"好孩子"。

✅ **案例播报**

气味图书馆初探嗅觉产业

气味图书馆位于北京三里屯，其内部的布置非常简洁，纯白色的木质展示柜和墙壁，300个贴着奇怪名字的试闻盒，上面写着雨后花园、灰尘、洗衣间、海、大麻花等气味名。每瓶30毫升，售价285元。

"好多次经过这家店，看名字还以为是书店，偶然间发现它竟然是香水店，来过一次之后就爱上这家店了。"顾客刘欣说话间正在试闻各种香氛，"'爽身粉'味闻起来暖暖的。"店员介绍，混搭不同的味道，还能模仿各种生活场景，比如爆米花、灰尘、泡泡糖、胶皮和铁锈味混合起来，据说就会产生老式电影院的气味；香草冰激凌、蜡笔、培乐多彩泥混搭起来会产生童年的味道。

1985 年出生的娄楠石是气味图书馆的创始人，她 16 岁便远赴新西兰，毕业于奥克兰大学当代艺术系。毕业后她曾经卖过古董表、服装，入股过传媒公司，做过报纸编辑，她也想过开一家室内设计公司，但由于竞争激烈并且市场空间有限，娄楠石觉得"不如另辟蹊径，研究一下视觉以外的感官"。

一个偶然的机会，娄楠石接触了 Demeter Fragrance Library 这个拥有将近 300 种味道的香水品牌。经过一番研究，2008 年，娄楠石从新西兰回国后跟朋友合伙在香港成立了气味图书馆公司。"我们希望能够打造嗅觉产业，希望能够搜集国外的各种与气味有关的产品，并把它们带到中国。"回想起当初的构想，娄楠石觉得自己很幸运地"瞄准"了一个潜力行业。

2008 年圣诞节前，娄楠石在新西兰成立了团队，从开始寻找最适合的产品，到选定 Demeter 作为公司经营的第一种产品，他们花了 8 个月时间来做调研和前期准备。2009 年 4 月，娄楠石拿到了 Demeter 大中华区的代理权，"当时对方的要求有一本书那么厚，甚至具体到怎么摆放香水。"几经波折，Demeter 最后非常满意娄楠石团队的策划方案。

2009 年 11 月 17 日，气味图书馆第一家店在三里屯 Village 开张，紧接着，上海第一家气味体验店也在世博会开幕之前开业。截至 2010 年 10 月，气味图书馆已经在北京、沈阳、长春、上海、杭州、成都、重庆、贵阳、深圳、台中等多个地区开设了 14 家店铺。气味图书馆开店之后生意一直火爆，"三里屯店平均每天销售 30 瓶以上，每平方米产生的效益是周边店的两三倍"。独特的味道吸引了不少"80 后""90 后"顾客，就连时尚明星周迅、何炅、钟丽缇也成了店里的常客。"上海田子坊店的生意更好。"

Demeter 的 CEO 在看了上海田子坊店之后说，他这一辈子最开心的事情之一，就是看到 Demeter 产品以一种全新的方式被陈列在上海。那一刻，娄楠石觉得创业所付出的所有努力都值了。某种程度上，依托一个拥有深厚根基的知名品牌仅仅是娄楠石成功的第一步，在此基础上的不断创新也许才是让 Demeter 在中国焕发活力的根本所在。

（资料来源：气味图书馆初探嗅觉产业，http://zqb.cyol.com/content/2010-12/13/content_3461321.htm）

六、创业机会的评价

发现了创业机会，并不意味着要创业，更不意味着成功就在眼前。创业活动是创业者与创业机会的结合，并非所有的创业机会都有足够大的潜力来填补为把握机会所付出的成本，并非所有机会都适合每个人。尽管在整个创业过程中，创业机会的评价非常短暂，但它非常重要，是创业者发现创业机会之后做出创业决策的重要依据。

（一）创业机会的评价准则

创业机会的评价一般包括产业和市场、资本和获利能力、竞争优势、管理班子等方面。这些可以作为创业者从第三者角度看自己，进行自我剖析的重要参考。

1. 产业和市场

（1）市场定位。一个好的创业机会，或者是一个具有较大潜力的企业必然具有特定的市场定位。专注于满足特定顾客的需求，同时，也能为顾客带来增值的效果。因此，评估创业机会时要考虑以下几点。

①市场定位是否明确，有没有做到：别人不做的，我做；别人没有的，我有；别人做不到的，我做得到。

②顾客需求分析是否清晰，是否从顾客需求或需求变化趋势着手，发现市场产品问题、缺陷，寻找进入市场的机会。

③顾客接触通道是否流畅，是否有效地建立了与顾客沟通的途径和方法，能及时寻找和发现有价值的市场营销机会。

④产品是否持续延伸，即产品能否在深度和广度上不断拓展，产品是否能有效地进行各类组合等。

从以上几个方面可以判断创业机会可能创造的市场价值，创业带给顾客的价值越高，创业成功的机会也会越大。对用户来说，回报时间超过 3 年，且是低附加值和低增值的产品或服务是缺乏吸引力的。一个企业如果无力在单一产品之外扩展业务，也会导致机会的低潜力。

（2）市场结构。针对创业机会的市场结构可以进行以下几项分析。

①进入障碍。潜在竞争者进入细分市场，就会给行业增加新的生产能力，并且从中争取一定的重要资源和市场份额，形成新的竞争力量，降低市场吸引力。如果潜在竞争者进入行业的障碍较大，例如规模经济的要求，或者购买者的转换成本太高，或者政府政策限制等，潜在竞争者进入市场就比较困难。

②供应商。如果企业的供应商能够提价或者降低产品和服务的质量，或减少供应数量，那么该企业所在的细分市场就没有吸引力。因此，与供应商建立良好关系和开拓多种供货渠道才是上策。

③用户。如果某个细分市场中，用户的讨价还价能力很强或正在加强，他们便会设法压低价格，对产品或服务提出更多要求，并且使竞争者互相斗争，导致销售商的利润受到损失，所以，要努力提供用户无法拒绝的优质产品和服务。

④替代性竞争产品的威胁。如果替代品数量多，质量好，或者用户的转换成本低，用户对价格的敏感性强，那么替代性产品生产者对本行业的压力就大，行业吸引力就会降低。

⑤市场内部竞争的激烈程度。如果某个细分市场已经有了众多强大的竞争者，行业增长缓慢，或者该市场处于稳定或衰退期，撤出市场的壁垒过高，转换成本高，产品差异性不大，竞争者投资很大，则创业企业要参与竞争就需付出高昂的代价。

（3）市场规模。市场规模又称为市场容量。市场规模主要研究目标产品和行业的整体规模，具体包括目标产品或行业在指定时间的产量、产值等。通过市场规模分析，可以准确地描述市场的产、销、存及进出口等情况。一般来说，市场规模大，进入障碍相对较低，市场竞争激烈程度也会略有下降。市场规模大小要结合市场生命周期来考虑。如果要进入的是一个十分成熟或正在衰退的市场，那么纵然市场规模很大，但由于市场已经不再成长甚至衰退，利润空间必然很小，因此，这个创业机会就不值得再投入；反之，一个潜在的市场或正在兴起、成长中的市场，通常是一个充满商机的市场，只要进入时机正确，必然会有较大的获利空间。

（4）市场渗透力。市场渗透力也就是增长率，对于一个具有巨大市场潜力的创业机会，市场渗透力（市场机会实现的过程）评估将会是一项非常重要的影响因素。聪明的创业者会选择在最佳时机进入市场，也就是市场需求正要大幅增长之际，做好准备等着接单。一个年增长率达到 30%～50% 的市场会为新的市场进入者创造新的位置。

（5）市场占有率。在创业机会中预期可取得的市场占有率，可以显示新创公司未来的市场竞争力。一般来说，成为市场的领导者，最少需要拥有 20% 以上的市场占有率。如果市场占有率低于 5%，则这个新创企业的市场竞争力不高，自然也会影响未来企业上市的价值，尤其高科技产业，新创企业须拥有成为市场前几名的能力，才比较具有投资价值。

（6）产品成本结构和生命周期。对于风险投资者来说，如果创业计划显示市场中只有少量产品出售，而产品单位成本都很高时，那么，销售成本较低的公司就可能面临有吸引力的市场机会。产品的成本结构也可以反映新创企业的前景如何。例如，从物料与人工成本所占比重、变动成本与固定成本的比重，以及经济规模产量，可以判断新创企业创造附加价值的幅度，以及未来可能的获利空间。产品生命周期是指产品的市场寿命。产品生命周期可分为进入期、成长期、成熟期和衰退期四个阶段。对于创业者来说，选择了一个项目，当然希望能够有较长时间的经营，给自己带来效益。因此，创业者必须要了解自己项目的市场寿命处在哪个阶段，如果处在进入期和成长期，这样产品的生命周期较长，有利于企业的发展。

2. 资本和获利能力

（1）毛利。单位产品的毛利是指单位销售价格减去所有直接的、可变的单位成本。对于创业机会来说，高额且持久的获取毛利的潜力是十分重要的。毛利率高的创业机会，相对风险较低，也比较容易取得损益平衡；反之，毛利率低的创业机会，风险较高，遇到决策失误或市场产生较大变化的时候，企业就很容易遭受损失。一般来说，理想的毛利率是 40%。当毛利率低于 20% 时，这个创业机会就不值得考虑。例如，软件业的毛利率通常都很高，所以，只要能找到足够的业务量，从事软件创业在财务上遭受严重损失的风险相对会比较低。

（2）税后利润。高而持久的毛利通常会转化为持久的税后利润。一般来说，具有吸引力的创业机会，至少需要能够创造 15% 以上的税后利润。如果创业预期的税后利润是在 5% 以下，那么，这就不是一个好的投资机会。

（3）损益平衡所需的时间。损益平衡所需的时间也就是取得盈亏相抵和正现金流量的时间，合理的损益平衡时间应该在 2 年以内。但如果 3 年还达不到损益平衡，这恐怕就不是一个值得投入的创业机会。不过有的创业机会确实需要较长时间的耕耘，通过这些前期投入，创造进入障碍，保证后期的持续获利。例如，保险行业前期仅注册资金就需要数亿元，而一般投资回报周期为 7～8 年，一般来说，这样的行业不适合第一次创业者，在这种情况下，可以将前期投入视为一种投资，才能容忍较长的损益平衡时间。

（4）投资回报率。考虑到创业可能面临的各项风险，合理的投资回报率应该在 25% 以上。一般来说，15% 以下投资回报率创业机会，是不值得考虑的创业机会。

（5）资本需求量。投资者一般会比较欢迎资本需求量较低的创业机会。事实上，许多个案显示，资本额过高并不利于创业成功，有时还会带来稀释投资回报率的负面效果。通常，知识越密集的创业机会，对资金的需求量越低，投资回报反而会越高。因此在创业开始时，不要募集过多资金，最好通过盈余积累的方式来创造资金。而比较低的本额，将有利于提高每股盈余，并且可以进一步提高未来上市的价格。

（6）策略性价值。能否创造新创企业在市场上的策略性价值，也是一项重要的评价指标。一般来说，策略性价值与产业网络规模、利益机制、竞争程度密切相关，而创业机会对于产业价值链所能创造的价值效果，也与它所采取的经营策略与经营模式密切相关。

（7）资本市场活力。当新创企业处于一个具有高度活力的资本市场时，它的获利回收机会相对也比较高。不过资本市场的变化幅度极大，如在市场高点时投入，资金成本较低，筹资相对容易。但在资本市场低点时，投资新创企业的诱因则较少，好的创业机会也相对较少。但是，对投资者而言，市场低点时投入的成本较低，有的时候反而投资回报会更高。一般来说，新创企业处于活跃的资本市场比较容易创造增值效果，因此，资本市场活力也是一项可以被用来评价创业机会的外部环境指标。

3. 竞争优势

（1）可变成本和固定成本。成本优势是竞争优势的主要来源之一。成本可分为固定成本和可变成本。从另一个角度看，又可分为生产成本、营销成本和销售成本等。较低的成本给企业带来较大的竞争优势，从而使得相应的投资机会较有吸引力。一个新创企业如果不能取得和维持一个低成本生产者的地位，它的预期寿命就会大大缩短。

（2）控制程度。如果能够对价格、成本和销售渠道等实施较强的或强有力的控制，这样的创业机会就比较有吸引力。这种控制的可能性与市场势力有关，例如，一个对其产品的原材料来源或者销售渠道拥有独占性控制的企业，即使在其他领域较为薄弱，它也仍能够取得较大的市场优势，占有市场份额 40%、50%，甚至 60%。一个主要竞争者通常对供应商、客户和价格的制定都拥有足够的控制力，从而能够对一个新创企业形成重大的障碍，在这样一个市场上创办的一家企业将几乎没有自由。

（3）进入障碍。如果不能将其他竞争者阻挡在市场之外，新创企业的优势就可能迅速消失。这样的例子可以在硬盘驱动器制造业中发现，如 20 世纪 80 年代早期到中期的美国，该行业未能建立起进入市场的障碍，到了 1983 年年底，就有约 90 家硬盘驱动器公司成立，激烈的价格竞争导致该行业出现剧烈震荡。因此，如果一家企业不能阻止其他公司进入市场，或者它面临着现有的进入市场的障碍，这样的创业机会就没有吸引力。

案例播报

赵付伟：杏林悬壶　润民生

优胜劣汰，市场竞争的规则锻造着每一位智者，淘汰着每一位弱者。杏林竞争，让众多的经营者身临绝境，而在长葛市，一家民营医院却受到了杏林竞争的格外青睐。从 2005

年元旦起到 2017 年，这家医院由年诊治患者 1 万多人到年诊治患者 6 万多人，由年营业额几十万元到 400 多万，这就是长葛市新华医院，而在此担任院长的便是郑州澍青医学高等专科学校的学子赵付伟。"五代绝技享盛名，炉火百炼自纯青，悬壶济世恩德广，杏林新秀勇攀登。"这是大家对赵付伟的赞誉，也是众多患者眼中的口碑。赵付伟出生于五代中医世家，其祖辈都是悬壶济世、医术精湛的中医专家，家里到处悬挂着"华佗再世""妙手回春""千秋功德"等字样的匾牌和锦旗。赵付伟自幼在家耳濡目染、潜移默化地接受着治病救人的环境熏陶。他幼小天真的心灵强烈地感到从医治病的重大意义，他决心要继承祖辈的事业，发奋钻研医学书籍，做一个具有真才实学的好医生。在澍青医专的理论学习，为他以后悬壶济世铺垫了道路。毕业后，赵付伟先后担任郑州管城红十字医院副院长，郑州陇海医院副院长等职。2000 年，他到长葛市创办了市传统医学研究所。他临症诊疗审慎，用药严谨，尊古而不拘泥于古，并认为疾病的发生是由于脾胃虚弱、气滞血淤所致。所以，他把主攻目标定位于脾胃病、肝胆病及脑血管病的研究与治疗方面，他凭着悬壶济世的一腔热血，和他父亲赵文森及助手们，先后为 30 余万患者解除了疾苦。

赵付伟在从医实践中常常深思着创新和攀登医学高峰的问题。中医有几千年的历史，源远流长，根深枝茂。他早已立下志愿，要在继承祖国医学文化遗产的基础上有所前进，有所创新。多年来，他在采用家传方药的基础上，结合现代中医药理论，运用现代制药技术，反复筛选药物，成功研制出了治疗结肠炎、神经衰弱的特效药物"洋参固肠丸""养心安神丹"，用于临床效果颇佳，深受患者好评。其中，"洋参固肠丸"在国际名医成果博览会上获得金奖，"养心安神丹"还获得了国家专利。

2004 年 9 月，他经多方筹集资金 400 万元，在长葛市建设路与新华路交叉口处的市传统医学研究所的基础上扩建成立了一所以中医中药为主，治疗临床各种疑难病、常见病的综合医疗机构——长葛市新华医院。该院的建成和开业，为长葛市的医疗保健事业及经济腾飞增添了新助力。新华医院经常开展"廉医、诚信、为民"的医德医风教育，推出了不做虚假广告、不对外承包科室、不让患者做不必要检查等"十不准"服务公约。为了使患者吃上明白药、放心药，医院在资金比较紧张的情况下斥巨资购进了电脑收费系统和电子显示屏，药品价格和服务价格每天在电子显示屏上公示，得到了患者的一致好评。新华医院每年为当地社会各界免费体检 1 千余人，免费金额达 15 万元，每年发放健康手册 5 万余份，为困难患者免费送药，每年免费药金额达 5 万余元。赵付伟院长要求每一位员工从大处着眼，小处着手，从一点一滴做起，为来诊病人免费看车、免收挂号费，并全程导医服务。

天道酬勤。多年来，赵付伟凭借着"一切为病人服务，一切为病人着想"的办院宗旨，热情周到的服务，被评为长葛市十大杰出青年、中华医学会会员、中华名医协会理事、澳门中医学院客座教授、河南省民营医院发展促进会理事等。

（资料来源：新时代下的优秀澍青校友系列报道二：赵付伟，https://www.sohu.com/a/205514149_261243）

4. 管理班子

强大的企业管理队伍对于创业机会的吸引力是非常重要的。这支管理队伍一般应该具有互补性的专业技能，并具有在同样的技术、市场和服务领域赚钱和赔钱的经验。如果没有一个称职的管理班子或者根本就没有管理班子，这种创业机会就没有吸引力。

（二）创业机会的评价方法

创业机会的评价是一项创业者艺术才华和科学才能相结合的伟大工程。创业者需要利用自己的商业敏感做出主观判断，同时，也要利用一定的科学方法对创业机会做出定量分析。将主观判断和客观分析相结合才能不失时机地识别创业机会。

1. 主观评价法

对创业机会的商业敏感度与个人能力、天赋和决心直接相关。有些人确实具有天才型的商业敏感能力，这些人的商业敏感取决于个人天赋，但是我们可以发现，具备较高商业敏感的人都有一些共同的特征。

（1）较强的信息处理能力。发现创业机会需要相对充分、准确、及时的信息，并能获取到别人难以获取的有价值的信息。但是评价创业机会，需要较强的信息处理能力。较强的信息处理能力与一个人的认知能力和逻辑思维能力相关。

（2）良好的人际关系。良好的人际关系不但可以帮助创业者发现更多的创业机会，还可以帮助创业者识别创业机会。判断一个创业机会的价值，不同的人往往从不同的视角去分析。通常情况下，那些有着广泛社会关系网络的创业者会比拥有少量关系网的人更容易从更多的角度去分析创业机会，能更清楚地认识创业机会，且更为理性地识别创业机会。

（3）专注精神。判断一个事物，对其的认知程度决定了判断的准确性。认知程度并不是天生的，而是后天习得的。专注精神提高了一个人在某方面的认知程度，所以创业者往往比别人更容易发现本行业的创业机会，并且能更为快速、准确地判断创业机会的价值。调查表明，9%以上的创业者都是从先前工作的行业中发现创业机会，并迅速抓住创业机会实现创业的。当一个人专注于一个行业，就容易发现利益，并能凭借专业知识，迅速判断出创业机会的价值。

（4）自信乐观的心态。比较自信的人往往比较相信自己的判断，比较乐观的人往往比较看好机会的前景而不是风险。所以，自信乐观的人在创业机会面前表现的是一种勇敢的精神，这种敢于尝试的精神往往能在别人之前识别机会并抓住机会。创业者在创业的过程中会面临许多随之而来的压力，因此，创业者应勇于面对压力，时刻保持积极、乐观、自信的心态，这也是创业者必须具备的精神品质。

主观评价创业机会的价值主要是评价创业者的个人特质（即需要创业者具备以上四种特征）、社会资本、资源等情况与创业机会本身特征是否匹配，这样就能为准确地评价创业机会的价值提供依据。

2. 客观评价法

客观评价创业机会就是利用创业机会评价标准体系，对创业机会的要素进行打分或评判，相对客观地评价创业机会。

1）蒂蒙斯创业机会评价体系

（1）蒂蒙斯创业机会评价框架。蒂蒙斯的创业机会评价框架，涉及行业与市场、经济因素、收获条件、竞争优势、管理团队、致命缺陷、创业家的个人标准、理想与现实的战略差异八个方面的五十三项指标，如表4-1所示。通过定性或量化的方式，创业者可以利用这个体系模型对行业和市场问题、竞争优势、财务指标、管理团队和致命缺陷等做出判断，进而评价一个创业项目或创业企业的投资价值和机会。

表4-1 蒂蒙斯的创业机会评价

评价要素	评价指标
行业与市场	1. 市场容易识别，可以带来持续收入 2. 顾客可以接受产品或服务，愿意为此付费 3. 产品的附加价值高 4. 产品对市场的影响力高 5. 将要开发的产品生命长久 6. 项目所在的行业是新兴行业，竞争不完善 7. 市场规模大，销售潜力达到1 000万~10亿元 8. 市场成长率在30%~50%，甚至更高 9. 现有厂商的生产能力几乎完全饱和 10. 在5年内能占据市场的领导地位，达到20%以上 11. 拥有低成本的供货商，具有成本优势
经济价值	1. 达到盈亏平衡点所需要的时间在1.5~2年以下 2. 盈亏平衡点不会逐渐提高 3. 投资回报率在25%以上 4. 项目对资金的要求不是很大，能够获得融资 5. 销售额的年增长率高于15% 6. 有良好的现金流量，能占到销售额的20%~30% 7. 能获得持久的毛利，毛利率要达到40%以上 8. 能获得持久的税后利润，税后利润率要超过10% 9. 资产集中程度低 10. 运营资金不多，需求量是逐渐增加的 11. 研究开发工作对资金的要求不高
收获条件	1. 项目带来的附加价值具有较高的战略意义 2. 存在现有的或可预料的退出方式 3. 资本市场环境有利，可以实现资本的流动
竞争优势	1. 固定成本和可变成本低 2. 对成本、价格和销售的控制较高 3. 已经获得或可以获得对专利所有权的保护 4. 竞争对手尚未觉醒，竞争较弱 5. 拥有专利或具有某种独占性 6. 拥有发展良好的网络关系，容易获得合同 7. 拥有杰出的关键人员和管理团队
管理团队	1. 创业者团队是一个优秀管理者的组合 2. 行业和技术经验达到了本行业内的最高水平 3. 管理团队的正直廉洁程度能达到最高水平 4. 管理团队知道自己缺乏哪方面的知识

评价要素	评价指标
致命缺陷	不存在致命缺陷
创业家的个人标准	1. 个人目标与创业活动相符合 2. 创业家可以做到在有限的风险下实现成功 3. 创业家能接受薪水减少等损失 4. 创业家渴望进行创业这种生活方式，而不只是为了赚大钱 5. 创业家可以承受适当的风险 6. 创业家在压力下状态依然良好
理想与现实的战略性差异	1. 理想与现实情况相吻合 2. 管理团队已经是最好的 3. 在客户服务管理方面有很好的服务理念 4. 所创办的事业顺应时代潮流 5. 所采取的技术具有突破性，不存在许多替代品或竞争对手 6. 具备灵活的适应能力，能快速地进行取舍 7. 始终在寻找新的机会 8. 定价与市场领先者几乎持平 9. 能够获得销售渠道，或已经拥有现成的网络 10. 能够允许失败

评价体系说明如下。

①主要适用于具有行业经验的投资人或资深创业者对创业企业的整体评价。

②该指标体系必须运用创业机会评价的定性与定量方法才能得出创业机会的可行性及不同创业机会之间的优劣排序。

③该指标体系涉及的项目比较多，在实际运用过程中可作为参考选项库，结合使用对象、创业机会所属行业特征及机会自身属性等进行重新分类、梳理简化，提高使用效能。

④该指标体系及其项目内容比较专业，创业导师在运用时，一方面要多了解创业行业、企业管理和资源团队等方面的经验信息；另一方面要掌握这五十三项指标内容的具体含义及评估技术。

（2）蒂蒙斯创业机会评价体系的局限性。

①评价主体要求比较高。蒂蒙斯的创业机会评价指标体系是到目前为止最全面的评价指标体系，其主要是基于风险投资商的风险投资标准建立的，这与创业者的标准存在一定的差异。这些评价标准经常被风险投资家使用，创业家可以通过关注这些问题而受益。该评价体系的运用，要求使用者具备敏锐的创业嗅觉、清晰的商业认知、丰富的管理经验和系统的行业信息，要求比较高。创业导师自己使用一般问题不大，但如果直接给初次创业者或大学生创业者来做创业机会自评，效果可能不会太好。即使如此，仍然不影响该评价体系作为创业者的项目选择与评价的参考标准。

②蒂蒙斯指标体系维度有交叉重复问题。蒂蒙斯指标体系的各维度划分不尽合理，存在交叉重叠现象，例如，在竞争优势、管理团队、创业家的个人标准和理想与现实的战略

性差异这四个维度中，都存在"管理团队"的评价项目。维度划分标准不够统一，例如，行业与市场维度中的第11项"拥有低成本的供货商，具有成本优势"，与竞争优势维度中的第1项"固定成本和可变成本低"存在包含关系与重叠问题。这会直接影响使用者的评价难度和考量权重，在一定程度上影响了机会评价指标的有效性。

③指标体系缺乏主次，定性定量混合，影响效度。蒂蒙斯指标体系另外一个比较明显的缺点是指标多而全，主次不够清晰，其指标内容既有定性评价项目，又有定量评价项目，而且这些项目中有交叉现象。一方面，评价指标太多，使用不够简便，另一方面，在运用其对创业机会进行评价时，实际上难以做到对每个方面的指标进行准确量化并设置科学的权重，实践效果不够理想。

蒂蒙斯创业机会评价体系只是一套评价标准，在进行创业机会评价实践时，还需要科学的步骤和专业的评价方法才能操作。

2）标准打分矩阵法

约翰·G.巴奇的标准打分矩阵是通过选择对创业机会成功有重要影响的因素，再由专家小组对每一个因素进行最好（3分）、好（2分）、一般（1分）三个等级的打分，最后算出每个因素在各个创业机会下的加权平均分，从而可以对不同的创业机会进行比较。表4-2是10项主要评价因素打分矩阵，在实际使用时可以根据具体情况增加或选择部分因素进行评价。

表4-2　10项主要评价因素打分矩阵

标准	专家评价			
	最好	好	一般	加权平均分
易损伤性				
质量和易维护性				
市场接受度				
增加资本的能力				
投资回报				
市场的大小				
制造的简单性				
专利权情况				
广告潜力				
成长的潜力				

3）西屋电气法

西屋电气法是由美国西屋电气公司制定的，通过计算和比较各个机会的优先级，对一系列可供选择的投资机会进行评价，为最后的决策提供依据。其计算公式如下。

机会优先级别＝[技术成功概率×商业成功概率×平均销售数×（价格-成本）×投资生命周期]/总成本

在该公式中，技术和商业成功的概率以百分比表示（0%～100%），平均年销售数以销售的产品数量计算，成本以单位产品生产成本计算，投资生命周期是指可以预期的年均销售数额保持不变的年限，总成本是指预期的所有投入，包括研究、设计、生产和营销费用等。将不同的创业机会的具体数值代入计算，特定机会的优先级越高，该机会越有可能成功。

4）哈南法

哈南法是由哈南提出的。这种方法认为，通过让创业者填写针对不同因素的"预先设定权值"的选项式问卷，可以快捷地得到创业机会成功潜力的各个指标。对于每个因素来说，不同选项的得分可以从–2分到+2分，通过对所有因素的得分加总，从而得到最后的总分。总分越高，说明特定创业机会成功的潜力越大。哈南法选项问卷如表4-3所示。

表4-3 哈南法选项问卷

1. 对于前投资回报率的贡献	
+2	大于35%
+1	25%~35%
–1	20%~25%
–2	小于20%
2. 预期的年销售额	
+2	大于2.5亿美元
+1	1亿~2.5亿美元
–1	5 000万~1亿美元
–2	小于5 000万美元
3. 生命周期中预期的成长阶段	
+2	大于3年
+1	2~3年
–1	1~2年
–2	少于1年
4. 从创业到销售额高速增长的预期时间	
+2	少于6个月
+1	6个月到1年
–1	1~2年
–2	大于2年
5. 投资回收期	
+2	少于6个月
+1	6个月到1年
–1	1~2年
–2	大于2年

6. 占有领先者地位的潜力	
+2	具有技术或市场领先者的能力
+1	具有短期内的或和竞争者同等的领先者能力
−1	具有最初领先者能力，但容易被取代
−2	不具有领先者能力
7. 商业周期的影响	
+2	不受商业周期或反周期的影响
+1	能够在相当程度上抵抗商业周期的影响
−1	受到商业周期的一般影响
−2	受到商业周期的巨大影响
8. 为产品制定高价的潜力	
+2	顾客获得较高的利益能弥补较高的价格
+1	顾客获得较高利益可能不足以弥补较高价格
−1	顾客获得相等的利益能弥补相等的价格
−2	顾客获得相等的利益只能弥补最低的价格
9. 进入市场的容易程度	
+2	分散的竞争，进入很容易
+1	适度竞争的进入条件
−1	激烈竞争的进入条件
−2	牢固的竞争，很难进入
10. 市场试验的时间范围	
+2	需要进行一般的试验
+1	需要进行平均程度上的试验
−1	需要进行很多的试验
−2	需要进行大量的试验
11. 销售人员的要求	
+2	需要进行一般的训练或不需要训练
+1	需要进行平均程度的训练
−1	需要进行很多的训练
−2	需要进行大量的训练

哈南通过对创业机会评价的经验分析，发现只有那些最后得分高于 15 分的创业机会才值得创业者进行下一步的策划，低于 15 分的都应被淘汰，创业者不必利用那些应被淘汰的机会。

5）贝蒂的选择因素法

贝蒂的选择因素法核心是通过对十一个因素的评价对创业机会进行判断。如果创业机会只符合其中的六个或更少的因素，这个创业机会就很可能不是适宜的创业机会；相反，如果这个创业机会符合其中的七个或七个以上的因素，则这个创业机会就是大有希望的创业机会，贝蒂十一因素评价如表 4-4 所示。

表 4-4　贝蒂十一因素评价

序号	选择因素	是/否
1	这个创业机会/项目现阶段是否只有你一个人发现了	
2	初始的产品生产成本是否可以承受	
3	初始的市场开发成本是否可以承受	
4	产品是否具有高利润回报的潜力	
5	是否可以预估产品投放市场和达到盈亏平衡点的时间	
6	潜在的市场是否巨大	
7	你的产品是否是高速成长的产品家族中的首个成员	
8	你是否拥有一些现成的初始用户	
9	是否可以预期产品的开发成本和开发周期	
10	是否处于一个成长中的行业	
11	金融界是否能够理解你的产品和顾客对它的需求	

✓ **拓展延伸**

我们可以根据市场评估准则和效益评估准则对创业项目进行详细分析。

市场评估准则包括市场定位（定位是否明确、顾客需求分析是否清晰、顾客接触通道是否流畅、产品是否持续衍生等），市场结构（进入障碍、供货商、顾客、经销商的谈判力量、替代性竞品的威胁、市场内部竞争的激烈程度等），市场规模，市场渗透力，市场占有率，产品的成本结构（变动成本与固定成本的比重、物料与人工成本所占比重、经济规模产量的大小等）。

效益评估准则包括合理的税后净利（具有吸引力的创业项目至少能够创造 15% 以上的税后净利），达到损益平衡所需的时间（应在 2 年以内达到），投资回报率（25% 以上），资本需求，毛利率（理想的毛利率一般为 40%），策略性价值，资本市场活力，退出机制与策略。

请根据上述描述，以及自身查阅的相关知识，对创业项目进行市场评估和效益评估，并将结果填入表 4-5 中。

表 4-5　创业项目的市场评估和效益评估

市场评估项目	评估结果
市场定位	
市场结构	
市场规模	
市场渗透力	
市场占有率	
产品的成本结构	
效益评估项目	
税后净利	
达到损益平衡所需的时间	
投资回报率	
资本需求	
毛利率	
策略性价值	
资本市场活力	
退出机制与策略	

任务 2　选择创业项目

✓ 起航阅读

李维斯的创业之路

1829 年，李维斯·施特劳斯出生于德国一个小职员家庭，他顺利地完成学业后成为一名小文员。1847 年，李维斯从德国移民至美国纽约。1850 年，美国西部发现了大片金矿，天生的不安分使他不安于做一个安稳的小职员，于是 20 多岁的李维斯决定加入浩浩荡荡的淘金队伍之中。

李维斯到达旧金山后才发现自己并不是第一个去淘金的人，曾经荒凉的西部现在到处都是淘金的人群，到处都是帐篷，于是他陷入深深的思考之中。

这些淘金者待在一个离市中心很远的地方，买东西十分不方便，李维斯看到那些淘金者为了买一点日用品不得不跑很远的路，于是决定不再做那个遥不可及的金子梦，而准备开一家日用品小店。小店生意不错，光顾的人络绎不绝。有一天，他又乘船外出采购了许多日用百货和一大批搭帐篷、马车篷用的帆布。由于船上旅客很多，那些日用百货没等下船就被人们抢购一空，但帆布却没人理会。

眼看帆布要赔本了，忽然他见一位淘金工人迎面走来，并注视着帆布。他连忙高兴地迎上前去，热情地问道："您是不是想买些帆布搭帐篷？"那工人摇摇头："我不需要再搭一个帐篷，我需要的是像帐篷一样坚硬耐磨的裤子，你有吗？"淘金的工作很艰苦，衣裤经常要与石头、砂土摩擦，棉布做的裤子不耐穿，几天就磨破了。"如果用这些厚厚的帆布做成裤子，肯定又结实又耐磨，说不定会大受欢迎呢！"淘金工人的这番话提醒了李维斯。于是，他灵机一动，用带来的厚帆布效仿美国西部的一位牧工，制作了式样新奇而又特别结实耐用的棕色工作裤，向矿工们出售。

1853 年，第一条日后被称为"牛仔裤"的帆布工装裤诞生了，当时它被工人们叫作"李维斯氏工装裤"。改革后的成熟牛仔裤以其坚固、耐久、穿着合适获得了当时西部牛仔和淘金者的喜爱，大量的订货纷至沓来。

1853 年，李维斯正式成立了自己的牛仔裤公司，开始了创建这个著名品牌的漫漫长路。公司开张后，产品十分畅销，但李维斯却对帆布做的裤子很不满意。因为帆布虽然结实耐磨，却又厚又硬，不但穿在身上不舒服，而且无法像柔软的布料那样设计出各种美观合身的款式，只能做成又肥又大、式样单调的裤子。他开始寻找新的面料，并搜罗市场上的信息。终于有一天，他发现欧洲市场上畅销着一种蓝白相间的斜纹粗棉布布料，它是法国人涅曼发明的，兼有结实和柔软的优点。李维斯看了样布，当即决定从法国进口这种面料，专门用于制作工装裤。结果，用这种新式面料制作出来的裤子，既结实又柔软，样式美观，穿着舒适，再次受到淘金工人欢迎。这次换用新的布料，在牛仔裤发展史上具有重要意义。此后，这种用靛蓝色斜纹棉布料做成的工装裤在美国西部的淘金工、农机工和牛仔中间广为流传，靛蓝色也成为李维斯氏工装裤的标准颜色。由于靛蓝色与欧洲原始时代和宗教信仰有着密切关系，它对牛仔裤后来在欧洲流行起到了潜在的助推作用。

虽然获得了初步成功，但李维斯并没有就此满足，他还在继续寻找机会，对牛仔裤进行改进。当时淘金工人在劳动时，常常要把沉甸甸的矿石样品放进裤袋，沉重的矿石经常会使裤袋线崩断开裂。当地一位名叫雅各布·戴维斯的裁缝经常为淘金工人修补这种被撑破的裤袋。他用黄铜铆钉钉在裤袋上方的两只角上，这样就可以固定住裤袋。同时，他还在裤袋周围镶上了皮革边，这样既美观又实用，有的工人裤子虽没有磨破，但为了美观也会去镶边。雅各布就此向李维斯提出了建议，李维斯不但接受了这条建议，还把尚未出厂的工装裤全部加上黄铜铆钉，并申请了专利。由此，传统的牛仔裤就此定型。

1872 年，李维斯在基本定型的牛仔裤基础上申请了牛仔裤的生产专利。如今，世界上的牛仔裤虽已出现众多品牌，但李维斯氏牛仔裤在世界 70 多个国家的销售量仍稳居第一。

（资料来源：李维·斯特劳斯 史上最出色的牛仔裤广告，https://baijiahao.baidu.com/s？id＝1665366767186835385&wfr＝spider&for＝pc）

理论讲堂

一、创业项目分类

如何正确地选择创业项目是每个创业者都要思考的问题。拥有合适的创业项目是创业成功最重要的基础。每一位创业者都要对创业项目的选择报以极其谨慎的态度，要按照自身的技能、技术、经验、资金实力等实际情况，对各类项目加以甄选。

不同的项目面对不同的市场客户群体，需要不同的创业资源和不同的技能与经验。因此，项目分类对于自主创业具有更为现实的参考意义。这里将创业项目初步归纳成以下几类。

1. 资源类项目

资源类项目要求创业者拥有大多数人不具备的资源，这些资源可以是自然资源，如石油、公用事业专营，也可以是人事关系资源。一般来说，作为自主创业的项目，拥有垄断性自然资源的可能性非常小，拥有人事关系资源的可能性比较大，但必须注意这种资源的非持久性，以及变更可能带来的巨大风险。

2. 制造类项目

适合自主创业的制造类项目大致可以分为三类。

（1）配套制造。此类制造属于某个整机（整体）制造项目的一部分，无须考虑全局也无须有很好的创新技术，只需把负责加工的零（部）件做到性价比最好。由于环节简单，此类项目不需要复杂的管理流程，但此类制造需要一个良好的外部整体产业环境。

（2）技术制造。此类制造属于拥有自主创新的技术，或者拥有某种技术优势，能够提供大多数人无法制造的产品或服务。

（3）改良制造。此类制造需要具有创造性思维，需要具有善于捕捉现有产品不足的能力，并通过自己的努力改良原有产品。此类制造一般必须具备能够降低成本或提高利润的能力。需要注意的是，制造类项目由于需要专业生产工具，产出品也以硬件为主，因此一旦进入，今后受整个产业环境的影响较大，受产业技术进步的影响也较大，业务调整的灵活度较小。

3. 技术创新类项目

技术创新类项目涉及范围相当广泛，品种繁多。按国家有关标准分类，技术创新类项目主要有以下四大类。

（1）技术开发类项目。如果选该类项目，就要突出关键技术或系统集成的创新性，包括技术创新的产品、技术、工艺、材料、设计和生物品种。此类项目对行业技术进步和产业结构具有优化升级的作用。对于自主创业者来说，有很多可以选择的项目。

（2）社会公益类项目。如果选该类项目，就要突出关键技术或者系统集成的创新性有推广的应用价值和社会效益，以及对科技发展和社会进步的推动意义。例如，标准、计量、科技信息、科技档案等科学技术基础性工作；环境保护、医疗卫生、自然资源调查和合理利用、自然灾害监测预报和防治等社会公益性科学技术项目。对于自主创业者来说也可有一定的选择空间。

（3）国家安全类项目。如果选择该类项目，就要突出在军队建设、国防科研、国家安全及相关活动中产生，并对推进国防现代化建设、增强国防实力和保障国家安全具有重要意义的科学技术成果。

（4）重大工程类项目。如果选择该类项目，就要突出团结协作、联合攻关、关键技术系统集成的创新，包括有良好的经济效益或者社会效益，以及对推动本领域科技发展、对经济建设、社会发展和国家安全有战略意义的项目。具体来说，此类项目是指列入国民经济和社会发展计划的重大综合性基本建设工程、科学技术工程和国防工程等。其中，综合性指需要跨学科、跨专业进行协作研究、联合开发，并对经济建设、社会发展具有战略意义，对国家科技实力、国防实力的整体提高产生重要影响。

在项目选择的过程中，除一般的服务行业外，选择项目最好考虑到行业与技术及其服务的发展趋势。

二、选择创业项目的基本原则

找到一个好的创业项目就等于成功了一半。但如何才能找到一个好的项目呢？总的来说，创业者当然是要选择投资小、风险低、见效快、收益大的项目。此外，要遵循以下几个原则。

（1）市场原则：寻找市场空间较大的产品或服务进行创业，对于初创业者，建议进入行业成熟、需求高度广泛的行业，然后再进行创新，创业所选择的项目和产品必须真实地根植于生活，是社会大众生活所必需；创造需求，开发新项目、新产品，不是创业初期所能为之的。

（2）效益原则：要进行投入产出的详细分析，客观地测算出回报周期。

（3）政策原则：要了解国家政策，做到遵纪守法，重点选择国家产业政策鼓励、扶持的项目。

（4）因地制宜原则：充分利用当地资源优势，做到"靠山吃山，靠水吃水"。

（5）个人能力原则：选择自己熟悉并有资源优势的项目，不盲目跟风。

三、在市场中寻找创业项目

1. 从熟悉的领域中寻找项目

作为一名创业者，以前可能在别的企业工作过，这时可以通过分析原来公司运作的情况，找出它的强项与弱项，发现并创造新的业务机会，最终创造出新的业务方向甚至新的企业。一般来说，在熟悉的领域，一定能够发现一些商机。

2. 通过重新确认生意所属的范围来寻找项目

当划分生产经营的门类属性时，有时会发现并没有确认运营中全部潜在的范围。例如，出版社应归属信息生意，肥皂应归属清洗生意，卡车应归属运输生意。将生产经营进行清楚而全面的定义后，可能会发现额外的商机。

一家社区报纸出版商认识到他在从事信息生意，便开始出版简报；一家国外的特许会计师公司认识到他们在从事财政控制工具生意，就通过借助（雇用）财政控制员为若干中小企业提供相关服务，这种服务很受企业欢迎，并且扩充了原有的常规的会计生意；一个"邻居"食品店经理认识到他是在从事方便生意，于是开始提供其他"方便"产品与服务，如配送服务、24小时营业、方便泊车、热式快餐，甚至是用具出租。

3. 利用市场的转换寻找项目区

当客户群体在长期的意义上从一类产品转移到另一类产品上时，将带来新的市场机会。也就是说，市场转换将创造对新产品和新服务的需求。一个公司曾经利用从唱片机向录音机市场转换的机会，靠组装录音机磁头清洗致富。

为了利用轿车市场从大型转向小型的机会，国外的一家公司为小型轿车设计并制造了自行车和滑雪板的固定架。一个办公机械修理公司利用由打字机向字处理机的市场转换，开始专攻字处理设备的修理。

4. 借助产业增长趋势寻找项目

当越来越多的人对某产业或活动感兴趣时，就会出现增长趋势。创业者可以利用这种增长趋势，提供与增长产业或活动相关的产品或服务。如有的公司利用形体与健身市场增长的趋势，在别的公司都在热衷于开设形体训练班时，开始生产形体锻炼设备；一家生产美容品的企业利用男性对皮肤保健兴趣的上升，将企业原先针对女性的面霜产品生产扩充到男性产品；有人利用旅游是持续上升的产业专为旅游代理开办了学校，以满足旅游代理人员的需要；越来越多的人对"充电"、成长、发展感兴趣，许多公司和个人就提供研讨会、大会、课程、书籍、咨询及再培训业务来满足市场的需求。

5. 利用市场间隙来寻找项目

当所需要的产品或服务无法获得，或消费者的需求大于目前的供应时，就会出现市场间隙或不足。这对那些进入并提供这些产品或服务的需求者就意味着存在生意机会。每到夏天，游艇的租赁就会供不应求。一家公司开始建造游艇，并将未售出的游艇租赁出去，旺季过了之后，再把这些租赁过的游艇作为展品降价销售出去，以此作为销售补充计划的一部分。一个宾馆雇员注意到宾馆对床垫维修服务有需求，可是市场上却没有这项服务，因此她迅速与若干家旅馆签订合同并创办了床垫维修业务。

6. 利用社会事件或形势寻找项目

消费产品或服务可以配合某一事件而进行。这些事件包括社会事件、经济变化、业务或产业发展、新法规颁布等。

7. 利用被遗弃的市场

利用被遗弃的市场意味着进入被其他公司舍弃的领域，这些公司要么已经变得很庞大，以至于不能或不愿意去处理这些小订单；要么处在技术竞争的前沿，决定不用老技术服务于市场；要么正在扩张到不同的市场，扩张速度之快使他们没有能力对所有市场都提供合适的服务。

大型航空公司无法为小型社区提供服务，就会留给了小型往返运载服务商去经营。爱好者或收藏家要想获得古董汽车、拖拉机、游船及其他设备的配件是件困难的事，因为通常情况下，原生产制造商已经不再提供这些配件，这时其他公司可以选择进入这些被遗弃的市场。经过一段牛奶只有纸包装或塑料包装的时期之后，有些奶制品厂又开始提供瓶装牛奶，他们正在服务于一个被遗弃的市场——仍然偏爱瓶装牛奶的人群。

8. 瞄准大市场下的小市场

怀着服务于其中一小块市场的想法，有时可能进入大市场。市场如此之大以至于其中一小块市场就能够盈利。

如快餐业非常庞大而且仍然在迅速增长。一位创业者在卫星城开了一家以鱼为主的小餐馆，虽然快餐连锁巨头们在此区域也开有连锁店，但他的餐馆仍然非常成功。

9. 扩大市场区域

当区域性生产的产品或生意获得成功时，经常会存在扩大市场地理范围的机会。有时会带来其他地方的新生意。

一个向登山者和滑雪者提供装备的合作企业非常成功，于是他们在另外一个省开设了分店。一家具有独特理念的成功餐馆，将相似的餐馆开遍整个城市并逐步外延，如小土豆、福华等。

✅ 拓展延伸

为准备进行店销的创业者提供的建议

城区铺面差异很大，商铺选址有很多学问，创业者要明确自己的经营需求和价格定位，才能"量体裁衣"选好铺位，价格高低并不是衡量铺面好坏的唯一标准。

建议一：多管齐下收集信息

大部分人都选择在圈定的范围内找转让的店铺，其实找店铺也需要进行"海选"。这样选择余地大，商机就会更多。通常收集信息的渠道有报纸广告、房屋中介、互联网等平台。据了解，商铺市场上有一个"二八法则"，即公开出租信息的店铺只占总数的20%，而以私下转让等方式进行隐蔽交易的占80%。所以，寻找商铺一定要广开渠道，多管齐下。

建议二：乐于和同行"扎堆"

与同行业对手抱团竞争并不可怕。"货比三家"是很多人经常采取的购物方式，选择同类店铺集中的街区，更容易招揽到较多的目标消费群体，不要担心竞争激烈，相关店铺聚集有助于提高相同目标消费群的关注。找准产业的市场定位可以大大提高投资的回报，比如"数码一条街""服装一条街"以及"装修材料一条街"等，找准市场定位可以事半功倍。

需要注意的是，选择专业市场或商场开店，要仔细考察这些市场和商场的管理水平、规模大小、当地影响力等因素，对规模较小、开业时间较短、管理水平差的市场和商场，要谨慎入驻。

建议三："团租"可获更多实惠

团租是指一个或一个以上认识或不认识的创业者，以一个相对优惠的价格，去租取一套房子。小面积商铺由于总价低，越来越受到中小创业者的青睐。但是商铺投资并非面积越小就越容易得到高回报，对于中小创业者而言，投资商铺应该从多方面考虑，"团租"就是一种经济实惠的投资方式。

四、大学生常见创业模式

如今创业市场商机无限，但对于资金、能力、经验都有限的大学生创业者来说，并非"遍地黄金"。在这种新的情况下，大学生只有根据自身特点，找准"落脚点"，才能闯出一片真正适合自己的新天地。大学生创业主要有七种常见的方式。

（一）网络创业

全球面临网络经济的新一轮浪潮，大学生创业可以利用现成的网络资源进行创业，其主要有以下四种形式。

（1）网上开店，在网上注册成立网络商店。

（2）网上加盟，以某个电子商务网站门店的形式经营，利用母体网站的资源和销售渠道。

（3）网上智力服务，如电子商务、利用网络寻求国际订单、建立虚拟办公服务等。

（4）网络销售，为传统行业进行专门的网络销售。

✓ 案例播报

连环创业者

一提到王兴，很多人脑海里面想到的一个词语就是"连环创业者"，因为他是校内网、饭否网、美团网这三个中国大名鼎鼎的网站的联合创始人。除此之外，他还有另外一层身份，大学生创业者，在毕业之后，他是没有丰富的职业履历就开始创业的人。

王兴毕业后拿到全额奖学金去了美国特拉华大学，师从第一位获得 MIT 计算机科学博士学位的中国大陆学者高光荣，随后归国创业，在前一两次不算成功的创业项目之后，王兴创立了"中国版 Facebook"校内网，并很快风靡于大学校园之中。校内网于 2006 年 10 月被千橡以 200 万美元收购。2007 年 5 月 12 日，王兴创办饭否网，这也是中国第一个类似 Twitter 的项目，但饭否网就在发展势头一片良好之际被关闭，让王兴的事业受到挫折。之后连环创业客王兴于 2010 年 3 月上线新项目美团网，美团网在千团大战之中脱颖而出，稳居行业前三，并先后获得红杉和阿里的两轮数千万美元的融资。

（二）加盟企业

加盟创业是采用加盟的方式进行创业，一般的方式是加盟开店。

加盟创业应选择合适、可靠的品牌，以保障加盟店稳步发展、持续盈利。一般来讲，加盟代理涉及的行业有几十个，主要集中在家居建材、餐饮美食、服装饰品、汽车销售、汽车美容、洗衣、美容美体等行业。创业者所需要的首期投入也有很大差别，从几万元到几百万元、几千万元不等。

调查显示，一般普通小吃类连锁加盟，10 万元左右可以启动；而一些小饰品、礼品的加盟代理，只需要 2 万~3 万元就可以开始创业。无论投资额多少，都有成功的机会，而且都可能做出比较大的市场规模。

对创业资源十分有限的大学生来说，借助连锁加盟的品牌、技术、营销、设备优势可以以较少的投资、较低的门槛实现自主创业。但连锁加盟并非零风险，在市场鱼龙混杂的现状下，大学生涉世不深，在选择加盟项目中更应该注意规避风险。一般来说，大学生创业者的资金实力较弱，适合选择启动资金不多、人手配备要求不高的加盟项目，以小本经营开始为宜。此外，最好选择运营时间在 5 年以上、拥有 10 家以上加盟店的成熟品牌。

（三）团队创业

团队创业就是由具有互补性或有共同兴趣的成员组成团队进行创业。如今，创业已非纯粹追求个人英雄主义的行为，团队创业成功的概率远远高于个人独自创业。一个由研发技术、市场、融资等各方面组成的互补优势的创业团队，是创业成功的法宝，对高科技创业企业来说更是如此。中国大学生创业网总裁赵长生介绍，就现状而言，大学生由于资历、经验、社会关系等各种原因，很难得到社会的认可，如果能够充分发挥合力，团队创业对于大学生创业者来说也是一个不错的选择。

（四）大赛创业

大赛创业即利用各种商业创业大赛，获得资金提供平台，然后进行创业的活动。如Yahoo（雅虎）、Netscape（网景）等企业都是从商业竞赛中脱颖而出的，创业大赛也被形象地称为创业"孵化器"。

创业设计大赛借用风险投资的运作模式，要求参赛者组成优势互补的竞赛小组，提出一项具有市场前景的技术产品或服务，并围绕这一产品服务，以获得风险投资为目的，完成一份完整、具体、深入的创业计划。参加创业设计大赛的项目大多具有技术上的创新性、经济上的合理性、操作上的可行性，吸引了众多企业和风险投资的关注。例如，杭州市大学生创业大赛已成为吸引海内外优秀大学生创业团队和项目来杭创业的重要载体和平台，并在全国打响了品牌。大赛已连续举办了 5 届，首届大赛已有 28 个优秀项目在杭州落地转化，成立了 30 家大学生创业企业。

✓ **案例播报**

大学生创新创业大赛案例

作为首批国家"双一流"高校，南京林业大学高度重视大学生创新创业教育，积极整合创新创业教育资源，不断完善创新创业课程体系，努力开展创新创业研究，凝聚社会力量开展创新创业特色活动，建立了基于"竞争与教育融合"的创新创业人才培养模式，取得了可喜的成绩。学校荣获"全国毕业生典型就业经验学院""教育部典型创新创业经验学院""江苏省大学生创业示范基地"等荣誉称号，培养了多名创业人才。

沈邦禹团队，机械电子工程学院

2020 年 5 月，机械电子工程学院大三学生沈邦禹在第二届全国林牧创新创业大赛全国总决赛中获得二等奖。他们利用无人驾驶飞行器通过遥感检测患病植物。目前，该团队已获得 15 项专利和 4 项软件版权。为了更好地推广项目，2019 年 3 月，他们成立了南京庶人生态科技有限公司，目前已与南京华山现代园艺有限公司等多家业内知名农林企业和研发机构合作，提供农药施用、生长数据采集、产量预测、病虫害检测等一站式服务。据统计，2019—2020 年，这些服务为用户节省了 70% 左右的成本，公司收入达到了几十万元。

水鹏飞，信息科学技术学院

水鹏飞于 1994 年毕业于南京林业大学信息科学与技术学院，大二开始创业。还是学生的时候，他创办了南京小枕网络科技有限公司，并在 2016 年获得天使投资人的青睐，完成了数百万元的天使轮融资。从 2013 年 9 月第一次创业开始，水鹏飞 6 年创业 4 次的经历培养了他坚韧的创业理念和脚踏实地的心态。如今，南京小枕网络科技有限公司致力于亲子科学教育，主要项目是"爆炸实验室"，运营科学实验方向的原创视频内容及相关科学资料电子商务平台。截至2019年年底，"爆炸实验室"在今日头条、腾讯、哔哩哔哩等全网渠道累计粉丝超过200万，视频播放总量突破6亿，最高单次视频播放量达到7 000万次。

周恒，经济管理学院

2014年11月24日，电子商务专业大二学生周恒和另外两名组员推出了"我的校园"App。这个App类似支付宝的"我的校园日记"，是一个属于南林学生的大朋友圈，但由于技术不成熟半途而废。而旨在后期推广这款App的QQ平台"我的校园——南林"却火了。看到这个项目的前景，他们决定继续这个平台。经过2年多的努力，"我的校园——南林"QQ平台已经发展成为南林最大的生活媒体平台，集各种服务于一体。2016年，"我的校园——南林"QQ平台荣获江苏省首届"互联网大学生创新创业大赛"三等奖，是"三农"社会实践活动优秀团队。

（五）概念创业

1. 概念创业的含义

概念创业即凭借创意、点子、想法开创的创业活动。概念创业适合本身没有很多资源的创业者，他们需要通过独特的创意来获得各种资源，包括资金、人才等。这些创业概念必须足够新颖，至少在打算进入的行业或领域是一个创举。只有这样才能抢占市场先机、吸引风险投资商的关注。同时，这些超常规的想法还必须具有可操作性。

2. 概念创业的四大模式

（1）异想天开型。异想天开中蕴藏着诸多的成功机会，飞机的发明源于莱特兄弟"人类也能像鸟一样飞翔"的想法；大卫·H.克罗克的离奇想法则造就了"会飞的邮件"——电子邮件。创业也是如此，奇特的创意有时也能成为一种创业资本，有着剑走偏锋的神奇作用。当然，与众不同的创意，在创业初始会受到怀疑甚至嘲弄，经不起考验的就会如昙花一现，而那些坚持下来并积极把想法转化成实际者，往往有着抢占先机的优势。

（2）问题解决型。每个人在日常生活中都会碰到或大或小的恼人问题，有人埋怨几声就息事宁人，有人则从自身经历或朋友的困境中发现商机。例如，晚上遛狗时，狗差点被车撞了，由此发明了宠物反光衣；发现孩子不会用大人的吸管，就开始生产弯曲吸管等。这种类型的创业者能一针见血地抓住问题所在，并且想出解决问题的办法。

（3）异业复制型。创业成功者未必都是新领域中第一个"吃螃蟹"的人，有时他们的创业想法来自成熟领域，只是在某些方面进行了创新。如果你不是点子王，但很会举一反三，联想丰富，那么不妨试着把一个行业的原创概念复制到另一个行业。异业复制的好处是有范本可循，不必瞎摸索，但不同行业的经营模式能否移花接木得浑然天成，则是对创业者智慧的考验。

（4）国外移植型。如果你经常出国旅游或浏览国外资讯，见多识广，洞察力强，那么不妨把国外的新鲜点子搬回来，这是最便捷的创业方式。当然也需注意文化差异，要对国外的创业概念进行本土化改造，以避免好点子"水土不服"。

一个点子就能造就一个企业，概念创业有时的确有着四两拨千斤的神奇作用。但成百上千的想法、难以计数的灵感，就像沙子一样，创业者如何才能从中淘出金子般的创业设想呢？要把概念变为金矿，必须经过两个重要步骤。

（1）严谨分析。创业者应对创业点子进行冷静而细致的分析，了解清楚自己的创意是否独具匠心，有没有强大的市场需求，是否具有可操作性。

（2）多方咨询。任何梦想的实现都需要实际实施，并且需要依靠许多外部条件。因此，概念创业者行动前最好多听取各方面的意见和建议。

（六）内部创业

1. 内部创业的含义

内部创业是指一些有创业意向的员工在企业的支持下，承担企业内部某些业务或项目，并与企业分项成果的创业模式。这些创业者无须投资就可获得丰富的创业资源。内部创业由于具有"大树底下好乘凉"的优势，受到越来越多创业者的关注。现在许多高校建立了鼓励学生兼职创业的创业园，大学生在创业园中开展创业尝试，这也属于内部创业。

2. 内部企业的类型

（1）企业内部创业。华为和 Google（谷歌）都在企业发展的过中使用了内部创业的方式来帮助企业不断进步。华为在内部创业的过程中，采取的是将企业的非核心业务内部创业为企业的代理商或外包业务商的模式；而 Google 采用的是"20% 时间关注新创项目+现金奖励"的内部创业模式。

2000 年 8 月 15 日，华为出台了《关于内部创业的管理规定》，凡是在公司工作满 2 年的员工，都可以申请离职创业，成为华为的代理商。公司为创业员工提供优惠的扶持政策，除给予相当于员工所持股票价值 70% 的华为设备外，还有半年的保护扶持期，员工在半年之内创业失败，可以回公司重新安排工作。随后，华为内部不少技术骨干和高层管理人员纷纷出去创业，其中包括李一男、聂国良两位公司董事会常务副总裁。在 Google 公司内部，有一个随时变动的 Top100 项目列表。Google 鼓励员工把自己想到的富有创新性的想法写出来，让其他员工进行投票，使大家觉得最好、最可能成功的项目凸显出来。然后 Google 会给员工提供技术和资金支持，员工可以运用 20% 的自由工作时间将自己的想法付诸实践。Google 的这一鼓励内部创新创业的模式跟 3M 公司的"15% 定律"不谋而合，充分体现了这些世界级大公司自由开放且极具创新力的企业文化。

（2）校园内部创业。现在很多高校都在设立自己的创业园，例如，上海交通大学有昂立集团，上海交通大学的科技创业园是昂立集团的高新技术研究中心，大大鼓舞着学生的科技创业。在上海高校，学生的创业力量异常活跃，在复旦大学、同济大学、上海交通大学等名校内，由学生创业的公司里，上到经理下到员工都由大学生组成，操作却完全社会化。

任务3　分析创业项目

✓ 起航阅读

联想的创业之路

以"贸—工—技"起步的联想集团控股（有限）公司，选择合适的创业项目，采用正确的战略，在激烈的竞争中树立了中国 IT 行业民族品牌的形象，如今已成为中国计算机行业的龙头老大。

一、创业背景

1978 年全国科学技术大会的召开，明确了"科学技术是生产力"。1982 年，党中央又发布了"经济建设必须依靠科学技术，科学技术工作必须面向经济建设"的指导方针。一时间，北京中关村涌现出上百家高新技术公司，与这些公司近在咫尺的中国科学院计算技术研究所（以下简称"计算技术研究所"）承受着强大的冲击。在中国科学院正式实施"一院两制"后，计算技术研究所的王树和、柳传志、张祖祥等人率先走出了计算技术研究所，于 1984 年 11 月宣布成立中国科学院计算技术研究所新技术发展公司。

二、艰难创业

刚刚步入市场大潮中的知识分子们，面对激烈的市场竞争，一时不知所措。公司刚成立时，计算技术研究所只给了他们 20 万元的贷款，这对于开发高技术产品的公司而言只是杯水车薪，要想继续发展下去，就必须要有足够的资金积累。

为了筹集资金，1985 年，公司组织全体职工，包括科技人员和总经理在内，全部投入到低档次的技术劳务中——为社会上其他公司验收、维修计算机，培训人员。技术劳务，实际上就是出卖技术劳动力。这样苦干了一年，他们用自己的汗水积累了 70 万元人民币，为今后开发拳头产品积累了必要的资金。

公司成立时，计算技术研究所虽然没有给他们多少资金，但答应下放给他们"三权"：人事权、财务权与自主经营权。现在钱与权基本上都有了，下一步怎么办？通过仔细的市场调查，他们发现国内有大量进口计算机，但却大批闲置或只当作打字机使用，计算机的"汉化"已迫在眉睫、势在必行。而怎样才能突破"汉化"这一关？在事先没有商量的情况下，公司的几位创始人柳传志、王树和、张祖祥不约而同地想到了一个人——倪光南。除了请贤聘能以外，别无他法。在倪光南的带领下，1986 年"联想中文卡"诞生了。1989 年 11 月 14 日，中国科学院计算技术研究所新技术发展公司正式更名为北京联想计算机集团公司。

贤能者在一个充满希望的事业空间总是成群出现。在当时联想的小小门市部里竟有两个站柜台的研究员——张品贤和胡锡兰。"研究员站柜台"是联想"贸—工—技"战略的最好说明，计算机这一高科技技术产品正是基于这种知识分子的市场活动才转移到消费者手中，而在当时最有资格来销售这些产品的，正是计算技术研究所的这些知识分子。

三、加快产品市场化

经过不断开发、完善，联想逐步形成了 8 个软体版本、6 个型号的联想中文卡系统，广泛应用于六大领域；而后，他们又连续开发出 FAX 通信系统、CAD 超级汉字系统、GK40 可编程工业控制器、联想 286 计算机等一系列高技术产品。经过对 286 时代的市场培育，公司终于在 386 和最好档次的计算机上得到了回报。

为了让产品尽快转化为社会生产力，联想不仅将科学技术应用于产品的开发阶段和销售阶段，还将它进一步延伸到产品的生产、加工、开拓市场和售后服务等各个环节，这使联想公司进入市场竞争的轨道，大大提高了开发效率。例如，联想中文卡系统开发后仅 1 年就产生了经济效益；联想 286 计算机也仅仅用了半年的时间，就以优异的性能和便宜的价格挤进了国际市场。此外，联想公司每年还举办两次全国范围的大型技术交流演示会，其培训中心每年免费为社会培训 5 000 多名计算机应用人员，并在全国设置了 36 个维修服务网点。公司在试制新产品的时候，将科技与经济紧密结合，有效地将科学技术转化为社会生产力。

从创业初期五花八门的项目选择，到发现真正的创业金点子，联想人坚持的创业战略，既是联想创业成功的保证，又为中国其他高科技技术人才创业提供了思路。

理论讲堂

一、创业项目宏观分析

对于创业型企业选择的创业项目来说，对外部环境的分析尤为重要。由于创业型企业多为中小型企业，资本规模小，抗风险能力弱，因此，在选择和考察创业项目时，要深入分析企业所处的宏观市场环境，好好把握环境，以制定相应的策略。

宏观市场环境包括人口环境、经济环境、自然环境、技术环境、政治和法律环境及社会和文化环境。

1. 人口环境

市场=人口+购买欲望+购买力，也就是说，"市场"是由那些有购买欲望并有购买力的人构成的，我们可以用人口的规模和构成来估计市场规模和需求量的大小。创业者需要特别关注那些需要或可能需要他们产品的人群，详细了解他们的情况。

2. 经济环境

消费者的购买力水平是决定市场规模的重要因素。购买力水平受居民收入、储蓄倾向、可获信贷和物价水平等诸多因素的影响。

3. 自然环境

自然环境分析包括两个方面：一是周围的自然环境及资源是否符合创业项目所处行业所需要的生产条件；二是创业项目和企业是否能够与自然环境协调发展。在可持续发展理念影响下，绿色产业、绿色产品蓬勃发展，破坏环境和资源的经营行为必将受到社会公众的排斥和政府的管制。

4. 技术环境

技术环境是指所有参与创造新知识及将新知识转化为新的产出、流程和材料的组织机构及行为。要辨识和选择合适的技术环境，发现其中的机会和威胁，同时根据技术环境的变化调整生产和研发方案，不断适应其发展。

5. 政治和法律环境

创业企业特别需要稳定的政治环境和法律环境，经营业务的发展需要有稳定的政治环境作为保障，创业企业也需要有一个扶持创业的法律环境。创业者需要评估创业项目存在的法律风险。

6. 社会和文化环境

人类长时间在某种社会中生活，形成了特定的文化，包括价值观念、道德规范及世代相传的风俗习惯等。社会文化环境影响着消费者的购买态度和购买方式，对创业企业营销策略的制定产生着较大的影响。

二、创业项目微观分析

1. 供应商分析

供应商是指对企业进行生产所需提供特定原材料、辅助材料、设备、能源、劳务、资金等资源的供货单位。这些资源的变化直接影响到企业产品的产量、质量及利润，从而影响企业营销计划和营销目标的完成。

2. 企业内部分析

企业开展营销活动要充分考虑到企业内部的环境力量和因素。企业是组织生产和经营的经济单位，是一个系统组织。企业内部一般设立计划、技术、采购、生产、营销、质检、财务、后勤等部门。企业内部各职能部门的工作及其相互之间的协调关系，影响着企业的整个营销活动。

3. 营销中介分析

营销中介是指为企业营销活动提供各种服务的企业或部门的总称。营销中介对企业营销有直接、重大的影响，营销中介的主要功能是帮助企业推广和分销产品，只有通过有关营销中介所提供的服务，企业才能把产品顺利地送到目标消费者手中。

4. 顾客分析

顾客是指使用进入消费领域的最终产品或劳务的消费者和生产者，也是企业营销活动的最终目标市场。顾客对企业营销的影响程度远远超过前述的环境因素。顾客是市场的主体，任何企业的产品和服务，只有得到了顾客的认可，才能赢得市场。现代营销强调将满足顾客的需要作为企业营销管理的核心。

5. 社会公众分析

社会公众是企业营销活动中与企业营销活动发生关系的各种群体的总称。公众对企业的态度，会对其营销活动产生巨大的影响，它既可以帮助企业树立良好的形象，也可能妨碍企业的形象。所以，企业必须处理好与社会公众的关系，争取其的支持和偏爱，为自己营造一个和谐、宽松的社会环境。

6. 竞争者分析

创业企业进行市场竞争环境分析时，需要识别自己所面对的竞争对手，这似乎是一件简单的工作，就像柯达知道富士是自己的主要竞争对手一样。但是，创业企业的实际和潜在竞争对手范围很广，所以企业常被新出现的企业或技术击败，就像柯达在胶卷业的最大竞争威胁来自数码相机。

根据产品替代观念，可以区分以下四种层次的竞争者。

（1）品牌竞争。当其他企业以相似的价格向相同的顾客提供类似产品与服务时，企业将其视为竞争者。例如，被海尔视为主要竞争者的是价格和档次相似、生产同类彩电的康佳及 TCL 等企业。

（2）行业竞争。企业可以广义地将制造同样或同类产品的企业视作竞争者。例如，海尔可能认为自己在与所有彩电制造商竞争。

（3）形式竞争。企业可以更广泛地将所有能提供相同服务的产品的企业都作为竞争者。例如，海尔企业认为自己不仅与家电制造商竞争，还与其他电子产品制造商竞争。

（4）通常竞争。企业还可以更广泛地将所有争取同一消费者的人都视作竞争者。例如，海尔可以认为自己在与所有的主要耐用消费品企业竞争。

创业企业还可以从行业观点来辨认自己的竞争对手。行业竞争观念是从行业角度来界定竞争者，主要来自现有竞争企业、潜在加入者、替代品生产者。

✓ 拓展延伸

创业项目吸引力分析

波特五力模型由迈克尔·波特于20世纪80年代初提出，他认为行业中存在着决定竞争规模和程度的五种力量。这五种力量综合起来影响着产业的吸引力，对企业战略的制定产生全球性的深远影响。这五种力量分别是供应商的议价能力、购买者的议价能力、潜在竞争者进入的能力、替代品的替代能力、行业内竞争者的竞争能力。五种力量的不同组合变化最终影响行业利润潜力的变化，如图4-2所示。

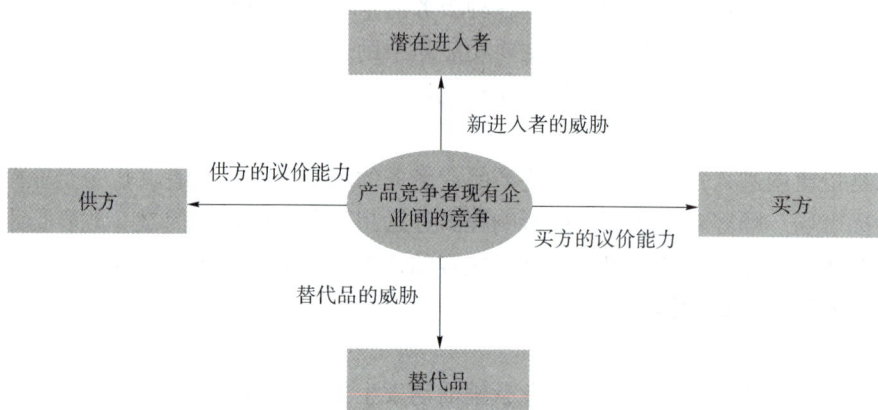

图4-2　波特五力模型

1. 供应商的议价能力。供方主要通过其提高投入要素价格与降低单位价值质量的能力，影响行业中现有企业的营利能力与产品竞争力。供方力量的强弱主要取决于他们所提供给买主的是什么投入要素，当供方所提供的投入要素的价值构成了买主产品总成本的较大比例、对买主产品生产过程非常重要，或者严重影响买主产品的质量时，供方对于买主的潜在的讨价还价力量就大大增强。一般来说，满足以下条件的供方集团会具有比较强大的讨价还价力量。

（1）供方行业为一些具有比较稳固市场地位而不受市场激烈竞争困扰的企业所控制，其产品的买主很多，每一单个买主都不可能成为供方的重要客户。

（2）供方企业的产品具有一定特色，导致买主难以转换或转换成本太高，或者很难找到可与供方企业产品相竞争的替代品。

（3）供方能够方便地实行前向联合或一体化，而买主难以进行后向联合或一体化（注：通俗的说法为店大欺客）。

2. 购买者的议价能力。购买者主要通过压价与要求提供较高的产品或服务质量的能力，来影响行业中现有企业的盈利能力。影响购买者议价能力主要有以下原因。

（1）购买者的总数较少，而每个购买者的购买量较大，占了卖方销售量的很大比例。

（2）卖方行业由大量相对来说规模较小的企业所组成。

（3）购买者所购买的基本上是一种标准化产品，同时向多个卖主购买产品在经济上也完全可行。

（4）购买者有能力实现后向一体化，而卖主不可能前向一体化（注：通俗的说法为客大欺主）。

3. 潜在竞争者进入的能力。潜在竞争者的进入在给行业带来新生产能力、新资源的同时，寄希望于在已被现有企业瓜分完毕的市场中赢得一席之地，这就有可能会与现有企业发生原材料与市场份额的竞争，最终导致行业中现有企业营利水平降低，严重的还有可能危及这些企业的生存。竞争所带来的威胁的严重程度取决于两个方面的因素，即进入新领域的障碍大小与现有企业对于进入者的反应情况。

进入新领域的障碍主要包括规模经济、产品差异、资本需要、转换成本、销售渠道开拓、政府行为与政策、不受规模支配的成本劣势、自然资源、地理环境等方面，这其中有些障碍是很难借助复制或仿造的方式来突破的。预期现有企业对进入者的反应情况，主要是采取报复行动的可能性大小，而这些则取决于有关厂商的财力情况、报复记录、固定资产规模、行业增长速度等。总之，新企业进入一个行业的可能性大小，取决于进入者主观估计的进入所能带来的潜在利益、所需花费的代价与所要承担的风险这三者的相对大小情况。

4. 替代品的替代能力。两个处于同行业或不同行业中的企业，可能会由于所生产的产品互为替代品，从而产生竞争行为，这种源自替代品的竞争会以各种形式影响行业中现有企业的竞争战略。

（1）现有企业产品售价以及获利潜力的提高，将由于存在着能被用户方便接受的替代品而受到限制。

（2）由于替代品生产者的侵入，使得现有企业必须提高产品质量，或者通过降低成本来降低售价，或者使其产品具有特色，否则其销量与利润增长的目标就有可能受挫。

（3）源自替代品生产者的竞争强度，受产品买主转换成本高低的影响。

总之，替代品价格越低、质量越好、用户转换成本越低，其所能产生的竞争压力就越强；而这种来自替代品生产者的竞争压力的强度，可以通过考察替代品销售增长率、替代品厂家生产能力与营利扩张情况来加以描述。

5. 行业内竞争者的竞争能力。大部分行业中的企业，相互之间的利益都是紧密联系在一起的，企业竞争战略作为企业整体战略的一部分，其目标在于使自己的企业获得相对于竞争对手的优势，所以，这些战略在实施中就必然会产生冲突与对抗，这些冲突与对抗就构成了现有企业之间的竞争。现有企业之间的竞争常常表现在价格广告、产品介绍、售后服务等方面，其竞争强度与许多因素有关。

一般来说，出现下述情况将意味着行业中现有企业之间竞争的加剧，即行业进入障碍较低，势均力敌的竞争对手较多，竞争参与者范围广泛；市场趋于成熟，产品需求增长缓慢；竞争者企图采用降价等手段促销；竞争者提供几乎相同的产品或服务，用户转换成本很低；一个战略行动如果取得成功，其收入相当可观；行业外部实力强大的公司在接收了行业中实力薄弱的企业后，发起进攻性行动，结果使得刚被接收的企业成为市场的主要竞争者；退出障碍较高，即退出竞争要比继续参与竞争代价更高。在这里，退出障碍主要受经济、战略、感情及社会政治关系等方面的影响，具体包括资产的专用性、退出的固定费用、战略上的相互牵制、情绪上的难以接受、政府和社会的各种限制等。

（资料来源：波特五力分析模型，https://baike.esnai.com/history.aspx？id=11984）

✅ **实践应用**

在你所选择的创业领域的基础上，收集这一领域中竞争对手的相关信息，包括竞争对手企业的一般情况（竞争对手有哪些？产品和服务的价格、质量、销量如何？有哪些销售渠道？），竞争对手企业的经营特点（企业的组织结构、文化理念、营销方式、生产及技术等），竞争对手企业的市场容量（是否为上市企业？市场规模有多大？市场占有率为多少？市场渗透率如何？品牌效应如何？）等。同学们可通过网络搜索、实地考察，或收集周围人的意见等途径收集竞争对手企业的相关信息，并将收集来的信息整理如下。

1. 竞争对手企业的一般情况是什么？

2. 竞争对手企业的经营方式是什么？有哪些经营特色？

3. 竞争对手企业的市场容量如何？

4. 综合上述信息，分析竞争对手企业的优劣势。

5. 通过对竞争对手的了解，谈谈你应该如何经营自身的企业。

第5单元　创业资源

知识目标

1. 了解创业资源及其重要性。
2. 熟知资源的分类。
3. 掌握创业资源获取的途径和技能。
4. 了解如何整合创业资源。
5. 掌握融资决策过程管理的相关知识。
6. 了解创业融资注意事项。

素养目标

培养善于思考、勇于探索的创新精神。

任务1　创业资源概述

起航阅读

吴少武：一个边学习边实践的大学生创业者

大学生就业难，这个问题一直困扰着许多刚刚走出校门的大学毕业生。当许多大学生在尚未毕业就忙于找工作时，某大学毕业生吴少武就已经当上了老板。他对外称，自己是一个边学习边实践的创业者。

那么，吴少武是如何刚毕业就当上老板的呢？

其实，吴少武并不是毕业后才开始创业的，而是从进入大学校门起，就开始琢磨自己应该如何创业。在大一到大二的这段时间里，吴少武除完成自己的学业外，还在外面做家教，干一些兼职，开复印小店。虽然他忙得不亦乐乎，但到头来却并无多少收获。后来，吴少武开始在学业上努力，他积极地参与一些学术竞赛。由于在学业和学术比赛中成绩突出，他获得过不少省级比赛冠军，并当上了学生会主席。作为学生会主席，吴少武不论是对待学业、课题，还是社会调查，都非常认真。大二下学期，吴少武为参加一个挑战赛，接手了一个"恋爱经济学调查"的课题。他让调查组成员向同学们发放了200份调查问卷，然后，又让成员非常认真、负责地去催问同学们调查表的填写情况，并动员更多的同学参与到调查问卷行动中来。在进行课题答辩时，他要求课题组成员一律西装革履，认真答辩。

吴少武没有想到，就是这种认真、细致和精益求精的精神，让自己日后获得了一个极佳的创业机会。那次答辩，学校邀请了一些校外的专家和企业界人士参与，其中有广州好来运速递服务有限公司的老总韦俊荣。他看到吴少武在课题中把大学生恋爱中潜在的消费导向和消费习惯调查、分析得细致而准确，认为吴少武非常负责任，是一个能干一番事业的人。之后，韦总特意请吴少武的团队到他们公司做咨询，并为公司解决一些管理上的问题。经过多次交往，吴少武和韦俊荣成了忘年之交。

大三实习时，吴少武去了一家会计师事务所。在实习过程中，吴少武一如既往地认真对待自己的实习工作。他复印了上千份有关资料，撰写了 200 多份行政函，受到了会计师事务所的好评，他自己也得到了 7 000 多元的实习工资。实习结束后，吴少武得到了世界四大会计师事务所——普华永道的录用通知书。能拿到一张世界著名会计师事务所的录用通知书，是许多同学梦寐以求的事，而吴少武却很坦然，未予接受。因为他有自己的想法，那就是自己创业，干出一番事业来。

吴少武做出自己创业的选择，不光是因为他有勇气，更是因为他有底气。大三下学期时，广州好来运速递服务有限公司的韦总给吴少武打了个电话，问吴少武有没有兴趣在学校代理毕业生的包裹业务。吴少武一口允诺应下，他预感到自己的事业或许就将由此开始。

承接了高校毕业生的包裹业务后，吴少武马上组织了学生团队，在学校内开展宣传，并对特定的目标客户进行上门服务。另外，吴少武还以学生会主席的身份，与广州其他高校毕业班的班长联系，上门承接包裹业务。由于服务到位，能保证业务质量，加之充分利用了他的人脉资源，吴少武的业务得到迅速发展，仅一个月时间，就达到 10 万元的营业额。

好来运的韦总对吴少武如此高效率的运作感到吃惊，更坚定地相信他是一个做事有激情、有头脑、能干大事的人。于是，韦总以投资的方式全力支持吴少武创办自己的公司。毕业时，在韦总的支持下，吴少武创立了广州新陆程物流有限公司。公司的团队里，只有两个人有物流行业的工作经验，其余人都是在校大学生或刚刚毕业的大学生。公司成立之初，主要以华南地区的中短途高速公路运输业务为主。没多久，吴少武接到了广汽丰田公司配件供应商的大单，专门负责把汽车零配件从公司的仓库运送到广东西部沿途各大 4S 汽车销售店里。由于吴少武的公司物流业务服务水平较高，在运输汽车原配件上做到了零破碎、零延误、零事故，为公司赢得了客户的信赖，业务保持了较好的发展，公司一个月的营业收入增长了 60 多万元。

大四毕业后，当别人都在四处找工作的时候，吴少武已是一家物流公司的老总了。虽然创业成功了，但他并没有因此而沾沾自喜。他不仅头脑灵活会赚钱，而且学习热情也很高，他决定继续到华南理工大学创业教育学院深造。华南理工大学创业教育学院是依托其工商管理学院成立的，除需要学完专业课程外，还要修满一定的创业培训课程和实训课程学分。更吸引人的是，学院给学生提供校内外一对一的导师指导，且对学生创业项目进行预孵化，甚至进行产业化。学院已募集创业培育基金、创业投资基金 120 万元和 5 000 万元。吴少武成为学院选拔的第一批有强烈创业意愿和创业潜力者，学校和学院将从政策、技术、资金等方面对创业学生提供有效的帮助，让学生创业的梦想能够得以实现，并促进学生的初创企业走得更远、更稳。

（资料来源：吴少武：一个边学习边实践的大学生创业者，http://gushi.025771.com/gushihui_51834/）

理论讲堂

什么是资源？资源的官方定义是一国或一定地区内拥有的物力、财力、人力等各种物质要素的总称，包括自然资源和社会资源两大类。自然资源包括阳光、空气、水、土地、森林、草原、动物、矿藏等，社会资源包括人力资源、信息资源以及经过劳动创造的各种物质财富等。

在对资源的初步认识中，很多人会陷入一个误区，认为只有有形的资金、设备、人力、物力等才是资源。其实，在当今时代，真正最具财富创造力的资源不是有形的资源，而是无形的知识与人脉。美国钢铁大王及成功学大师卡耐基经过长期研究得出结论："专业知识在一个人的成功中只起到15%的作用，而其余的85%则取决于人际关系。"所以说，无论你从事什么职业或者说你即将开始什么创业项目，学会处理人际关系，掌握并拥有丰富的人脉资源，你就成功了一半。

一、创业资源的内涵

创业资源是指新创企业在创造价值的过程中需要的特定的资产，包括有形与无形的资产，它是新创企业创立和运营的必要条件，其主要表现形式为：创业人才、创业资本、创业机会、创业技术和创业管理等。

创业资源是新创企业成长过程中必需的资源，按照不同标准有以下两种分类方式。

（一）按照资源的表现形式分类

有形资源（实体资源）：一切能够看得见的，身体能够感受得到的条件，比如工资标准、福利待遇、职位级别等。

无形资源（虚拟资源）：一切无形的、由精神以及头脑所获得的资源，比如知识、人生观、思想等。

（二）按照资源对企业成长的作用分类

要素资源：直接参与企业日常生产、经营活动的资源，主要有场地资源、人力资源、资金资源、技术资源、管理资源等。

环境资源：未直接参与企业生产，但其存在可以极大地提高企业运营的有效性，称之为环境资源，主要有政策资源、信息资源、文化资源、品牌资源等。

二、创业资源的类型

创业资源大体可分为七大类，分别是人脉资源、人才资源、信息资源、技术资源、资产资源、行业资源、政府资源。客户资源属于人脉资源，资金资源是资产资源的一种类型。创业者创业获得了丰富的创业资源，主要是指获得了客户资源、技术资源、政府资源和信息资源。75%的创业者表示能够在国内获得良好的客户资源，而有三分之一的被调查者表明只获得了资金资源和人才资源。由此可知，创业资源对创业者来说非常重要，并且每一个人所拥有的创业资源是不同的。

(一) 人脉资源

在创业过程中，人脉资源是第一资源。拥有各种良好的人脉关系，能方便地寻找到投资、技术与产品、渠道等各种创业机会。整合人脉资源是创业成功的基础。人脉资源具有的特性包括：长期投资性、可维护性、可扩展性、有限性、随机性、辐射性。

(二) 人才资源

现代企业的竞争，归根结底是人才的竞争。当前许多企业正处在发展变革的重要关头，要想在激烈的市场竞争中获取胜利，就必须提升人才资源的价值。

(三) 信息资源

当今社会的飞速发展给创业者提供了一个新的信息视角，对很多创业者来说，信息资源就是成功的机遇，而机遇转瞬即逝。信息资源与人力、物力、财力以及自然资源一样，都是创业企业的重要资源。因此，创业者应该像管理整合其他资源那样管理整合信息资源，并把握信息资源。

(四) 技术资源

创业技术是创业期间的关键资源之一，它是决定所需创业资本大小、创业产品的市场竞争力和获利能力的根本因素。创业企业成功的关键是要拥有先进的创业技术。

第一，创业技术是决定创业产品的市场竞争力和获利能力的关键因素。

第二，创业技术决定了企业需要多少创业资本。对于在技术上非根本创新的创业企业来说，创业资本只要保持较小的规模便可维持企业的正常运营。

(五) 资产资源

创业离不开资本的支持，创业者在整合资产资源的同时要考虑资本会为企业带来哪些其他资源，如政府背景、行业背景、市场影响力、营销支撑等。

整合资产资源，不仅仅是解决"钱"的问题，更重要的是看战略投资者还能为企业带来哪些其他资源，最为关键的是，选择的战略投资者要与企业当前阶段的发展目标相吻合。如何整合资源引进外来资本呢？

（1）要对准备引入的资产有整体的了解。在初步确定投资意向之后，创业企业就可以根据实际情况，在众多的意向投资者中选择目标。在接触之前，要认真了解投资者的基本情况，如其资质情况、业绩情况、提供的增值服务情况等。

（2）在与投资者接触面谈之前，企业自身应准备好必要的文件资料。双方谈判将会一直围绕企业的发展前景、新项目的想象空间、经营计划和如何控制风险等重点问题进行。

（3）在签订的合同书中，创业企业和投资人双方必须明确两个基本问题：一是双方的出资数额与股份分配，其中包括对投资实业的技术开发设想和最初研究成果的股份评定；二是创业企业的人员构成及双方各自担任的职务。

（六）行业资源

要充分了解某行业，掌握该行业的关系网，比如业内竞争对手、供货商、经销商、客户、行业管理部门等。行业资源并非只有这些，科研机构、行业协会、行业杂志、行业展会、业内研讨会、专业书籍等资源都需要创业者平时加以关注，发掘其价值，从而为企业发展服务。要使创业成功，就要做自己熟悉的行业，要熟悉本行业企业的运营，熟悉竞争对手。

（七）政府资源

掌握并充分整合政府资源、享受政府扶持政策，可使创业少走许多弯路，达到事半功倍之效。创业的扶持政策主要包括财政政策、税收政策、科技政策、产业政策、金融政策、人才政策等。政府资源对创业者而言是不可多得的成功创业的助推器。政府资源即各项优惠扶持政策，包括财政扶持政策、融资政策。税收政策、科技政策、产业政策、中介服务政策、创业扶持政策、对外经济技术合作与交流政策、政府采购政策。

三、创业资源的重要性

明确资源的具体分类以及资源的获取方式对企业的发展和崛起起着重要作用，要素资源直接促进创业企业的发展；而环境资源可以影响要素资源，并间接促进创业企业的成长。在进行创业时，只有正确地获取创业资源并加以合理、有效地利用，才能在更大程度上获得创业机会，提高创业绩效并取得创业的成功。

（一）要素资源可以直接促进创业企业的成长

1. 场地资源

任何企业都要有生产和经营的场所，高科技创业企业也不例外，这是企业存在的首要条件之一。如为科技人员提供舒适的研究开发环境和高速网络通信系统，为市场人员提供便捷的商务中心和配套设施等，优质的场地资源将有助于创业企业更快、更好地成长。

2. 资金资源

充足的资金有助于加速创业企业的发展。高科技创业企业无论是进行产品研发还是生产销售，都需要大量的资金，而且，创业企业往往由于资产不足而缺乏抵押能力，很难从银行得到足够的贷款，这更使得资金资源成为企业高速发展的瓶颈。因此，如何有效地吸收资金资源是每个创业者都极为关注的问题。

3. 人才资源

人才对于高科技企业的成长和发展已经越来越重要。事实上，当代企业管理中的人才已经由传统的"劳动力"概念转变为"人力资本"的概念。高素质人才的获取和开发成为现代企业可持续发展的关键；对于高科技企业来说，因为其更大的知识比重，人才资源则更为重要。

4. 管理资源

高科技企业的创业者大多是科技人员出身，他们本身具备较强的科研能力，但是在企业管理知识方面往往有所欠缺，很多高科技创业企业都失败于管理不善，这意味着一套完整而高效的管理制度是创业企业的宝贵资源。当然，在企业缺乏这一资源时，专业的管理咨询策划可以帮助创业企业提高生产和运作的效率。

5. 科技资源

高科技创业企业主要是研发和生产科技产品，科技资源的重要性不言而喻。积极寻找并引进有商业价值的科技成果，加强和高校科研院所的产学研合作，将有助于加快产品研制和成型的速度，缩短产品进入市场的时间，为企业的市场竞争提供有力支持。

（二）环境资源可以影响要素资源，并间接促进创业企业的成长

从中国的创业环境来看，发展高科技企业需要制定相应的扶持政策，只有在政策允许和鼓励的条件下，创业企业才能获得更多的国内外人才、贷款和投资、具有明确产权关系的科技成果、各种服务和帮助以及场地优惠等。

四、创业资源获取的途径和技能

（一）创业资源获取的途径

创业资源的获取来自两个方面，一是自有资源，二是外部资源。创业资源获取的途径包括市场途径和非市场途径。

市场途径是指通过支付一定的费用在市场上购买相关资源；非市场途径则是指通过社会关系，用最小的代价甚至无偿获取资源。

显然，创业者的自有资源往往是通过非市场途径获取的。由于起步阶段的创业者往往囊中羞涩，很难通过购买的方式获取创业所需的各种外部资源，因而非市场途径——通过社会关系，用最小的代价获取创业资源成为创业者的首选，甚至无偿获取创业资源也并非不可能。

获取外部资源的关键在于拥有资源使用权或能控制和影响资源配置。对于特定的创业资源，应当根据创业项目及创业者的实际情况综合考虑获取方法。

获取创业资源的关键往往取决于企业的软实力。无形资源往往是撬动有形资源的重要杠杆。

（二）创业资源获取的技能

蒂蒙斯认为，成功的创业活动必须对机会、创业团队和资源三者进行最适当的匹配，并且要随着事业的发展而不断进行动态平衡。创业过程由创业机会启动，在创业团队建立以后，创业者就应该设法获得创业所必需的资源，这样才能顺利实施创业计划。为了合理获取、利用资源，创业者往往需要制定设计精巧、用资谨慎的创业战略，而创业团队则是实现创业目标的关键组织要素，为此创业者或创业团队必须具有高超的领导力和沟通能

力，能够适应市场环境的变化，沟通能力是其中尤为重要的一种能力。

为了获取创业资源，创业者及其团队应该有较好的人际沟通能力、沟通技巧以及顺畅的沟通机制。

人际沟通能力是指通过情感、态度、思想、观点的交流，建立良好协作关系的能力。有效性和适当性是评价沟通能力的重要指标，有效性即沟通行为有助于个人目标、关系目标实现的程度；适当性即沟通行为与情境和关系保持一致的程度。

沟通技巧是指参与沟通的人具有收集和发送信息的能力，能通过书写、口头与肢体语言等媒介，有效且明确地向他人表达自己的想法、感受与态度，亦能较快并正确地解读他人的信息，从而了解他人的想法、感受与态度。沟通技巧涉及许多方面，如简化运用语言、积极倾听、重视反馈、控制情绪等。虽然拥有沟通技巧并不意味着一定会成功获取创业资源，但缺乏沟通技巧大多会使创业者遇到许多麻烦和障碍。

在获取资源的过程中，与各方沟通是必不可少的，因此创业者及其团队必须与各方建立顺畅的沟通机制，应派出有一定沟通能力的团队成员负责与各方沟通，这是成功获取创业资源的关键因素。有研究结论很直观地证明了沟通的重要性，即"两个70%"，这同样适用于创业者获取资源的任务。

第一个"70%"是指企业的管理者，实际上有70%的时间用在沟通上。开会、谈判、谈话、做报告是最常见的沟通形式，撰写报告是一种书面沟通的方式，对外的各种拜访、约见也都是沟通的表现形式。

第二个"70%"是指企业中70%的问题是由沟通障碍引起的。例如，企业常见的效率低下问题，实际上往往是有了问题后，大家没有沟通或不懂得沟通引起的。另外，企业执行力差、领导力不高的问题，归根到底都与欠缺沟通能力有关。

无论是人与人之间还是企业与企业之间，良好感情的建立都是双方持续不断地、顺畅沟通的结果。创业者获取资源、整合资源的过程就是与创业企业内、外部的资源供给者充分沟通的过程。在企业外部，创业者需要与外部的投资者、银行、媒体、同行从业者、消费者、供应商等通过沟通建立联系，获得信任，消除利益分歧，争取对方的扶持与帮助，取得共赢的结果；在企业内部，创业者需要通过顺畅沟通鼓舞士气，吸引人才，留住人才，进而提升企业运营绩效。

✓ 拓展延伸

打动投资人的七个关键点

在过去的10年中，我参加了无数次投资人会议，经验告诉我：讲故事的方式和故事本身一样重要。

无论你是一位经验多么丰富的企业家或CEO，第一次获得投资并不容易。如果你不具备讲故事的天赋，那你就要付出更多的努力，因为你只有一次给人留下好印象的机会。

大多数创始人都梦想着改变世界，并且，他们比任何人都了解自己的实力。那么为什么尽管他们充满野心和抱负，却难以实现心中的愿景呢？

每年都有数以百计的初创企业试图接近我们，但真正能够出现在我的合作伙伴和投资人面前的可能只有那么十几个。他们想要获得投资，就要拿出能够令人信服的东西，将其明确、清晰地展示在我们的面前。

按照我多年的经验，如果你不能在前3分钟内让投资人明白你所要表达的主旨，那么你获得投资的可能性就很低了。

以下是我总结的七个关键点，相信能够帮助你提高获得投资的成功率。

（1）以高质量的公司业务作为开场白。一个好的开场白是阐明你的信息的关键。

（2）内容尽量精简。用简洁的语句明确地表达你的观点才是明智之举。

（3）带上你的团队，让他们参与到演讲中。介绍你的团队，好过让他们尴尬地坐在旁边。对于投资人来说，他们希望看到的是一个团结协作的团队。

（4）准备好回答问题。如果投资人问了你一个问题，你最好先做一个简短的回答，然后再用多张幻灯片作为回复。有时候，回答问题的方式比你的回答更重要。

（5）最后以一人强有力的总结作为结束语。要确保你的总结能够准确地向投资人传递你的关键信息，增强他们投资你的决心。

（6）如果你被否决了，不要气馁。一旦会议结束，无论结果如何，都要保持乐观。因为每一个投资人的口味都是不同的。他们的目标、兴趣也不尽相同。有时候，投资人对你的否定会在下一次见面中变成肯定。所以，和你的潜在投资人保持联系将会提高你成功的概率。

（7）如果投资人的反馈你不理解，可以要求他们讲解清楚。你可以从投资人的反馈中学到很多东西，毕竟他们评估过无数的企业，所以通常他们有很好的评估技巧来判断创业公司的潜力。这将在未来的风投会议中提高你成功的机会。

（资料来源：见投资人时，可能打动对方的7个小细节，http://www.startup-partner.com/1309.html）

任务2　创业资源的利用与整合

✅ 起航阅读

蒙牛集团牛根生——一个企业90%的资源都是整合进来的

蒙牛集团创始人牛根生是资源整合的牛人。牛根生刚开始只是伊利的一个洗碗工，凭着自己的勤奋和聪明做到生产部门的总经理。后来因各种原因被伊利辞退了，但是他那个时候已经40多岁了，去北京找工作，人家嫌弃他年纪大。于是，他又回到呼和浩特，邀请原来伊利的几个同事一起出来创业，人有了，但是问题是没有奶源，没有工厂，没有品牌，每一项都是致命的。

之后，牛根生开始进行资源整合，通过人脉关系找到哈尔滨一家乳制品公司，这家公司设备都是新的，但是生产的乳制品质量有问题，同时没有打通营销渠道，所以产品一直滞销，牛根生马上找到这家公司的老板："你来帮我们生产，我们这边都是伊利技术高层，能帮忙把技术关，牛奶的销售铺货我们也承包了。"这位老板一听，马上答应下来。他们几个一起出来创业的伙伴解决了第一个问题——生存的问题。

第二个问题，没有品牌怎么办？在乳制品这个行业，没有品牌很难销售，因为品牌代表着安全可靠。牛根生很快就想出了办法，即借势、整合，他提出口号："蒙牛甘居第二，向老大哥伊利学习。"口号一出，伊利哭笑不得。牛根生不只是盯着伊利，还把自己和内蒙古的几个知名品牌联系起来，说："伊利，鄂尔多斯，宁城老窖，蒙牛为内蒙古喝彩！"因为前三个都是内蒙古的驰名商标，把自己放在最后，给人感觉"蒙牛"就是内蒙古的第四品牌。牛根生通过整合品牌资源，让蒙牛没有花一分钱，就成为知名的品牌。

第三个问题，没有奶源怎么解决？自己买牛去养不太现实，养牛很贵，也没有那么多人员去照顾。于是，蒙牛整合了三方面的资源，第一个是农户，第二个是农村信用社，第三个是奶站的资源。让信用社借钱给奶农，蒙牛担保，而且蒙牛承诺包销路。奶牛生产出来的奶由奶站接收。蒙牛定时把信用社的钱还了，把利润给奶农，还趁机喊出一个口号："一年养 10 头牛，过的日子比蒙牛的老板还牛。"

我们要学会整合资源，发挥自己的长处，整合别人的优势。整合资源可以用更少的成本创业甚至实现零成本创业。

理论讲堂

创业者能否成功地发现机会，进而推动创业活动向前发展，通常取决于他们掌握和能整合到的资源，以及对资源的利用能力。许多创业者早期能获取与利用的资源都相当匮乏，而优秀的创业者在创业过程中体现出的卓越创业技能之一，就是创造性地整合、转换和利用资源，尤其是能够创造持续竞争优势的战略资源，并由此成功地发现创业机会，推进创业过程向前发展。

例如，蒙牛创业初期，显性的资源几乎没有，也就是资金、奶源、厂房、销售渠道一无所有，后来牛根生和他的团队利用自己在伊利创建的人脉资源、信誉资源以及内部团队的智力资源等隐性资源，把各种显性资源一一整合起来，到了 2009 年年初，蒙牛实现营业额增长 575 倍。

牛根生曾说：蒙牛的企业文化中有"4 个 98"——资源的 98% 是整合，品牌的 98% 是文化，经营的 98% 是人性，矛盾的 98% 是误会。在这里，第一个 98% 就是资源整合，可见资源整合在创业资源开发中的重要性。

成功的创业者创造性地整合、转换和利用资源的途径一般有三种，即有效利用自有资源、创造性地拼凑资源和发挥资源的杠杆效应。从一些成功创业的案例中可以发现，有的创业资源在初创期可能是拼凑而来的，而在下一个阶段创业者则可能发挥资源的杠杆效应，或者使其兼具其他模式的特征。

一、有效利用自有资源

大部分创业者因为受到有限资源的约束，被迫寻找创造性的方式开发商机去建立企业，并推动企业的发展，学术界用"Bootstrapping"一词来描述这一过程中创业者利用资源的方法。这个方法主要是指在缺乏资源的情况下，创业者分多个阶段投入资源，并且在每个阶段或决策点投入最小的资源，因此也被称为"步步为营法"。

美国学者杰弗里·康沃尔（Jeffery Cornwall）指出，步步为营不仅是一种做事最经济的方法，而且是在有限资源的约束下获得满意收益的方法，步步为营法不仅适用于小企业，同样适用于高成长企业和高潜力企业。

步步为营法的主要策略是成本最小化，设法降低资源的使用量，降低管理成本。但过分强调降低成本会影响产品和服务质量，甚至会制约企业的发展。例如，为了求生存和发展，有的创业者不注重环境保护，或者盗用别人的知识产权，甚至以次充好，这样的创业活动尽管在短期内可能赚取利润，但就长期而言，它将会影响企业的发展。所以，企业需要有原则地运用成本最小化的步步为营法。

步步为营的策略还表现为自力更生，最大限度地减少对外部资源的依赖，最大限度地发挥创业者投入企业内部的资金的作用，目的是降低经营风险，加强对创业企业的控制。很多时候，步步为营不仅是一种做事最经济的方法，也是创业者在资源受限的情况下寻找实现企业理想目标的途径，更是在有限资源的约束下获得满意收益的方法。习惯于步步为营的创业者会形成一种审慎控制和管理的经营理念，这对企业的成长与向稳健成熟发展期过渡尤其重要。

在兼顾企业使命的情况下，创业者运用步步为营法时仍有很大的可供选择的余地。例如，创业者可以通过申请政府创立的创业园或创业孵化器，享受那里的免费办公室，与其他创业者一起共享办公设备等，也可以聘用兼职人员、招聘实习生。总之，在实现创业目标的过程中，创业者能够独辟蹊径地找到许多降低成本的方法。

二、创造性地拼凑资源

在创业情境下，资源约束是创业者面临的首要问题，大多数创业者都缺乏资源来开发创业商机。那么创业者如何利用手头现有的、零散的、在他人看来没有什么价值的资源，富有创造力地构想资源的新用途并且用它们来发现机会或支持初创企业的成长呢？

Baker，Nelson 和 Aldrich 等学者在他们的早期创业研究中借用法国人类学家列维·斯特劳斯（Levi-Strauss，1967）在《野性思维》一书中提出的"拼凑"概念，对创业者和初创企业的资源拼凑行为进行了系统的研究。他们创建的创业资源拼凑理论从一个全新的视角来认识现实中不同类型的创业过程，同时也对创业者在资源利用方面的战略行为特征进行了深刻的解读和生动的描述。

资源拼凑理论在自身的发展过程中形成了三个核心概念，即"凑合利用""突破资源约束"和"即兴创作"。这三个概念都与资源紧密相关，从不同角度反映了创业过程的资源拼凑特点。具体而言，"凑合利用"是指利用手头资源来实现新的目的和开发新的商机，重在对资源的创新性利用；"突破资源约束"是指创业者拒不向资源、环境或者制度约束屈服，积极主动地突破资源传统利用方式的束缚，利用手头资源来实现创业目标，凸显了创业者在资源拼凑过程中表现出来的创新意识以及创造创业价值所必需的可持续创业能力；而"即兴创作"与前面两个概念紧密相关，是指创业者在凑合利用手头资源、突破资源约束的过程中必须即兴发挥，创造性地使决策和行动同时进行。

案例播报

拼凑"苍蝇"，臭芒果花也能完成授粉

芒果开花有异味，海南的芒果因每到开花季节就臭气熏天，导致蜜蜂"拒绝"前来授粉。一直以来，芒果主要依靠人工授粉，但这种方法成本较高，速度慢，满足不了芒果花花期的授粉要求。

芒果园的果农想尽各种办法吸引蜜蜂，先是用糖水引蜂，但没有成功，后来通过给蜂农补贴，把蜂箱搬到园里，强迫蜜蜂授粉，结果还是不行。就在果农心灰意冷时，科学院的专家帮忙想出了一个"拼凑"创新的好点子。

专家建议果农收集农贸市场的渔业垃圾，撒在树干和树下，臭鱼烂虾引来了苍蝇。苍蝇虽然不会授粉，但它在叮芒果树上的臭鱼烂虾时，腿上的绒毛沾满花粉，在树干间飞来飞去时可以完成授粉。花期结束后，果农对这些臭鱼烂虾进行了填埋处理，还顺便解决了施肥问题。

这是物质资源拼凑的一个典型成功案例，不花一分钱，果农利用了苍蝇和渔业垃圾两种厌弃性资源，将它们重新组合后，产生授粉和施肥两大效果。不得不说，这不但是授粉的创新，而且是一种集约型的、值得推广鼓励的创新。

（资料来源："拼凑"苍蝇，臭芒果花也能完成授粉，http://finance.sina.com.cn/roll/20131228/144017783008.shtml）

综上所述，创造性地拼凑不是凑合，而是在资源约束条件下，创业者为了解决新问题，开发新商机，整合手边现有资源，创造出独特的服务和价值。实现创造性拼凑需要三个关键要素：身边有可用的资源、整合资源实现新的目的和凑合使用。

1. 身边有可用的资源

善于进行创造性拼凑的人常常拥有一批"零碎"，它们可以是物质，也可以是一门技术，甚至可以是一种理念。这些资源常常是免费的或廉价处理品。在他人眼里，它们一文不值，最多像一根鸡肋。

身边的已有资源经常是慢慢积攒下来的。拥有它们时创业者也许并不十分清楚它们的用途，而是基于一种习惯，或是抱有"也许以后用得着"的想法。那些根据当前项目的需要，经过仔细调研而获得的资源，不属于身边资源的范畴。综观成功的企业家，会发现他们很多都是拼凑高手，能将身边的"破铜烂铁""妙手回春"，改造为早期的设备。

此外，很多高新技术企业的创业者并不是科班出身，只是出于兴趣或其他原因，对技术略知一二。但是，往往就是凭借这个"一二"，创业者能够敏锐地发现机会，并将这一身边资源迅速转化成生产力。我国计算机行业老大联想的掌门人柳传志毕业于军校，专业是雷达系统，他并不是计算机专业科班出身，但在中科院计算机研究所工作期间耳濡目染的一些相关知识，成为他日后掌舵联想的重要基石。

2. 整合资源实现新的目的

拼凑的另一个重要特点就是为了其他目的重新整合已有资源。市场环境日新月异，对企业是挑战也是机遇。环境的变化使新问题层出不穷，但机会也接踵而至。机会转瞬即

逝，任何企业的资源结构不可能适合所有的情况，也没有企业总是能够在第一时间找到合适的新资源。于是，整合手边已有的资源，快速应对新情况，成为企业"保卫阵地，抢占制高点"的利器。这些资源可能是藏在仓库中的废旧物资，也可能是旁人弃之如敝履的二手货。拼凑者用一双善于发现的眼睛来洞悉身边资源的各种属性，将它们创造性地整合起来，开发新商机，解决新问题。这种整合往往不是事先仔细计划好的，而是具体情况具体分析、"摸着石头过河"的产物。

3. 凑合使用

出于成本和时间的考虑，创造性拼凑的载体常常是身边的一些废旧资源。这种先天不足从一开始就注定了拼凑出的东西品质有限。将就意味着拼凑者需要突破固有观念，忽视正常情况下人们对资源和产品的常规理解，有意识且持续地试探一些惯例的底线，坚持尝试突破，并承担随之而来的后果。因为拼凑的东西会事故频发，需要一次次地尝试、一次次地矫正，然后才能满足企业的基本需求，完美主义者或怯于承担风险的人常常难以忍受。但在资源束缚的条件下，创业者除了将就，很少有别的选择。何况，拼凑有可能在一个个不完美中逐渐蜕变出辉煌。

对于新业务，创造性拼凑的三种要素往往同时出现，从而使企业资源结构独树一帜。由此可见，创造性拼凑的三种要素能形成合力，创造出一种强有力的机制，让贫瘠的土地盛开绚丽的"生命之花"。

三、发挥资源的杠杆效应

资源的杠杆效应是指以最小的付出获取最大收获的现象，通常有以下几个表现形式。

第一，利用一种资源换取其他资源。

第二，创造性地利用别人认为无用的资源。

第三，能够比别人有更长的时间占用资源。

第四，借用他人或其他公司的资源来达成自身的目的。

第五，用一种富裕资源弥补一种稀缺资源，使其产生更高的附加值。

杠杆效应对推动创业活动具有重要的意义，因此创业者要在创业过程中训练自己发挥资源杠杆效应的能力。

✓ 案例播报

服装店和美容院合作共赢

服装店老板在自己的服装店里帮美容店老板宣传产品，在服装店有促销活动时，就将美容店的赠品券送给顾客。这样顾客就会珍惜这张赠品券的价值，不会随便丢弃，也不会对美容院的形象造成不良影响，而顾客拿着赠品券到美容店里去拿赠品时，就又可能成为美容店的会员。另外，服装店老板同样会印制一些服装代金券放在美容店里。客户如果成为美容店的会员就可以获得代金券，到服装店里买衣服时可以抵扣现金。美容店老板一听说这种互赢互惠的合作方式，立即兴奋起来。

结论：双方在产品上不存在竞争，在商业地位上相对平等。面对的消费群体也比较一致,不会因为合作而产生冲突。只要是与自己的生意不存在竞争的店铺,都可以用这种方式进行合作,达到共赢的效应。

对于创业者来说,由于初期资金缺乏、时间紧迫,最容易产生杠杆效应的资源就是创业者自身的素质和能力以及社会资源等非物质资源。就创业者的素质与能力来说,如果创业者具有能够识别一种没有被完全利用的资源的能力、将某种资源运用于特殊方面的能力及说服资源拥有者让渡使用权的能力,都能使资源发挥出杠杆效应。

就社会资源的杠杆效应来说,社会资源存在于社会结构之中,为人们交易、协作提供了便利。在外部联系人之间,社会交往频繁的创业者获取的相关商业信息更加丰富,这有助于提升创业者对特定商业活动的深入认识和理解,从而使创业者更容易识别出常规活动中难以被其他人发现的顾客需求,进而更容易获得财务和物质资源——这正是杠杆作用所在。

任务3 融资决策的过程管理

☑ 起航阅读

"胎死腹中" 的大师之味

2016年4月,餐饮外卖平台大师之味通过官方微信号发布告别信,宣布全部业务停止运营,成为又一个死于天使轮融资的创业企业。大师之味成立于2015年5月,同年7月底上线,计划通过共享经济模式将一批五星级酒店大厨整合起来,打造面向高端用户的餐饮外卖平台。然而,一切完美的计划和美好的梦想都因为缺乏资金而仅仅停留在创业计划书上,融资失败让大师之味的创业梦想"胎死腹中"。

大师之味CEO范新红在告别信中表示,中央厨房的倒下、资金的枯竭是失败的最大原因。他说:"我们已经找到了最经济的配送模式,只要我们的产品组合再优化一下,再导入更多的流量,再拓展更多的众包配送站,就可以使盈亏平衡、就可以盈利,就可以生存下去,我们就可以把这个名师精品外卖模式真正建立起来。"

在O2O风潮过后,平台型创业企业洗牌现象正在加剧。2015年,餐饮行业的竞争、兼并和死亡尤其激烈。美团网与大众点评网合并,饿了么携阿里巴巴12.5亿美元的投资强势整合有口碑的外卖。范新红的告别信中还提到,本有投资机构找到他们,但最终,大师之味还是由于内部原因而与风险投资擦肩而过。

创业初始,企业还没有找到有效的商业模式,很难快速实现盈利,此时资金的支撑毫无疑问是推动创业企业摸索前进的重要力量。在创业者自身缺乏资金实力的情况下,面向外部机构进行创业融资可以说是最实在、最高效的选择。也许是多种原因导致了大师之味未能踢出"临门一脚",但融资的失败使大师之味失去了证明自己的机会。

也许大师之味构建的模式是成立的,也许大师之味制订的计划是有效的,也许大师之味能够成为高端餐饮外卖平台的明星企业,也许……然而,创业没有那么多的也许。大师之味"胎死腹中"这一令人唏嘘的故事表明,即使拥有完美的想法和计划,美好的市场前景，如果没有资金，一切都无法实现。资金就像创业企业的血液，支撑着企业的运转和成长。创业融资是创业企业建立和发展过程中最为关键的资源寻求活动，决定着创业企业的生死。

理论讲堂

一、关于创业融资

（一）创业融资的概念

创业融资是指创业企业根据自身发展的要求，结合生产经营、资金需求等现状，通过科学的分析和决策，借助企业内部或外部的资金来源渠道和方式，筹集生产经营和发展所需资金的行为和过程。

从狭义上讲，融资是一个企业筹集资金的行为及过程，是企业依据自身的生产经营状况、资金拥有状况，以及未来经营发展的需要，通过科学的预测和决策，采用一定的方式，从一定的渠道向企业的投资人和债权人筹集资金，组织资金供应，以保证企业正常生产需要、经营管理活动需要的理财行为。

从广义上讲，融资也叫金融，也就是货币资金的融通，不仅包括资金的融入，也包括资金的运用，即包括狭义融资和投资两个方面。

（二）创业融资的重要性

对创业者来说，创业融资具有非常重要的意义，主要表现在以下四个方面。

（1）创业融资是创业者及时抓住创业机会的重要手段。麦可思研究院发布的《2022年中国大学生就业报告》显示，本科毕业生中有 1.2% 选择自主创业，高职毕业生中有3.1% 选择自主创业，与国外大学生 10%~20% 的创业率差距非常大。原因何在？据有关调查，80.1% 的大学生认为"缺乏启动资金"是创业的最大障碍。

（2）创业融资是创业企业生存发展的基础。如果把企业比喻成一辆汽车，那么资金就是使企业这辆汽车开动起来的汽油。资金不仅是企业生产经营过程的起点，更是企业生存与发展的基础。企业资金链的断裂很可能导致企业破产。

（3）合理融资有利于降低创业风险。创业企业使用的资金是从各种渠道借来的，都有一定的资金成本。因此，合理选择融资渠道和融资方式，有利于降低资金成本，将创业企业的财务风险控制在一定范围内。

（4）科学的融资决策有利于企业的可持续发展，为创业企业植入"健康的基因"，保证企业的健康可持续发展。

（三）创业融资的过程

（1）做好融资前的准备。市场经济条件下，个人诚信是无形资产，它能有效拓宽获取各种资源的渠道。

此外，创业者需要广泛搭建人脉，与现实和潜在的资金提供者建立和发展良好的融资关系。

（2）计算创业所需资金。在筹集资金之前，要运用科学的方法测算出创业所需的资金量。

（3）编写创业计划书。编写好创业计划书不仅有助于企业通盘考虑创业启动阶段所需的资金量，还具有帮助其获得风险投资支持的不可替代的作用。

（4）选择合适的融资方式与融资渠道。

（四）创业融资难的原因

（1）不确定性。根据清华大学中国创业研究中心 GEM《全球创业观察》项目的研究成果，市场变化大是我国创业环境的重要特征。市场变化大，一方面意味着有更多的创业机会，另一方面则意味着创业活动本身面临非常大的不确定性，因而创业过程中存在诸多风险。

（2）信息不对称。一般而论，创业者比投资者对于市场创业项目、自身能力、创新水平与市场前景更加了解，处于信息优势地位。与创业者相比，投资者则处于相对信息劣势的地位。银行借贷说到底是为了逃避风险，而风险的根源就是信息不对称。

二、创业所需资金的测算

正确测算创业所需资金有利于确定筹资数额，降低资金成本。在测算创业所需资金之前，先要了解创业资金的分类。

（一）创业资金的分类

按照资金投入企业的时间可将创业资金分为投资资金和营运资金。

1. 投资资金

投资资金发生在企业开业之前，是企业在筹办期间发生各种支出所需要的资金。投资资金包括企业在筹建期间为取得原材料、库存商品等流动资产投入的流动资金；购建房屋、建筑物、机器设备等固定资产，购买或研发专利权、商标权、版权等无形资产投入的非流动资金；以及在筹建期间发生的人员工资、办公费、培训费、差旅费、印刷费、注册登记费、营业执照费、市场调查费、咨询费和技术资料费等开办费用所需资金。

2. 营运资金

营运资金是从企业开始经营之日起到企业能够做到资金收支平衡为止的期间内，企业发生各种支出所需要的资金，是投资者在开业后需要继续向企业追加投入的资金。企业从开始经营到能够做到资金收支平衡为止的期间称为营运前期。营运前期投入的资金一般主要是流动资金，既包括投资在流动资产上的资金，也包括用于日常开支的费用性支出所需的资金。

创业企业开办之初，其产品或服务很难在短期内得到消费者的认同，企业的市场份额较小且不稳定，难以在开业之时就形成一定规模的销售额，而且，在商业信用极其发达的今天，很多企业会采用商业信用的方式开展销售和采购业务。赊销业务的存在，使企业实现的销售收入的一部分无法在当期收到现金，因此现金流入并不像预测的销售收入一样多。规模较小且不稳定的销售额，以及赊销导致的应收款项的存在，往往在企业开业后相当长的一段时间内，其销售过程中形成的现金流入无法满足企业日常的生产经营需要，从而要求创业者追加对企业的投资，形成大量的营运资金。

营运前期的时间跨度往往依企业的性质而不同，一般来说，贸易类企业可能会短于一个月；制造企业则包括从开始生产之日到销售收入到账这段时间，可能要持续几个月甚至几年；不同的服务类企业其营运前期的时间会有所不同，可能会短于一年，也可能会比一年要长。

在很多行业，营运资金的需求要远远大于投资资金的需求。认识营运资金的重要性，有利于创业者充分估计创业所需资金的数量，从而及时、足额筹集资金。

(二) 投资资金的测算

为了保证公司能对创业投资资金进行准确的估算，创业者需要具备丰富的企业管理经验，以及对市场行情的充分了解。为了较为准确地估算出自己的创业投资资金，创业者需要将资金项目分类列表，而且越详细越好。一个可靠的办法是集思广益，想出你所需要的一切，从有形的商品（如场地、库存、设备和固定设施）到专业的服务（如装潢、广告和法律事务等），分门别类，然后就可以开始逐项测算创业启动所需要支付的费用了，其范围包括创业企业开业之前固定资产的投入、流动资金以及开办费等，如表5-1所示。

表5-1 投资资金测算

序号	项目	数量	金额
1	房屋、建筑场地		
2	设备		
3	办公家具		
4	办公用品		
5	员工工资		
6	创业者工资		
7	市场调查费用		
8	房屋租金		
9	购买存货/原材料		
10	营销费用		
11	水电费、电话费		
12	保险费		
13	设备维护费		
14	员工培训费		
15	开办费		
……			
合计			

(三) 营运资金的测算

营运资金是指创业企业从开业后到盈亏平衡前，为保证日常正常运转所必不可少的周转资金。广义的营运资金又称为总营运资本，是指一个企业投放在流动资产上的资金，具体包括现金、有价证券、应收账款、存货等占用的资金；狭义的营运资金是指某时间点内企业的流动资产与流动负债的差额。营运资金通常在一个运营周期内就可以收回，可以通过短期资金解决，创业者一般至少要准备企业开办头6个月所需的营运资金。营运资金的测算步骤如下。

第一步：测算创业企业的营业收入

测算营业收入是制订财务计划、编制预计财务报表的基础，创业企业无既往销售业绩可供参照，创业者只能依据市场调查、销售人员的综合意见、专家咨询，甚至同类创业企业的销售量等，来预测月度、季度乃至年度的销售量，再根据定价估算出营业收入。创业者可以通过表5-2来进行营业收入预测。

表5-2　营业收入预测

企业名称：　　　　　　　　　　　　年　　　　　　　　　　　　单位：元

项目		1	2	3	4	5	6	…	n	合计
产品一	销售数量									
	平均单价									
	销售收入									
产品二	销售数量									
	平均单价									
	销售收入									
……	……									
合计	销售总收入									

第二步：编制预计利润表

利润表又称为损益表，是反映企业在一定时期内经营成果的会计动态报表，如表5-3所示。利润表的编制依据是"收入–费用=利润"。预计利润表中的"收入"来源于营销策略中对销售收入的估算；"营业成本"是指企业对所销售商品或者提供劳务的成本的估算；"财务费用"来源于融资计划中负债资金的筹集金额及其利率；"销售费用"来源于营销策划中对于营销费用的估算；管理费用来源于费用预算。

表5-3　预计利润表

企业名称：　　　　　　　　　　　　年　　　　　　　　　　　　单位：元

项目	1月	2月	3月	4月	…	n
一、营业收入						
减：营业成本						
税金及附加						

项目	1月	2月	3月	4月	…	n
销售费用						
管理费用						
研发费用						
财务费用						
其中：利息费用						
利息收入						
资产减值损失						
加：其他收益						
投资收益（损失以"–"填列）						
其中：对联营企业和合营企业的投资收益						
以摊余成本计量的金融资产终止确认收益（损失以"–"填列）						
净敞口套期收益（损失以"–"填列）						
公允价值变动收益（损失以"–"填列）						
信用减值损失（损失以"–"填列）						
资产减值损失（损失以"–"填列）						
资产处置收益（损失以"–"填列）						
二、营业利润（亏损以"–"填列）						
加：营业外收入						
减：营业外支出						
三、利润总额（亏损总额以"–"填列）						
减：所得税费用						
四、净利润（净亏损以"–"填列）						
（一）持续经营净利润（净亏损以"–"填列）						
（二）终止经营净利润（净亏损以"–"填列）						
五、其他综合收益的税后净额						
（一）不能重分类进损益的其他综合收益						
1. 中心计量设定收益计划变动额						
2. 权益法下不能转损益的其他综合收益						
3. 其他权益工具投资公允价值变动						
4. 企业自身信用风险公允价值变动						
……						

项目	1月	2月	3月	4月	…	n
（二）将重分类进损益的其他综合收益						
1. 权益法下可转损益的其他综合收益						
2. 其他债权投资公允价值变动						
3. 金融资产重分类记入其他综合收益的金额						
4. 其他债权投资信用减值准备						
5. 现金流量套期储备						
6. 外币财务报表折算差额						
……						
六、综合收益总额						
七、每股收益						
（一）基本每股收益						
（二）稀释每股收益						

第三步：编制预计资产负债表

资产负债表也称财务状况表，是反映企业在一定时期内全部资产、负债和所有者权益的财务报表，是企业经营活动的静态体现。

资产负债表根据"资产=负债+所有者权益"这一会计等式，依照一定的分类标准和要求编制而成，是一种重要的财务报表。其最重要的功能在于可以确切地反映企业的营运状况和企业需要外部融资的数额，如表5-4所示。

表5-4　资产负债表

企业名称：　　　　　　　　　　　　　　年　　　　　　　　　　　　　单位：元

资产	1	2	…	n	负债及所有者权益	1	2	…	n
一、流动资产					三、流动负债				
货币资金					短期借款				
交易性金融资产					交易性金融负债				
衍生金融资产					应付票据				
应收票据					应付账款				
应收账款					预收款项				
应收款项融资					合同负债				
预付款项					应付职工薪酬				
其他应收款					应交税费				
存货					其他应付款				

资产	1	2	…	n	负债及所有者权益	1	2	…	n
合同资产					持有待售负债				
持有待售资产					一年内到期的非流动负债				
一年内到期的非流动资产					其他流动负债				
其他流动资产					流动负债合计				
流动资产合计					四：非流动负债				
二、非流动资产					长期借款				
债权投资					应付债券				
其他债权投资					其中：优先股				
长期应收款					永续股				
长期股权投资					租赁负债				
其他权益工具投资					长期应付款				
其他非流动金融资产					预计负债				
投资性房地产					递延所得税负债				
固定资产					其他非流动负债				
在建工程					非流动负债合计				
生产性生物资产					负债合计				
油气资产					五、所有者权益（或股东权益）				
使用权资产					实收资本（或股本）				
无形资产					其他权益工具				
开发支出					其中：优先股				
商誉					永续股				
长期待摊费用					资本公积				
递延所得税资产					减：库存股				
其他非流动资产					其他综合收益				
非流动资产合计					专项储备				
衍生金融负债					盈余公积				
					未分配利润				
					所有者权益（或股东权益）合计				
资产总计					负债和所有者权益（或股东权益）总计				

三、创业融资的方式

（一）内部融资和外部融资

内部融资是指企业依靠其内部积累进行的融资，具体包括 3 种方式：资本金、折旧基金转化为重置投资和留存收益转化为新增资本。内部融资具有原始性、主动性、低成本性和抗风险性等特点。

外部融资是指企业通过一定方式从外部融入资金，包括银行借款、发行债券、融资租赁、商业信用等负债融资方式，以及吸收直接投资、发行股票等权益融资方式。外部融资具有高效性、灵活性、大量性和集中性等特点。

（二）直接融资和间接融资

直接融资是指资金供求双方直接融通资金的方式，是资金盈余单位在金融市场购买资金短缺单位发行的有价证券，如商业汇票、债券和股票等。另外，政府拨款、占用其他企业资金、民间借贷和内部集资也属于直接融资的范畴。直接融资具有直接性、长期性、不可逆性（股票融资无须还本）和流通性（股票和债券）等特点。

间接融资是指企业通过金融中介机构间接向资金供给者融通资金的方式。它由金融机构充当信用媒介来实现资金在盈余单位和短缺单位之间的流动，具体的交易媒介包括货币和银行存款及银行汇票等。另外，"融资租赁""票据贴现"也属于间接融资。间接融资具有间接性、集中性、安全性和周期性等特点。

（三）股权融资和债权融资

股权融资包括创业者自己出资、争取国家财政投资、与其他企业合资、吸引投资基金投资及公开向市场募集发行股票等。自己出资是股权融资的最初阶段，发行股票是股权融资的最高阶段。股权融资的特点在于引入资金无须偿还引入的资金，不需要支付利息且不必按期还本，但需按企业的经营状况支付红利。当企业引入新股东时，企业的股东构成和股权结构将会发生变化。

债权融资包括向政府、银行、亲友、民间借贷和向社会发行债券等。向亲友借贷是债权融资的最初阶段，发行债券是债权融资的最高阶段。债权融资的特点是融资企业必须根据借款协议按期归还本金并定期支付利息，债权融资一般不影响企业的股东及股权结构。

四、创业融资的渠道

融资渠道即企业筹措资金的方向和通道，体现了资金的来源。对于创业者来说，能否快速、高效地筹集资金，是创业企业站稳脚跟的关键，更是实现二次创业的动力。目前国内创业者的融资通道较为单一，主要是依靠银行等金融机构。此外，私人资本融资、机构融资、政府的创业扶持基金、风险投资和创业板上市融资等都是不错的创业融资渠道。

（一）私人资本融资

私人资本融资包括自我融资、亲朋好友融资和天使投资。

（1）自我融资。自我融资是指创业者将自己的部分甚至全部积蓄投入新企业创办之中。研究发现，70%的创业者依靠自己的资金为新企业提供融资。个人资金具有使用成本低、得来容易和使用时间长的优势。其他投资者在提供资金支持时，也会考虑创业者资金投入的情况。

（2）亲朋好友融资。亲戚、朋友一般都是创业者理想的贷款人，许多成功创业人士在创业初期都借用过亲戚或朋友的资金。

（3）天使投资。天使投资是自由投资者或非正式风险投资机构对处于构思状态的原创项目或小型创业企业进行的一次性前期投资。天使投资虽是风险投资的一种，但两者有着较大差别：天使投资是一种非组织化的创业投资形式，其资金来源大多是民间资本，而非专业的风险投资商；天使投资的门槛较低，有时即便是个创业构思，只要有发展潜力，就能获得资金。而风险投资一般对这些尚未诞生或嗷嗷待哺的"婴儿"兴趣不大。

在风险投资领域，"天使"这个词指的是企业家的第一批投资人，这些投资人在公司产品和业务成型之前就把资金投进来。天使投资人通常是初创企业家的朋友、亲戚或商业伙伴，由于他们对该企业家的能力和创意深信不疑，因而愿意在业务远未开展之前就投入大笔资金。

天使投资具有以下特征。

（1）天使投资的金额一般较小，而且是一次性投入，对企业风险的审查也不严格，更多是基于投资人的主观判断或者是由个人的好恶决定的；通常天使投资是由一个人投资的，并且见好就收，是个体或者小型的商业行为。

（2）很多天使投资人本身就是企业家，了解创业者面对的难处，是初创公司的最佳融资对象。例如在硅谷，相当多的天使投资人是那些成功创业的企业家、创业投资家或者大公司的高层管理者，他们不仅拥有一定的财富，而且有经营理财或者技术方面的特长，对市场、技术有敏锐的洞察力。

（3）天使投资人不但可以带来资金，同时也能带来关系网络。如果他们是知名人士，还可提高公司的信誉。天使投资往往是一种参与性投资，也称为增值型投资。

一般而言，一个公司从初创期到稳定成长期，需要三轮投资。第一轮投资大多是来自个人的天使投资，作为公司的启动资金；第二轮投资往往会有风险投资机构进入，为产品的市场化注入资金；而最后一轮投资则基本是上市前的融资，来自大型风险投资机构或私募基金。

牛根生在伊利工作期间，因为订制包装制品时与谢秋旭成为好友。当牛根生自立门户之时，谢秋旭作为一个印刷商人，慷慨地掏出现金注入初创期的蒙牛，并将其中的大部分股权以"谢氏信托"的方式"无偿"赠与蒙牛的管理层、雇员及其他受益人，且不参与蒙牛的任何管理和发展规划。最终谢秋旭也收获不菲，380万元的投入变成了10亿元。

（二）机构融资

（1）商业银行贷款。在我国，中国工商银行、中国农业银行、中国银行、中国建设银行、中国交通银行等国有商业银行，中国光大银行、民生银行、招商银行、深圳发展银行、上海浦东发展银行等股份制商业银行以及各级农村信用社是创业者获得银行贷款的重要来源。

商业银行不提供股权资本，主要提供短期贷款，也提供中长期贷款和抵押贷款。

目前，我国商业银行推出的个人经营类贷款对创业者非常适合，这些贷款包括个人生产经营贷款、个人创业贷款、个人助业贷款、个人小型设备贷款、个人周转性流动资金贷款等。

（2）担保机构融资。担保机构融资是指企业根据合同约定，由依法设立的担保机构以保证的方式为债务人提供担保，在债务人不能依约偿还债务时，由担保机构承担合同约定的偿还责任，从而保障银行债权实现的一种金融支持方式。

担保机构主要解决中小企业融资难的问题。1993 年 11 月，财政部和国家经济贸易委员会联合组建中国经济技术投资担保公司，并于 1994 年 3 月正式投入运营；2003 年出台的《中华人民共和国中小企业促进法》，鼓励各种担保机构为中小企业提供信用担保；2012 年 5 月，财政部、工业和信息化部出台《中小企业信用担保资金管理办法》，推进了信用担保机构的规范化。

担保机构融资的程序与要求如下。

（1）担保融资的程序。有担保需求的企业应首先选择担保公司并提出担保申请，担保公司对申请企业进行调查后，会要求企业提供反担保。经担保公司审批同意后，企业就可按正常程序向商业银行申请贷款，由担保公司提供担保。

（2）担保融资的条件。担保公司对客户的一般要求是：在行业内具有比较优势（只要能领先别人一步即可）；健康、稳健、诚信、有持续经营能力；有还本付息能力。

（3）担保融资注意事项。担保公司是经营信用的企业，在其所面临的风险中，最突出、最不可控制的是企业的信用风险，因此担保公司非常看重企业及其老板以往的信用记录。

所以，创业者应当未雨绸缪，在创业起步时就要注重诚信建设和企业声誉，并尽早同担保公司建立联系，加强沟通，增进了解，使创业企业在担保公司有初步的信用资料。一旦创业者有担保需求，其良好的信用就可以大大缩短担保公司的工作时间，为企业抓住商机提供保障。

（三）政府的创业扶持基金

由政府主导的创业扶持基金不但能为企业带来现金流，更是企业壮大无形资产的利器。

政府提供的创业扶持基金对创业者来说至关重要。近年来，政府充分意识到创业对促进经济增长、扩大就业容量和推动技术创新有着非常重要的作用，为此，各级政府相继设立了一些政府基金对创业提供支持，如科技创新基金、政府创业基金、专项基金等。

政府提供的创业基金通常被所有创业者高度关注，其优势在于利用政府资金不用担心投资方的信用问题；而且，政府的投资一般都是免费的，进一步降低或免除了创业者的筹资成本。但申请创业基金有严格的申报要求；此外，政府每年的投入有限，筹资者须面对其他筹资者的竞争。

（四）风险投资

创业投资也叫"风险投资"，是指投资者在创业企业发展初期投入风险资本，待其发育相对成熟后，通过市场退出机制将所投入的资本由股权形态转化为资金形态，以收回投资，取得高额风险收益。

由于高新技术企业与传统企业相比更具备高成长性，所以风险投资往往把高新技术产业作为主要投资对象。在美国，70%以上的创业资本投资于高新技术领域，解决了高新技术产业化过程中的"瓶颈"问题。

1946年，美国波士顿联邦储备银行行长弗兰德斯和哈佛大学教授多里奥特发起成立世界上第一家真正意义上的风险投资公司——美国研究与发展公司（ARD）。它是首家专门投资于流动性差的新企业证券的公开募股公司，它的诞生是世界风险投资发展的里程碑。

ARD最著名的投资是1957年向数字设备公司的投资，ARD为数字设备公司提供了7万美元的风险资本和3万美元的贷款。到1971年，这笔投资已经增值到3亿多美元。

（五）创业板上市融资

创业板是指交易所主板市场以外的另一个证券市场，其主要目的是为新公司提供集资途径，助其发展和扩展业务。创业板市场最大的特点就是进入门槛低，运作要求严，这有助于有潜力的中小企业获得融资机会。

创业融资不只是一个技术问题，还是一个社会问题，创业者应从建立个人信用、积累社会资本、写好创业计划、测算不同阶段的资金需求量等方面做好准备。因此，突破创业融资束缚，可以提升整体创业的成功率，这需要政府、社会、高校等协调配合，形成合力，以期为创业融资乃至整个创业进程"保驾护航"。

任务4　创业融资注意事项

✓ 起航阅读

创业融资越多越好吗？

视美乐，你可能没有听说过，但它是中国第一家高科技学生创业公司，曾经名噪一时。1999年3月，王科、邱虹云和徐中组队参加了清华大学的创业大赛，由于表现优秀，之后又被推荐参加了全国大学生创业计划竞赛并最终斩获金奖。在此背景下，三人对创业信心满满，当年6月就迅速成立了视美乐公司，主打产品为多媒体超大屏幕投影电视，该产品被很多公司看好。

由于这种制造类创业前期需要大量资金，视美乐一直积极对外融资。由于名声在外，他们很顺利地得到了第一笔投资——上海第一百货公司250万元的风险投资。然而由于缺乏公司运营管理经验，企业的研发和生产进程并没有想象中顺利，到了第二年，上海第一百货公司没有兑现二期投资5 000万元的承诺。

2000年4月,视美乐公司转而与青岛澳柯玛集团有限责任公司合作,共同组建了北京澳柯玛视美乐信息技术有限公司(以下简称澳视公司),注册资金3 000万元,双方各占50%的股份。原视美乐公司的主要技术人员全部进入澳视公司。之后,澳柯玛集团不断要求增加股份,三位创始人的股份越来越少,最终只占了不到30%,创始人演变成了小股东,创业名存实亡,当初的创业激情也不复存在,因此,王科三人都相继退出了公司管理层,企业也一落千丈。

视美乐的失败并非偶然,也非特例。即便有好的创意或前期资源,大学生创业失败的案例也比比皆是。一方面,大学生缺乏相关的工作经验和管理水平,所谓创业容易营业难,创办企业只是起点,经营好企业才是更大的挑战。另一方面,大学生对外部投资中存在的风险预估不足,尤其是像众筹、天使投资和风险投资等融资方式,里面涉及大量专业的金融财会和法律知识,如果掉以轻心,最后结果往往是"为他人做嫁衣裳",毕竟投资人不是慈善家,他们也在追求自身利益的最大化。

从视美乐的故事中不难看出,对于创业者而言钱不是越多越好,重点是做好融资方案,重视融资过程的各个环节,尽量降低融资风险。

理论讲堂

对于创业者来讲,融资的过程实质上是推销自己的企业、产品和梦想的过程。成功的企业家之所以会成功,一个重要的原因就在于他懂得怎样向经验丰富的投资者推销自己的第一商品——初创的企业,从而获得资金的支持。

正因为如此,在这种推销和争取投资的过程中,以下事项需要创业者有所了解并加以注意。

一、廉价出售技术或创意

许多创业者由于急于得到启动或周转资金,往往在融资时急于求成,或出让大部分股份,或轻易地贱卖技术或创意。在"只要能获得启动资金就行"这种思想的影响下,有不少核心技术的拥有者会廉价出售自己的技术或创意。当技术或创意被廉价出售后,创业者在企业中的"分量"会降低,甚至丧失发言权,导致不能对企业的一些重要决策进行干涉。

吴浩研发的农村区域性电子商务与物流科研项目是一项融合了当前经济环境的、具有良好发展前景的项目,但在创业之初,由于没有足够的资金支持,他想到了出售自己的创意。奔波了一段时间,见了好多个投资商后,吴浩都没有得到满意的答复。最后有一位投资商允诺购买他的技术,为他的项目投资50万元,但要求占据公司70%的股份,吴浩为了尽快开始自己的创业之路,便答应了投资商的要求。这导致吴浩在企业今后的发展中没有发言权,不能干涉企业的一些重要决策。

二、花投资者的钱,圆自己的梦

创业不仅是创业者实现理想的过程,还是投资者(股东)对资金的投资保值增值的过程。

创业者和投资者是一个事物的两个方面，只有通过企业这个载体，才能达到双赢的目标。

"花投资者的钱，圆自己的梦"的想法，说到底是信用问题、品质问题，持这种想法的人不会成为一个成功的创业者。只有能为股东创造价值的企业家，才能得到更多的融资机会和成长机会，因此，创业者不仅要提升自身的技术能力，还需要加强道德修养，培养企业家应具有的诚实守信的道德风范。

三、没有完善的融资战略设计

与所有推销过程一样，筹资和融资也需要完善的策划和充分的准备。融资的具体战略设计是总体战略设计中的一项重要内容。因此，这一部分内容应该用心进行策划。策划的内容主要包括以下几点。

（1）哪些风险投资者对自己的项目和产品感兴趣？

（2）这些风险投资者一般采取哪种投资合作形式？

（3）在第一次接触中，这些风险投资者会提出哪些问题？

（4）应该做哪些准备才能展现自己的项目和产品的优势与特点？

四、缺少对融资方案的比较性选择

尽管国内的融资渠道还不是很健全，但可供选择的融资渠道还是较多，常用的主要有以下六个融资渠道：创业贷款、银行及金融机构贷款、风险投资、发行债券、发行股票、天使投资。对以上多个融资渠道进行深入的比较与选择，可以有效降低融资成本，提高融资成功率。通过上述途径得到的发展资金可以分为资本金和债务资金两类，资本金与债务资金应保持一个合理的比例。如果资本金太高，说明企业对社会资源的利用率较低；如果债务资金过高，企业受债务制约的程度加大，会面临债务到期时的资金流动性风险，甚至可能会因暂时的市场疲软和资金流动性管理不善而导致企业破产。

因此，企业应当根据自身的特点，合理确定资本金与债务资金的比例，从而有效地利用社会资金和自身资源。

五、过度包装或不包装

有些创业企业为了融资不惜对财务报表弄虚作假，进行"包装"融资，这是错误的做法，因为财务数据脱离了企业的基本经营状况，投资者往往一眼就能看穿。但也有另外一种情况，有些创业企业认为自己经营效益好，应该很容易获得融资，因而不愿意花时间及精力去包装企业。但是投资者除了看重企业的发展前景及企业可能面临的风险外，更看重的是企业团队带领员工战胜风险的能力。因此，企业的主要领导者应该有清醒的、理性的认识和思考，在融资前对企业进行适当包装。

✓ **案例播报**

牛蒙的家乡正在开展通过现代化农业和畜牧业来改善、提高经济建设与生态环境的活动，为了响应政府的号召，并为家乡的现代化建设做贡献，牛蒙大学毕业后回到了老家，他用借来的钱和政府的补助，买了 20 头牛，开始了自己的肉牛养殖创业。

由于牛蒙属于大学生创业，当地政府对他十分关照，并希望他能够积极带领乡亲创业致富。牛蒙不负所望，将自己的养殖业干得红红火火，规模也越来越大，牛蒙还获得了"优秀创业青年"的荣誉称号。为了鼓励他继续干下去，当地政府还专门给他划拨了饲料和种植基地。

看着自己的养殖业这么有发展前途，牛蒙萌生了创立公司的想法。他开始在家乡四处打听，很快，他发现了一家荒废的养殖场，这家养殖场建成不久，但因为老板的一些法律纠纷荒废了。牛蒙想方设法见到了原来的老板，并说服他以 50 万元的低价将养殖场转让给自己，牛蒙核算了一下自己目前的状况，收购养殖场、启动生产、必要的资金等，他需要 100 多万元才能正式启动自己的公司。

到哪里去找这么多钱呢？牛蒙想到了去找投资商。为了给投资商留下良好的印象，牛蒙下足了功夫包装自己，不仅将自己打扮成商业精英的模样，还专门请人给自己做了一份《创业计划书》，将自己公司的产品、运作方式和财务状况、发展前景等进行了一番美化，看起来十分有吸引力。然而让他没有想到的是，投资商没有看中他表面呈现出的成绩，而是在经过详细的考察后回绝了他的请求，并且明确告诉他，没有事实根据和不符合企业经营状况的数据没有说服力，他们也不需要一个不诚实的合作者。

六、缺乏资金规划和融资准备

企业融资是企业发展过程中的关键环节，创业企业要想获得快速发展，必须要有清晰的发展战略，并营造一个资金愿意流入且能够流入企业的经营格局。不少创业企业在发展过程中把企业融资当作一个短期行为来看待，希望突击融资，而实际上成功的很少。

缺乏融资准备的典型表现是多数创业者对资本的本性缺乏深刻的研究和理解，在这种情况下盲目进行融资，往往效果不佳。其实，资本的本性是逐利，不是救急，更不是慈善，因此，创业企业在正常经营时就应该考虑融资策略。

七、缺少必要的融资知识

很多创业者有很强的融资意愿，但缺少相应的融资知识。真正理解融资的人很少，很多创业者总希望托人打个电话、找个熟人、写份《创业计划书》就把钱贷到手，而不注重用心去研究融资知识，他们往往把融资简单化、随意化。

有些创业者由于缺乏必要的融资知识，融资视野狭窄，只看到银行贷款或股权融资，不懂得除此之外的其他融资方式。其实采用租赁、担保、合作、并购及无形资产输出和转让等方式都可以达到融资目的，因此，创业者要熟悉融资知识，不要把宽泛的融资范围变得狭窄。

八、盲目对外出具融资担保函

由于创业融资比较困难，所以一些创业企业之间往往存在相互出具融资担保的情况，这种盲目担保常常给创业企业带来很多意想不到的风险。

九、盲目扩张，没有建立合理的企业管理结构

规范化管理是企业自身的一种融资能力。很多创业企业在不断扩张的同时企业管理却越来越粗放、松散，不注意在企业发展过程中不断完善企业管理结构，也不注意增强自身的融资能力和规避企业扩张过程中的经营风险。特别是一些创业企业只顾发展，不顾企业文化的塑造，最终导致企业规模虽然做大了，但企业却失去了原有的凝聚力，企业内部或各部门之间缺乏共同的价值观，这可能成为企业发展的阻力。

十、融资缺乏信用

银行是愿意贷款给讲信用的创业中的小企业，并支持其做大做强的，但不讲信用者，自然会借贷无门。就一般情况而言，除了高新技术企业之外，银行还从贷款原则出发，青睐那些产品有市场、法人代表对企业的管理控制能力强、经营规模和经济效益呈向上趋势并拥有长期稳定销售合同的中小企业。事实上，企业的每一轮融资都将影响投资者对企业后续融资的可行性和价值的评估。

☑ 实践应用

任务描述：新企业，创业团队为3人。

第一步：根据下列资源清单，每个同学有3分钟时间拿着资源清单在教室里找一个拥有某种资源的人（一个人最多只能选一种资源），并在资源名称旁边写上拥有者的名字。

1. 有自己的网页或会建立网页。
2. 会两种或以上外语。
3. 家里有企业。
4. 钱包里有200元。
5. 担任过系干部或校干部。
6. 有理财经验（包括炒股、购买基金等）。
7. 微信或QQ有200人以上的好友。
8. 手机通信录有200人以上的联系人。
9. 有一部苹果手机。
10. 有属于自己的自行车或电动车。
11. 赢过一次艺术或设计比赛。
12. 会演奏一种以上的乐器。
13. 有一只猫或一只狗。
14. 有公开发表过文章。
15. 擅长一种球类。
16. 有尝试过极限运动（如蹦极）。

第二步：汇总调查结果，看看哪些资源容易获得、哪些资源不容易获得，分析资源的稀缺性和价值性之间的关系。

第三步：利用 10 分钟时间去寻找和说服他人，组成自己的 3 人团队。

第四步：说明你选择搭档的标准。

第五步：如果你可以再多选两种资源，你会选哪两种（此时可以不局限于资源清单）？你准备如何获得这两种资源？

第6单元 商业模式

知识目标

1. 掌握商业模式的定义、构成要素和特征。
2. 认识商业模式画布的九大模块。
3. 了解互联网商业模式。
4. 掌握商业模式的设计方法和思路。

素养目标

激发学生进行商业模式创新的热情。

任务1 商业模式概述

起航阅读

"要想赚大钱，就要颠覆已有的规则"——360 董事长周鸿祎

世界因互联网而更多彩，生活因互联网而更丰富。随着互联网的快速发展，网络病毒也日益猖獗，每个网民的网上"生活"都离不开杀毒软件。很多杀毒软件采用的推广模式是，首先让消费者体验免费的杀毒软件，但免费期是有限制的，免费期过后再使用软件就需要付费，相当于先体验后购买。可是，2008 年 7 月 17 日，奇虎 360 科技有限公司（以下简称 360 公司）董事长周鸿祎却宣布 360 将推出免费的 360 杀毒软件，并承诺将提供永久的免费服务。此举犹如一石激起千层浪，网民们奔走相告，纷纷下载 360 杀毒软件，360 杀毒软件迅速"抢占"了网民的计算机系统，360 杀毒软件正式发布仅 3 个月就成为杀毒软件下载量的第一名。截至 2022 年年底，360 杀毒软件的累计安装量超过 5 亿。

360 免费杀毒软件的出现让其他杀毒软件企业陷入空前危机，在巨大的压力面前，各大杀毒软件企业针对 360 公司的免费策略，争相推出各种不同期限的免费服务。

360 公司开启了杀毒软件免费使用的先河，甚至可以说它改写了杀毒软件行业的历史，使得免费杀毒软件成为个人用户市场的绝对主流，让网民从中获得了更多的优惠。传统的杀毒软件是靠出卖软件使用许可证赚钱的，那么 360 公司是如何在免费的前提下生存下来并实现盈利的呢？360公司在国内所引领的免费杀毒软件实质是开启了"杀毒免费，流量挣钱"的商业模式。

理论讲堂 ➡

商业模式一词的兴起，源于20世纪末的网络经济，之后很长一段时间，商业模式似乎成为网络经济的专有名词。事实上，在关于创业的一系列话题中，商业模式这个词也是被提到最多的一个。作为企业存在的最基本要素，商业模式已经成为创业者和风险投资者常用的一个名词。所有人都确信，好的商业模式是企业成功的保障。但到底什么是商业模式，商业模式的类型、要素都包含什么内容？

一、商业模式的定义

商业模式是一个比较新的名词，它第一次出现在20世纪50年代，但直到20世纪90年代才开始被广泛使用和传播。虽然现在这一名词出现的频率极高，但关于它的定义仍然没有一个权威的版本。

目前相对比较贴切的说法是：商业模式是一种包含了一系列要素及其关系的概念性工具，用以阐明某个特定实体的商业逻辑。它描述了公司所能为客户提供的价值，以及公司的内部结构、合作伙伴网络和关系资本等，借以实现创造、推销和交付这一价值，并产生可持续盈利收入的要素。

在很多著作中，对于商业模式的讨论往往模糊了两种不同的含义：方法和概念。一类，作者简单地用它来指公司如何从事商业的具体方法和途径；另一类，作者则更强调模型方面的意义。这两者实质上是有所不同的：前者泛指一个公司从事商业的方法，而后者指的是这种方式的概念化。侧重后一观点的作者们提出了一些由要素及其之间关系构成的参考模型，用以描述公司的商业模式。

企业经营者比较倾向于将商业模式的讨论定位于方法，而研究者比较倾向于将商业模式描述为一种模型。总体上看，商业模式是一个非常宽泛的概念，和商业模式有关的说法很多，包括运营模式、盈利模式、B2B模式、B2C模式、"鼠标加水泥"模式、广告收益模式等，不一而足。

结合以上观点，可以对商业模式做出这样的定义：为实现客户价值最大化，把能使企业运行的内外各要素整合起来，形成一个完整的、高效率的、具有独特核心竞争力的运行系统，并通过最优实现形式满足客户需求、实现客户价值，同时使系统达成持续盈利目标的整体解决方案。

商业模式是一种简化的商业逻辑，依然需要用一些元素来描述这种逻辑。

（1）价值主张公司通过其产品和服务，所能向消费者（用户）提供的价值。价值主张确认企业对消费者的实用意义。

（2）消费者目标群体，即企业瞄准的消费者群体。这些群体具有某些共性，从而使企业能够针对这些共性创造价值。定义消费者群体的过程，也被称为市场划分。

（3）分销渠道，即企业用来接触消费者的各种途径。这里阐述了企业如何开拓市场，它涉及企业的市场和分销策略。

（4）客户关系，即企业同其消费者群体之间所建立的联系。通常所说的客户关系管理即与此相关。

（5）价值配置，即资源和活动的配置。

（6）核心能力，即企业执行其商业模式所需的能力和资格。

（7）合作伙伴网络，即企业同其他企业之间为有效地提供价值并实现其商业化而形成的合作关系网络，这也描述了企业的商业联盟范围。

（8）成本结构，即所使用的工具和方法的货币描述。

（9）收入模型，即企业通过各种收入流来创造财富的途径。

（10）资本增值，伴随用户规模、品牌价值、市场份额方面的成长，项目本身的估值也不断增加，被潜在觊觎者收购也将成为一种创造财富的路径。

二、商业模式的构成要素

商业模式可以用"客户价值最大化""整合""高效率""系统""盈利""实现形式""核心竞争力""整体解决"八个关键词来概括，这八个关键词构成了成功商业模式的八个要素，缺一不可。"整合"是指协调、组织和融合，是将企业内外部与企业的经营管理系统进行有机整合，形成一个整体；"高效率"是指将系统内外的各要素通过整合方式，使之高效率地运行运作，其目的就是使系统形成核心竞争力；"系统"既是指企业内的小系统，也指所属整个产业价值链的大系统，是最佳整体的意思；"盈利"是指企业为"客户实现价值最大化"的客观结果；"实现客户价值最大化"是企业主观的追求。"整合""高效率""系统"是基础和先决条件，"核心竞争力"是手段，"客户价值最大化"是主观追求目标，"盈利"是客观结果。

中国的企业在经历了要素驱动与投资驱动两个阶段后，开始向更高境界迈进。现在已经不是企业靠单产品或者技术就能打天下的时代，也不是靠一两个小点子，或者一次投机就能决出胜负的时代了。要想使企业有生存空间并持续地盈利，必须依靠系统的安排、整体的力量，即商业模式的设计。未来企业的竞争，将是商业模式的竞争。商业模式的竞争将是企业最高形态的竞争。

企业经营也有"道、法、术、器"四个层面，商业模式就是"道"，是商道的最高境界。如果企业总是沉醉在"法、术、器"里找出路的话，就会像爬山一样，总在山脚、山腰打转转，很难到达山巅，而企业只有以商业模式——"商道"的高度从上往下看时，才会豁然发现，通往山巅的捷径随处可见。企业的出路在于经营者认知的高度，高度决定思路，思路决定出路。

三、商业模式的特征

受不同行业的差异、宏观和微观经济环境的共同影响，没有一个单一的商业模式可以保证其在各种条件下都能产生优异的财务回报。尽管如此，我们仍然需要对商业模式的内在属性进行探索，找寻商业模式的属性框架，只有这样，才有利于分析现实商业模式以及构建创新商业模式。成功的商业模式具有三个较为明显的特征。

1. 全面性

商业模式是对企业整体经营模式的归纳和总结。在企业经营层面，创业者需要制定必要的方案来引导基层员工的操作。在企业层面，创业者必须关注企业的整体发展目标和发展方案。在各个不同的管理职能分类上，创业者也必须设想可行的经营方案。因此，商业模式的全面性反映了创业者是否对创业发展中所遇到的各类问题进行了全面的思考，准备了相应的应对策略。缺乏全面性的某些商业模式很可能在某一方面很有优势，但是由于创业者忽略了支持其内在盈利性的某些要素，这类商业模式可能根本无法实现。

当然，全面性并不意味着商业模式需要涵盖所有经营管理中琐碎的事务，它需要提炼归纳，提取更为重要的要素，这样才能对企业的整体发展具有更强的指导意义。

2. 独特性

成功的商业模式要能提供独特价值。创业者通过确立自己的独特性，来保证市场占有率。这一独特价值表现在创业者能够向客户提供的额外价值，或者使客户能用更低的价格获得同等价值，或者是用同样的价格获得更多的价值。

商业模式独特价值的根本来源是创业者所拥有的独特资源以及基于资源独特性所构建的发展战略，这一战略包括未来可行的公司层面发展战略，也包括市场经营层面的竞争策略，比如独特的营销方案或分销渠道等。

3. 难以模仿性

成功的商业模式必须是难以被模仿的。一个易于被他人模仿的商业模式，即使其再独特、再全面，也难以维系，迅速跟进的追随者很快就会使企业的盈利能力大大下降。因此，难以模仿的商业模式首先意味着企业的经营模式是可持续的。创业者至少可以通过有效的手段在一定时间内维持企业的成长速度，而不会太早陷入行业竞争的旋涡中。

难以模仿的要旨，首先在于企业的商业模式要充分发挥先行者的优势，让后进入者的获利可能降至最低，这样后进入者对模仿现有的商业模式的兴趣就不会很大。同时，为了实现难以模仿的商业模式，创业者也需要注重细节。只有执行到位，注重每一个细节，这一特定的商业模式才是竞争对手难以模仿的。当然，如果有可能，创业者也需要及时抓住知识产权保护这一有力武器来防止别人模仿。

全面性、独特性、难以模仿性这三个基本属性构成了商业模式的基本属性特征。对于成功的商业模式来说，这三个属性之间的关系类似通常意义上的木桶效应，任何一个层面存在短板都会对商业模式造成重大伤害。因此，创业者在准备创业的时候，尤其需要警惕那些在其他层面特别突出，但在某一个层面上存在缺憾的商业模式。

任务 2　商业模式画布

起航阅读

虎邦辣酱如何走出自己的路

面对辣酱市场"一超多弱"的市场格局，虎邦辣酱避开传统赛道，借助于外卖渠道走出了自己的渠道通路。

在对外卖渠道进行分析的基础上，虎邦辣酱发现外卖这一场景与辣酱可能会存在较强的关联性。首先，外卖是一个非常契合辣酱的场景。点外卖的时候消费者很少会去点四菜一汤，一般就是一顿简餐，这时候就特别需要辣酱来下饭。其次，外卖是一个封闭式的购买场景，消费者只能选择点餐店铺里的辣酱。这意味着，只要辣酱品牌与外卖餐馆绑定，就能拥有消费者。最后，在这个快速增长的外卖市场中，当时还没有任何辣酱品牌入局，这是个宝贵的机会窗口。

于是，他们一家一家去找外卖商家谈合作，半年时间做了 2 万多家的终端铺货。一是看看这个商业模式是不是真能行得通，二是在观察外卖这个市场是不是真能立得住。半年之后，这两点都得到了验证。虎邦辣酱马上决定，放弃其他所有销售渠道，主攻外卖渠道。为了配合这一核心战略，第一，虎邦对产品的规格做了改良，推出了 15 克、30 克的马口铁小包装，刚好是一顿饭的量。小包装的价格为 3~5 元，被誉为"凑单神器"。第二，和外卖商户形成深度绑定的关系。比如，很多餐饮小店做外卖，一开始没有运营经验，虎邦辣酱会派地推人员去帮助他们下载 App、注册店铺，教他们运营社群，等等。作为回报，商家会在外卖菜单里加上虎邦辣酱。

到现在，虎邦辣酱已经铺下 10 万个外卖商户，与 70 多个连锁餐饮品牌和 3 万多个商家达成了深度合作，成为"外卖标配"。借着这个庞大的渠道优势触达消费者、建立品牌认知之后，虎邦再反杀回线上渠道，成为火遍全网的"网红第一辣酱"。

理论讲堂

我们相信，在创造可持续的利润增长和创新的市场和业务上，商业模式创新是用得最少但最有用的方法。但是好的商业模式不是一下子就可以想出来的，更多的是通过科学的工具和正确的方法进行分析和拆解，多次整合优化后才得出结果。

虽然商业模式可以用不同的工具与形式来表达，但是我们需要一种用来描述商业模式、可视化商业模式、评估商业模式以及改变商业模式的通用语言，而商业模式画布就是一个通用的、描述商业活动的参考模型。

一、认识商业模式画布

商业模式画布是一组战略管理和创业工具，能够描述、设计、质疑、发现和定位商业模式。对于企业家与创业者来说，这个由四百多位实践者共同开发的设计模板非常简单易用。

一个好的商业模式，必须能够较好地回答以下四个基本问题（见图 6-1）。

（1）我们能为哪些客户提供产品和（或）服务？（客户细分）

（2）我们能为客户提供什么样的产品和（或）服务？提供什么（独特的）价值？（产品或服务）

（3）我们如何为客户提供这些产品和（或）服务？（基础设施）

（4）我们能够从为客户创造的价值中获取多少利润？收入多少？成本多少？（金融能力）

其实，这四个问题就涵盖了一个商业体的四个主要部分：客户、产品和服务、基础设施以及金融能力。完整的商业模式画布由九大模块构成，这九大模块可以展示出一家企业寻求利润的逻辑过程，如图6-2所示。

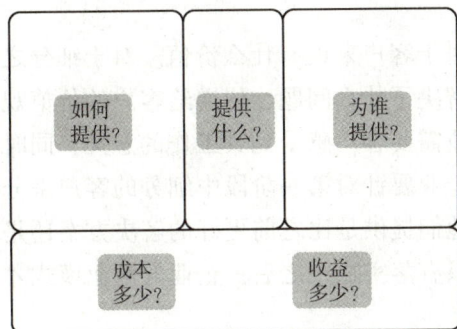

图6-1　四个基本问题

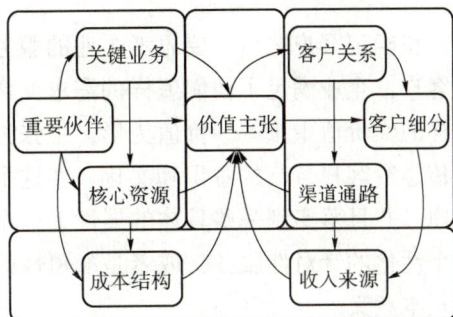

图6-2　商业模式画布

二、商业模式画布的九大模块

（一）客户细分

客户是谁？这是一切商业活动的本源。企业在为谁创造价值，这些人有何特点，他们之间存在怎样的差异，了解这些就可以集中更多的资源提供更精确的服务，创造出更大的效益。我们的客户是大众客户，还是特定的客户，我们的商业模式应该服务于传统的"二八原则"中的核心客户，还是要关注利基市场中的长尾用户，这是在最开始就要考虑清楚的问题。

不同的市场具有独有的特征。"大众市场"的价值主张、渠道通路和客户关系全都聚集于一个大范围的客户群组，客户具有大致相同的需求和问题。"利基市场"的价值主张、渠道通路和客户关系都针对某一瞄准的市场的特定需求定制。这种商业模式常可在"供应商—采购商"的关系中找到。"区隔化市场"各细分群体之间的客户需求略有不同，所提供的价值主张也略有不同。"多元化市场"经营业务多样化，以完全不同的价值主张迎合完全不同需求的客户细分群体。"多边平台或多边市场"服务于两个或更多的相互依存的客户细分群体。

✓ 案例播报

咖啡与豆浆客户细分

咖啡的市场分为家庭DIY与商业开发两大类。其中，商业开发类部分的顾客不像家庭DIY顾客将咖啡作为生活中不可或缺的一部分。商业开发类客户又可分为习惯喝咖啡的与偶尔喝咖啡的。对偶尔喝咖啡的顾客，他们需要快捷、便宜的咖啡，因此，咖啡成为快消品。便利店、KA卖场、自动售货机提供的方便、便宜、可携带的咖啡受到顾客的欢迎。同样的思路可以用来分析豆浆市场的顾客。传统豆浆面向的是多元化市场；作为快消品的工业化豆浆大批量供应批发市场与超市，属于大众市场；酒店与餐厅等地方的顾客需要现磨即饮型豆浆，属于区隔化市场；将豆浆作为早餐与辅食的主妇需要家用豆浆机，这属于利基市场。

（二）价值主张

在确定客户之后，要思考企业的服务和产品对于客户来说有什么价值。对于细分之后的客户，企业满足了他们怎样的需求，帮助他们解决了什么问题，传递给客户的价值观是怎样的？价值主张——价值为形，主张为神。企业需要客户感受到其工作的意义，同时还要传递给客户自己的意识和文化。在这个阶段，企业要针对第一阶段中细分的客户来分别考虑，并且落实到一些具体的属性上，企业能为他们提供是比之前更好的解决方案还是更加个性化的针对性服务，或者是颠覆性的体验。只有落实这些之后，企业的商业模式才有了根本意义。

企业可以使用FAB分析法来进行澄清价值主张。F（Features）是指这个产品的特点，主要是产品本身固有的一些特点；A（Advantages）是指这个产品比同类产品好在哪里、有什么优点、有哪些创新，强调其与众不同之处；B（Benefits）是指这个产品给目标客户带来的利益和价值，侧重于客户的"买点"和消费动机。FAB提炼出来之后，产品的价值诉求就出来了，客户购买的理由也充分了，提供产品或服务即可带来收益。

✅ 案例播报

参半：重新定义漱口水

有一家做漱口水的新品牌，叫作"参半"，成立4年，获得了十轮融资，字节跳动连续两轮追投。参半上线第二个月，就成为淘宝漱口水品类下的第二名，硬生生从老牌漱口水巨头李施德林那儿抢下一大块市场。参半的成功，除了像其他新国货那样运用纯熟的互联网营销打法，更重要的是，和老品牌各个方面的差异化定位。可以说，参半几乎是重新定义了漱口水这个产品。

（1）从产品功能上做差异。传统的漱口水多是医疗用品，功效明确为"清洁口腔"；参半的定位是像口香糖那样的日用品，主打功效是"口气清新"。"清洁口腔"针对的是健康需求，"口气清新"事关个人形象，针对社交需求。

（2）从产品设计上做差异。传统的漱口水多为一成不变的医用蓝色；在口感上，因为添加了酒精，入口很辣；在包装上，为500毫升以上的大瓶。参半则使用高颜值的粉红、粉蓝、粉紫等各种颜色；口感上，无酒精的新配方口感更加温和；包装上使用条状小包装，一次用一条。

（3）从产品渠道上做差异。传统漱口水是放在药店里，或者超市里跟牙膏、牙刷等产品摆在一起。参半则新开发了便利店和美妆店路线。

参半的联合创始人张轶说："以前的口腔护理产品，大家都是把它当药来卖，更多是一种耐用品，但就算是牙膏，消费者也不会经常买。"

如今，口腔护理赛道最大的机会来自口腔护理消费品的快销化，也就是像矿泉水那样即买即喝，大量消耗。而要成为快销品，就必须想方设法降低用户的使用门槛，使用门槛降低了，购买频次才能上去。

参半对漱口水的重新定位，不是为了差异化而差异化，而是在围绕优化用户体验、降低使用门槛等方面做文章。

（三）渠道通路

有了客户喜欢的服务和产品，就可以来讨论传递的问题。使用什么样的媒介、遵循什么样的流程来接触客户、传递价值、传播主张，是建立网站提供服务，还是代理分销最终放在客户可以看到的货架上，这些都是建立传播渠道要考虑的问题。一般来讲，商品渠道可以分为自有渠道与合作伙伴渠道。自有渠道分为直接渠道（自建销售队伍，在线销售）和非直接渠道。合作伙伴渠道包括合作伙伴店铺与批发商等。

（四）客户关系

有了客户产品并且建立了桥梁媒介，对于大多数商家来说，后面的问题就在于如何稳住已有的客户并且持续地增加新的客户。客户的黏性和忠诚度需要良好的客户关系来保证，好的客户关系意味着能够追加销售和新的产品。是用社区或是呼叫中心等自动化的方式来为客户提供 24 小时的服务，还是雇用专属的客户经理来维护大客户的关系，这都取决于最初确立的前三步。

（五）收入来源

羊毛出在羊身上，企业维持正常的运作需要收入，就需要思考如何用最合理的方式让客户付钱来换取企业为其创造的价值。如何细分客户市场，不同客户群体的付费比例是多少，采用什么样的方式来支付他们获得的价值，是直接购买所有权，还是购买使用权或租用，又或是由第三方来垫付，是一次性支付还是在后期的运营服务中持续支付，都需要针对不同的客户群及其关系和企业的价值主张来综合决定。

经济价值转化大循环的模型，将收入来源分为以下三个方面。

（1）从资源到资产。租金收费，是指出让资源一定时间排他性使用权而产生的费用。资源销售，是作为原材料等资源的销售收费。使用收费，是指通过特定的劳动力与服务等资源的收费。

（2）从资产到资本。资产销售，即销售实体产品的所有权。订阅收费，是销售重复使用的服务。授权收费，即授权使用知识产权。

（3）从资本到资信。认证收费，指提供对产品与服务的认证并收取费用。经济收费，指提供中介服务收取佣金。广告收费，指提供广告宣传服务收入。金融担保，是指为保证金融合同的履行，保障债权人实现债权，而以第三人的信用或特定财产保障债务人履行债务的行为。

✓ 案例播报

阿里巴巴的主要收入来源

阿里巴巴在上市时披露的主要收入来源于六个方面，都属于从资本到资信阶段的信息服务收费模式。

1. 中国零售收入（淘宝、天猫、聚划算），包括以下几个方面。

（1）在线市场营销收入。其中，P4P 收入（Pay-for-Performance）：在淘宝搜索页的竞价排名，按照 CPC 计费（点击计费）；展示广告（Display Marketing）：按照固定价格或 CPM（千人成本）收取广告展示费用；淘宝客项目（Taobaoke Program）：按照交易额的一定比例向淘宝和天猫的卖家收取佣金；促销页面（Placement Services），卖家购买聚划算的促销页面费用。

（2）交易佣金（Commissions on Transaction）。天猫和聚划算的卖家，对于通过支付宝的每一笔交易，需要支付交易额的 0.5%~5%不等的佣金。

（3）店铺费用（Storefront Fees）。对于淘宝旺铺，每月收取固定费用，同时店铺软件也提供收费工具以帮助店铺升级。

2. 国内批发商收入（1688.com），包括：会员费收入以及增值服务收入；在线推广收入，包括 P4P 收入以及关键字竞价。

3. 国际商业零售（aliexpress.com）：按照通过支付宝交易的交易额的 5%收取佣金。

4. 国际商业批发（alibaba.com），包括：会员费收入以及增值服务收入；在线推广收入，包括 P4P 收入以及关键字竞价。

5. 云计算以及互联网基础架构。主要通过按时或按使用计费获得收入，包括弹性云端运算（Elastic Computing）数据库服务、大型计算服务等。

6. 其他，诸如微金融等。

（六）核心资源

前面的五个部分讨论了很多规划，现在则开始将讨论如何实施这些规划。首先要讨论的就是资源，考虑需要哪些核心的资源才能保证前述的五个方面能顺利地搭建起来，是需要资金还是人力，或者是知识产权，或者是某些固定资产，只有准备好"食材"才能开始"炒菜"。

（七）关键业务

"食材"准备好了，现在该考虑做哪些"菜"的问题了。用什么实体才能体现价值主张，建立怎样的渠道才能传播服务和产品，维系客户关系如何落地转化成为可操作的解决方案，这就是我们的关键业务。为了价值主张可能需要建立一座工厂，为了渠道通路也许要建立一整套在线销售的网络体系，为了维护客户关系可能要构建一个自己的社区或在微博上开设一个企业账号。

（八）重要伙伴

重要伙伴包括供应商、合作伙伴的网络。需要考虑谁可以作为我们的伙伴？我们能从伙伴那里获得什么核心资源？我们能为伙伴带来什么价值？重要伙伴可以分为四类：非竞争者之间的战略联盟关系；竞争者之间的战略合作关系；为开发新业务而构建的合作关系；为确保可靠供应的采购商之间的供应商关系。

（九）成本结构

做企业就得算账，成本结构就像人体内的脂肪、蛋白质和糖分比例一样，合适的比例能让企业更加健康。降低不必要的成本是企业获得更大收益十分重要的方式，在前八个步骤中所涉及的成本都应该在这个阶段做详细的评估。另外，成本不是一成不变的，就如同摩尔定律对固定成本的影响一样，对成本精准的战略评估可能会为企业带来意想不到的收获。

任务3 互联网商业模式

☑ 起航阅读

商业模式的选择

四川航空股份有限公司（以下简称川航）是一家传统企业，但它推出的一种商业模式让其他几大航空公司望尘莫及——搭乘川航的乘客可以乘坐免费车辆进入市区。但川航在这个过程中一分钱都没花，甚至还赚了钱，原因就是它做了一件事——众筹，利用互联网的聚集优势"以小博大"，通过搭建平台、整合资源，实现资源利用的最大化。

互联网思维是如何改变这个传统行业的呢？"免费车辆"的市场售价是14.8万元，川航一次性订购了150辆，并且承诺：每个驾驶员都会给该品牌的汽车做宣传并销售，最终以9万元每辆的价格拿到手，紧接着，川航把这些车以17万元每辆的价格卖给出租车驾驶员。对于出租车驾驶员来说，虽然车贵了两三万元，但川航承诺其每天固定跑一条线路，每载一个乘客，川航付给他25元。由于客源、收入稳定，且汽车的所有权属于自己，驾驶员们都很乐意加入其中。

理论讲堂 ➤

一、互联网思维的形成与表现形式

（一）互联网思维的形成

互联网思维是在（移动）"互联网+"、大数据、云计算等科技不断发展的背景下，对市场、用户、产品、企业价值链乃至整个商业生态进行重新审视的思考方式。跟物联网相比，它发展得比较成熟，目前已经形成一些杀手级的应用，比如移动互联网领域，在2G时代杀手级应用就是短信，在3G时代则是网络游戏、网络媒体、社交网络（如微信）、移动电商等。

生产力决定生产关系，互联网技术特征在一定程度上会影响其在商业层面的逻辑。工业文明时代的经济学是一种稀缺经济学，在互联网时代则是丰饶经济学。在互联网经济中，垄断生产、销售以及传播将不再可能。

互联网的三大基础要件——带宽、存储、服务器，构成了一个网状结构的互联网，没有中心节点，不是一个层级结构。虽然不同的点有不同的权重，但没有一个点是绝对的权威。所以互联网的技术结构决定了它的内在精神，是去中心化，是分布式，是平等。平等是互联网非常重要的基本原则。

在一个网状社会，一个"个人"与一个"企业"的价值，是由连接点的广度与厚度决定的。连接越厚，价值越大，这也是纯信息社会的基本特征，信息含量决定价值。所以开放变成生存的必需手段，不开放就没有办法去获得更多的连接。

所以，互联网商业模式必然是建立在平等、开放的基础之上，互联网思维也必然体现着平等、开放的特点，平等、开放意味着民主，意味着人性化。从这个意义上讲，互联网经济是真正的以人为本的经济。

农业文明时代，最重要的资产是土地与农民。工业时代最重要的资产是资本、机器（机器是固化的资本）、流水线上被异化了的人。工业时代早期考虑最多的是异化的人，因为人也被当作机器在处理，人只是流水线当中的一颗螺丝钉。

到了知识经济时代，最核心的资源，一个是数据，一个是知识工作者，企业的管理也会从传统的多层次走向更加扁平、更加网络、更加生态的方式。

互联网已经渗透到企业运营的整个链条中，从基础应用（如 E-mail 发邮件、微信发通知、百度查信息）到商务应用（如在线协同办公、在线销售、在线客服），乃至用互联网思维去优化整个企业经营的价值链条。

互联网化将成为下一波商业浪潮中最关键的词语之一。在互联网时代，传统企业遇到的最大挑战是基于互联网的颠覆性挑战。为了应对这种挑战，传统企业首先要做的是改变思想观念和商业理念。要敢于以终为始地站在未来看现在，发现更多的机会，而不是用今天的思维想象未来，仅仅看到威胁。

互联网正在成为现代社会真正的基础设施之一，就像电力和道路一样。互联网不仅仅是可以用来提高效率的工具，也是构建未来生产方式和生活方式的基础设施，更重要的是，互联网思维应该成为我们商业思维的起点。

（二）互联网思维的表现形式

1. 便捷思维

互联网的信息传递和获取比传统方式快，也更加丰富，让人们的生活和工作更加快速和便捷。人们要想购物，不必再去商店，人们要去学习，不必再去学校。

2. 参与思维

过去，不论哪种方式的传播都带有一种片面的单向性。随着互联网的出现，人们在互联网上，可以自由地发表个人的见解，让人们表达、表现自己成为可能。参与到一件事情的创建过程中，给予他们更多的参与感。

"互动"的本质，是"民主"；"连接"的本质，是"开放"；"网络"的本质，是"平等"。互联网时代的前进方向，就是将整个世界变成一个"任意互动、无线连接的网络体"。

3. 数据思维

互联网让数据的收集和获取更加便捷，随着大数据时代的到来，数据分析预测对于提升用户体验有非常重要的意义。

4. 用户体验

用户体验就是让用户在精神物质方面获得满足感，也就是说，任何商业模式的根本都是用户，都是让用户满意。

二、"互联网+"的商业模式

（一）商业模式之一：工具+社群+电商/微商

互联网的发展使信息交流越来越便捷，志同道合的人更容易聚在一起，形成社群。同时互联网将散落在各地的星星点点的分散需求聚拢在一个平台上，形成新的共同需求，并形成规模，解决了重聚的价值。

如今互联网正在催熟新的商业模式，即"工具+社群+电商/微商"的混合模式。比如微信最开始是一个社交工具，先是通过各自工具属性、社交属性、价值内容的核心功能过滤到海量的目标用户，加入了朋友圈点赞与评论等社区功能，继而添加了微信支付、精选商品、电影票、手机话费充值等商业功能。在这里，工具如同一道锐利的刀锋，用来满足用户的痛点需求，用来做流量的入口，但它无法有效沉淀粉丝用户；社群是关系属性，用来沉淀流量；商业是交易属性，用来变现流量价值。三者看上去是三张皮，但内在融合的逻辑是一体化的。

> ✓ **案例播报**

"可信赖的家庭医生"——怡禾健康

裴洪岗医生于2016年年初发布《我辞职了》一文，引起了医疗界的很大反响。当时裴医生已经是一个在网络上有很高知名度的医生，凭借严谨实用的科普文章，获得了一大批固定的读者，他辞职时微博有41万粉丝，个人公众号（drpei）有超过12万的订阅者。

辞职之后，裴医生并没有闲着，用他的话来说"我变得更忙了"。科普文章更新频率加快到1~2天一篇，还出版了一本科普书《在孩子下次生病前》，该书在当当新书榜总榜也名列前茅。同年5月，他成立怡禾健康，走上创业道路。创立之初，怡禾健康的定位是线上健康管理公司，在微信上搭建网络问诊咨询平台，提供付费的母婴健康咨询服务和科普直播。

不同于很多医生直接开办线下诊所，怡禾健康选择了一条从线上到线下的路径。5月底，裴医生注册认证了微信服务号"怡禾健康"，6月1日，在腾爱医生的帮助下，裴医生开始内测按月付费育儿咨询服务，8月3日，怡禾健康微信服务号正式上线付费育儿咨询服务（按次付费）。

因为对质量做了把控，怡禾健康提供的可靠而优质的服务广受用户好评。据了解，目前怡禾健康的咨询平台上，已经汇聚了700多名海内外资深医生，向数百万用户提供服务。最初创立之时，怡禾健康仅有儿科，现在覆盖了成人科室。开设的线上咨询包含儿童全科、儿童各类专科 29 个，成人专科皮肤科、妇产生殖科、消化内科、口腔科等各科 30 个。

（二）商业模式之二：长尾型商业模式

根据维基百科，长尾概念由杂志主编克里斯·安德森提出，用来描述如亚马逊之类网站的商业和经济模式。这个概念描述了媒体行业从面向大量用户销售少数拳头产品（关键产品），到销售庞大数量的利基产品的转变，虽然每种利基产品相对而言只产生小额销售量，但利基产品的销售总额可以与传统面向大量用户销售少数拳头产品的销售模式产生的销售额媲美，核心是"多款少量"。所以长尾模式需要低库存成本和强大的平台，并使利基产品对于兴趣买家来说容易获得。这种商业模式会逐步演化成从大规模生产走向大规模定制，最后走向个性化定制，速度会越来越快。

定制是一个效率高得多的商业模式，在模式构建中，另外一个同步演化过程是整个商业会从供应链变成"协同网"。工业时代的典型特点是，大规模、标准化、流水线，供应链是一脉相承的，都是线性的、单向的、命令式的，带给人的最典型的感觉就是线，是串联、单向的过程。但移动互联网时代不可能因为一个标准化产品形成大量用户，未来只有个性化的东西才有市场，信息透明以后，原有的商业模式必然被摧毁。

互联网最核心的是网，是一个并发、同步、分布式、点状、实时的网络，整个商业体系越来越扁平化、知识化、平台化，供应链也会逐步向协同网转变，一个订单产生后，信息会同步分享到可能跟这个订单有关的所有企业。以前这么做的成本几乎是无法承受的，但是现在有了互联网，信息同步传输在产品上是能够实现的。这是一个新的产业格局。

✓ **案例播报**

电商平台唯品会

长尾商业模式更多地出现于与互联网有关的企业中，尤其以谷歌、亚马逊为典型。在中国电商界，这样的长尾企业也不在少数。

中国电商界一个典型的采用长尾商业模式的企业是唯品会。其于 2008 年创立后便迅速在风起云涌的电商界站稳了脚跟，2012 年成功赴美上市，截至 2013 年 12 月，唯品会以 2.3% 的市场份额进入中国 B2C 网络零售市场（包括平台式与自主销售式）的前十名，成为 2013 年电商界的最大黑马。2014 年 5 月 15 日的业绩报告显示，第一季度唯品会总净营收为 7.019 亿美元，比 2013 年同期的 3.107 亿美元增长 125.9%。定位为"一家专门做特卖的网站"的唯品会一开始是效仿法国的 VP（Vente）模式，但后来摸索出了自己的道路，走大众时尚路线，主打二三线品牌，奢侈品牌则作为一个频道在唯品会出现。成立之初的唯品会，遭到了国内许多电商品牌的嗤之以鼻，被认为是清理库存的"下水道"。确实，唯品会商业模式简单，帮助品牌商处理过季尾货，利用限时抢购的噱头来吸引和刺激消费者购买，但这种模式正是长尾商业模式的一个很好的范例。

（1）目标市场明确，定位精准。唯品会吸引的是年轻的、爱网购的群体，他们爱好时尚，但购买力不是那么充足，这是一片还未被开发的蓝海市场。长尾商业模式从某种程度上来说与蓝海战略相似，都注重于开发不被人重视的新市场。当季中高档品牌的销售规模在亿万级别的规模，而过季存货所占比例为 20%～30%，转战中高档大众时尚品牌的唯品会瞄准了这个市场，开辟了自己的蓝海。

（2）每天一百个品牌上新，品类众多。唯品会的品类从服装到家用电器，从美妆到配饰，非常之多。据悉，与唯品会合作的品牌已经超过 5 000 家，这么多的合作品牌，涉及不同的种类，无疑为唯品会的长尾市场提供了良好基础。

（3）新物流模式布局为长尾市场提供有力武器。2013 年年底，唯品会在北京、上海、广州、成都仓库租赁面积约 30 万平方米，仓库总面积约 40 万平方米。在这样大规模的仓储基础上，唯品会实行的是"干线+物流"的配送模式，同一地区的订单由大宗物流公司打包配送至目标城市，再选择当地的快递公司做二次配送。干线上的大规模运输带来了巨大的成本节约空间，这样的物流模式布局为唯品会大大节省了成本，提升了唯品会的毛利率，这也正是长尾商业模式能成立的基础之一——物流成本降到最低。做到这一点的唯品会无疑又有了一把横扫长尾市场的利器。

（三）商业模式之三：跨界商业模式

跨界商业模式主要是改变企业的交易结构、消费方式、盈利模式和宣传推广模式。

（1）交易结构改变，即改变企业上下游产业链的交易结构，从普通的交易关系，变为相互链接，合作共赢的平台；

（2）消费方式改变，把消费者所有的消费行为，变为投资行为；

（3）宣传推广模式改变，利用社群营销裂变的方式，实现人与人低成本裂变；线上线下结合的课堂培训课，形成线上微信群、线下粉丝群的立体结构，共同组成粉丝群向外推广。底层是社群，顶层有线上商城；

（4）盈利模式改变，由单一盈利方式变为多重盈利，以流量为入口，多重的第三方盈利。

不管做哪个行业，真正对企业构成最大威胁的对手一定不是现在行业内的对手，而是那些行业之外看不到的竞争对手。马云曾经说过一句话，如果银行不改变，那我们就改变银行，于是余额宝诞生了。余额宝推出半年，用户数就超过 4 000 万。互联网为什么能够如此迅速地颠覆传统行业呢？互联网颠覆实质上就是利用高效率来整合低效率，对传统产业核心要素的再分配，也是生产关系的重构，并以此来提升整体系统效率。互联网企业通过减少中间环节，减少所有渠道不必要的损耗，减少产品从生产到进入用户手中所需要经历的环节来提高效率，降低成本。因此，对于互联网企业来说，只要抓住传统行业价值链条中的低效或高利润环节，利用互联网工具和互联网思维，重新构建商业价值链就有机会获得成功。

（四）商业模式之四：免费商业模式

互联网行业从来不打价格战，它们一上来就免费。传统企业向互联网转型，必须要深刻理解"免费"背后的商业逻辑精髓到底是什么。

"互联网+"时代是一个"信息过剩"的时代，也是一个"注意力稀缺"的时代，怎样在"无限的信息中"获取"有限的注意力"，便成为"互联网+"时代的核心命题。注意力稀缺导致众多互联网创业者们开始想尽办法去争夺注意力资源，而互联网产品最重要的就是流量，有了流量才能够以此为基础构建自己的商业模式。所以说互联网经济就是以吸引大众注意力为基础去创造价值，然后转化成盈利。

很多互联网企业是先以免费的、好的产品吸引到很多用户，然后通过提供新的产品或服务给不同的用户，在此基础上再构建商业模式。如果有一种商业模式既可以统摄未来的市场，也可以挤垮当前的市场，那就是免费的商业模式。

✓ 案例播报

吉列剃须刀的免费模式

吉列剃须刀是免费商业模式的典型代表，其模式核心在于以刀柄为诱饵，需要不断替换的刀片则是主要的收入来源，这种模式也被称为诱饵模式。刀柄是诱饵，刀片则是收益。诱饵产品一般是价格很便宜或免费的，收益产品则是能为企业创造持续收益的。但是，收益产品也会存在被替代的风险。为避免这个风险，吉列通过品牌的方式来增加认知度，又通过专利来形成市场壁垒阻止竞争者加入。所以，收益产品必须有足够的实力来保证诱饵产品之后的收益能收入囊中，不然就会为他人作嫁衣。

（五）商业模式之五：O2O 商业模式

移动互联网的地理位置信息带来了一个崭新的机遇，这个机遇就是 O2O。二维码是线上和线下的关键入口，将后端蕴藏的丰富资源带到前端。O2O 和二维码是移动开发者应该具备的基础能力。

O2O 的狭义理解就是线上交易、线下体验消费的商业模式，主要包括两种场景：一是线上到线下，用户在线上购买或预订服务，再到线下商户实地享受服务，目前这种类型比较多；二是线下到线上，用户通过线下实体店体验并选好商品，然后通过线上下单来购买商品。广义的 O2O 就是将互联网思维与传统产业相融合，未来 O2O 的发展将突破线上和线下的界限，实现线上线下、虚实之间的深度融合，其模式的核心是基于平等、开放、互动、迭代、共享等互联网思维，利用高效率、低成本的互联网信息技术，改造传统产业链中的低效率环节。

（六）商业模式之六：平台商业模式

互联网的世界是无边界的，市场是全国乃至全球。平台型商业模式的核心是打造足够大的平台，更为多元化和多样化的产品，更加重视用户体验和产品的闭环设计。

海尔集团首席执行官张瑞敏对平台型企业的理解就是利用互联网平台企业可以放大，原因是有二：第一，这个平台是开放的，可以整合全球的各种资源；第二，这个平台可以让所有的用户参与进来，实现企业和用户之间的零距离。在互联网时代，用户的需求变化越来越快，越来越难以捉摸，单靠企业自身所拥有的资源、人才和能力，很难快速满足用户的个性化需求，这就要求打开企业的边界，建立一个更大的商业生态网络来满足用户的个性化需求。通过平台，可以用最快的速度汇聚资源，满足用户多元的个性化需求。所以平台模式的精髓在于打造一个多方共赢的生态圈。

但是对于传统企业而言，不要轻易尝试做平台，尤其是中小企业，不应该一味地追求大而全、做大平台，而是应该集中自己的优势资源，发现自身产品或服务的独特性、瞄住精准的目标用户、发掘用户的痛点，设计好针对用户痛点的极致产品、围绕产品打造核心用户群，并以此为据点快速地打造一个品牌。

任务4 商业模式设计与创新

起航阅读

一本高端杂志全新的商业模式

《创财富》是深圳的一家杂志，发行量尚不足10万份，是典型的高端商业杂志。高端杂志通常不靠卖杂志赚钱，而是靠广告赚钱。这种商业模式把赚钱的重点放在了广告上，把发行变成了广告的手段。《创财富》的商业模式反其道而行之，要让发行成为赚钱的重点，而把广告变成手段！

那么，他们是怎么做的？其实很简单：广告客户刊登广告后，就会获得与广告费用金额相同的杂志。他们可以在这些杂志上做"个性化广告"！也就是额外装订一个小册子，每一本都可以做得不一样。这样就可以对特定的地域、特定的客户，采取一对一的推广策略。《创财富》再把杂志送给潜在的客户（也就是广告客户的客户）。广告客户最关心的是谁？肯定是其客户！如果能够把握客户的客户，那就相当于积累了更多的客户。

例如，如果你做10万元广告，就能获得417份全年12期的杂志。此后一年，就会有417个重要客户收到以你的名义赠阅的《创财富》杂志。他们每拿起杂志就会看到你的名字，在广告页上读到关于你公司的个性化介绍。经过一年潜移默化的影响，客户掏钱买你产品的概率会大大增加。这样，广告客户多了，读者也多了，广告价值也得到了充分体现。

理论讲堂

一、商业模式的设计

商业模式是企业的立命之本，商业模式设计则是商业策略的一个组成部分。企业创立之初的商业模式并不是一成不变的，应当随着市场需要、产业环境、竞争形势的变化而不断调整。商业模式的效果并不相同，有的模式相对轻松，企业很快就扶摇直上；而有的模式则付出再多精力，所获得的效果也不尽如人意。因此选择、设计一个好的商业模式会事半功倍，这是最需要成为企业战略管理的一项基本功，应被高度重视。

商业模式本质上是描述企业如何以系统化的方式创造价值的。商业模式设计是指企业用商业语言与逻辑表达实现价值创造的路径、流程，以及相关资源配置等关键商业模式要素及其组合方式。

（一） 商业模式的设计思路

1. 基本要求

一个好的商业模式要符合五个方面的标准，即定位要准、市场要大、扩展要快、壁垒要高、风险要低。因此在进行商业模式设计时，就要从这五个方面入手。

（1）定位要准。

市场定位的核心是要寻找到一个差异化的市场，为这个市场提供有独特优势的产品。确立好市场定位的关键是细分市场，并寻找到能够利用自身优势来满足该细分市场所需要的产品和服务。

在进行目标定位时，我们需要考虑几个最基本的问题：是否进行了差异化的市场分析；定位是否为目标市场和顾客创造了价值；是否确定了独特的市场定位；是否设计出客户所需要的产品或服务，满足了顾客哪些方面的需求；产品本身为客户创造了怎样的价值；顾客为什么愿意认可该价值并付费；这是产品设计的核心所在。

（2）市场要大。

应寻找一个快速、大规模、持续增长的市场。在目标市场确立时，最需要关注的是四个问题：目标市场规模是否足够大，是否能满足目标客户重要的基本需求，是否能保证高速增长，如何保证持续性的增长。

（3）扩展要快。

收入是否快速扩展，是衡量商业模式能否迅速扩大规模最关键的因素。一个公司的收入从根本上取决于客户数量及平均客户贡献两个因素。因此要想快速增长，就要设计能快速增加付费客户数量的策略，或者是提高平均客户贡献额。在设计收入扩展策略时，最需要考虑的有几个问题：怎样获取新客户及获取新客户的难易程度；定价策略是否有利于快速扩展客户和使利润最大化；客户是否会持续消费；新客户增速是否快；客户能否快速进行大规模复制等。这些是衡量商业模式能否迅速扩大规模的最关键的因素。

（4）壁垒要高。

关于进入壁垒，我们要考虑几个方面的问题：进入该行业本身是否有壁垒；是否存在产业链的制约因素以及如何解决；如何利用自身优势来构筑竞争壁垒；如何建立产业竞合关系；如何构筑价值链。总之，自己进入时壁垒要低，进入后要能建立起高壁垒，让竞争者难以进入，这是考虑壁垒因素的重点所在。很多企业之所以发展到一定阶段就出现问题，就是因为没有考虑到后进者的壁垒，很容易被人赶超。

（5）风险要低。

在评估风险时，需要考虑五个方面：是否存在政策及法律风险，是否存在行业监管风险，是否存在行业竞争风险，是否有潜在的替代品威胁，是否已经存在价值链龙头。

2. 商业模式的设计思路

（1）界定和把握利润源——顾客。

（2）不断完善企业利润点——产品。

（3）打造强有力的利润杠杆，构筑商业模式内部运作价值链。

（4）疏通拓宽利润渠道，构筑商业模式外部运作价值链。

（5）建立有效保护利润的利润屏障。

（二）商业模式的设计方法

每个创业者在了解商业模式的构成框架之后，就需要设计商业模式。创业者都想为自己的企业设计一个独特的、全新的商业模式来覆盖产业内现有的企业。虽然商业模式创新是件非常困难的事，但很多企业都是在模仿改进现有商业模式的基础上收获了巨大成功，例如腾讯、百度等。常用的商业模式的设计方法有以下四种。

1. 全盘复制法

全盘复制法比较简单，即对经营状况良好的企业的商业模式进行简单复制，并根据企业自身内外部状况如资源能力、政策环境、技术水平、市场成熟度等稍加修正。全盘复制优秀企业的商业模式需要注意以下三点：①复制不是生搬硬套；②需要根据企业自身的区域、细分市场和产品特性进行调整，要注重对商业模式细节的观察和分析；③为避免和复制对象形成正面竞争，可在不同的时间和区域对商业模式进行复制。

2. 逆向思维法

对于行业领导者或行业内主流的商业模式，模仿者可以有意识地反向学习，即市场领导者或行业内主流商业模式如何做，模仿者则反向设计商业模式，直接分割出对市场领导者或行业内主流商业模式不满意的市场份额，并为它们打造相匹配的商业模式。

采用逆向思维法设计商业模式时有三个关键点：①找到行业领导者或行业主流商业模式的核心点，并据此设计逆向商业模式；②企业在选择逆向设计商业模式时，不能简单地追求反向，需确保能够为消费者提供更高价值的产品，并能够塑造新的商业模式；③防范行业领导者的报复行动，并制定相应的对策。

3. 借鉴提升法

这种方法主要是通过学习和研究优秀的商业模式，对商业模式中的核心内容或创新概念进行适当的提炼和节选，并对这些创新点进行学习。如果这些创新点比企业现阶段商业模式中的相关内容更符合企业的发展需求，企业就应该结合实际需要，引用这些创新点并发挥其价值。通过引用创新点来学习优秀商业模式的方法适用范围最为广泛，不同行业、不同竞争定位的企业都适用。

4. 要素组合法

依据创新理论奠基人熊彼特的观点，创新本质上就是生产要素的重新组合。商业模式设计是一种具有创造性的组织活动，重新组合生产的理念为商业模式设计提供了方法指引。

商业模式设计的要素组合法是指创业企业将相同或相似产业领域内不同商业模式的关键要素进行拆分并依据本企业的目标、资源等条件，对不同商业模式关键要素进行重新组合，进而产生新的商业模式。运用要素组合法主要有四大步骤：①确定商业模式设计的目标；②剖析相同或相似产业领域不同商业模式的关键构成要素及其支持条件；③根据自身条件和目标建立商业模式要素组合；④进行商业模式测试并制订修正行动计划。

（三）商业模式设计的主要原则、分析工具

1. 遵循的主要原则

（1）顾客导向原则。

商业模式的本质是价值创造系统，这些价值既包括顾客价值，又包括企业价值和股东

价值，甚至是合作伙伴价值。但是，顾客价值是其他所有价值创造的基础，更是商业模式的核心要素。因此，顾客导向原则是商业模式设计的首要原则，强调"顾客需要什么，我们提供什么"，而不是"我们拥有什么，向顾客传递什么"的市场逻辑。

（2）资源聚焦原则。

资源聚焦原则要求商业模式设计必须"看菜吃饭、量体裁衣"。一方面，必须基于企业已经掌握或通过外部网络可以整合的现实资源条件，而不能把即将掌握或可能整合的不确定性资源作为商业模式设计的资源基础；另一方面，商业模式设计应该立足于将有限的资源进行集中运用，不能盲目贪求速度而运用过于分散、顾客价值不够突出的商业模式。

（3）持续迭代原则。

持续迭代原则强调创业企业应该坚持"没有最好，只有更好"的持续改进思想，大胆地将初始商业模式投放市场进行测试，通过向市场、竞争者和顾客学习，持续迭代，不断完善商业模式设计。

（4）多方兼容原则。

多方兼容原则要求商业模式设计充分考虑和反映商业活动各参与方的利益诉求和价值关切。因此，在商业模式设计过程中，不仅需要重点考虑顾客价值的实现方案，还应该考虑重要合作伙伴、创业投资者等利益相关方的价值诉求，甚至应该考虑和反映国家发展思路（如产业发展规划、政策引导和鼓励等），以及社会整体走向（如老龄化、亲情化等）。

2. 商业模式设计的分析工具

创业活动中的商业模式设计不仅仅是需要灵感与创意的创造性活动，还是遵循科学与规范的系统性活动。商业模式设计建立在对价值创造系统进行全面分析和谋划的基础之上，同时需要运用一些重要的分析工具以增强商业模式设计的有效性。

（1）价值链分析。

商业模式设计中的价值链分析，是指创业者通过分析行业价值创造的基本环节和过程，选择具有相对优势或有利可图的环节，实现创业企业在价值链中的定位，进而围绕企业定位进行商业模式设计，如开发顾客价值主张，设计核心业务流程，构建战略联盟关系等。例如，创业企业在初创时期，可以先定位于产品设计，即研发环节，为其他生产企业提供产品技术服务，随着创业企业资金和技术经验的积累，再向生产环节进行延伸。同样，创业企业也可以先定位于行业中的产品销售与服务，即营销环节，为其他生产企业进行产品销售和服务，待时机成熟再进入产品生产甚至研发环节。联想集团自 1984 年 10 月成立以来，沿着"贸—工—技"的成长道路不断壮大，是企业在 IT 行业产业链实现逆向成长的典型案例；而创立于 1987 年 9 月的华为公司则遵循"技—工—贸"的发展轨迹，逐渐成长为世界知名的通信设备提供商。

无论是企业层面还是产业层面的价值链分析，本质上都是要明确企业在整个价值创造过程中的优势环节和竞争力来源。在社会分工不断细化的商业环境下，全产业链只是极少数大型企业集团（如中粮集团）可以规划和实现的商业模式。绝大多数中小企业，特别是创业企业，应聚焦于产业链的某一个或者某几个环节，其他非重点环节则进行业务外包或业务合作，通过专业化和差异化来谋求生存和发展空间。

（2）关键作业分析。

作业基础管理是以企业作业中关键环节或活动的成本收益水平为绩效衡量指标，取代传统的以财务信息为基础的管理方式。它通过系统地分析业务活动的成本与收益信息，帮助企业发现不增值且消耗资源的业务活动或交易环节。因此，作业基础管理是企业绩效管理的一种。

创业企业在设计商业模式时，需要运用作业基础管理思想开展关键作业分析，旨在通过系统、综合的方法，使创业者将注意力集中到那些能够增加顾客价值并通过创造和传递顾客价值获取利润的关键环节和活动上，使创业企业将有限的创业资源聚焦于关键业务和流程，提高各类资源的商业利用效率。

关键作业分析的核心任务是确定作业，即产生价值的关键活动，并充分核算成本和收益水平，据此进行资源分配和预算安排。作为创业企业，在商业模式开发过程中，必须首先确定业务活动中的增值环节，并明确其成本及收益结构，然后围绕这些关键环节设计组织结构、制度安排，以及进行资源配置和辅助体系开发。因此，作业基础管理是商业模式设计过程中的重要管理分析工具。

（3）业务流程分析。

美国著名管理学家迈克尔·哈默（Michael Hammer）将业务流程视为"一个或多个将输入转化为对顾客有价值的输出的活动"。企业流程管理观点认为，为顾客创造价值的不是哪一个独立的部门或个人，而是企业的流程。这个流程包含六个基本要素：输入资源、活动、活动的相互作用、输出结果、顾客和价值。

创业企业在设计商业模式的过程中，基于对关键作业的界定，需要根据流程的六个基本要素对该类业务进行分析，应明确以下问题。

第一，实施关键作业需要哪些资源？

第二，关键作业由哪些可以分割的活动构成？

第三，这些活动是如何进行分割和衔接的？

第四，如何评价这些活动的效果？

第五，顾客在这些活动环节所扮演的角色是什么？

第六，这些活动创造了什么价值？

对上述关键问题的回答，可以帮助创业企业明晰业务流程实施过程中的资源输入输出的整个环节，为设计具有可操作性的商业模式提供组织流程基础。

在上述商业模式设计的分析工具中，价值链分析聚焦于商业模式的定位，包含顾客价值主张和内外部资源配置等，属于商业模式设计的顶层设计。关键作业分析关注商业模式的中观领域，帮助创业企业确定哪些活动是核心的、哪些活动可以通过外包等战略联盟方式实施。业务流程分析侧重于探索关键业务通过怎样的方式去实施，属于商业模式设计的微观范畴。

二、商业模式的创新

什么是商业模式创新？

综合国内外学者对商业模式创新的理解，以及对商业模式内涵的界定，本书认为，商

161

业模式创新是针对商业模式关键构成要素及其组合实施的一系列渐进性或突破性的变革活动。这些变革活动既包括对行业内现有商业模式的革新，也包括对企业现有商业模式的改进。对商业模式创新的理解，主要分为以下三个要点。

（1）商业模式创新的焦点是商业模式关键构成要素的变革；

（2）商业模式创新的本质是具有计划性和系统性的变革活动；

（3）商业模式创新兼具渐进性和突破性。

当然，创业企业进行商业模式创新主要为了实现以下几个目标。

（1）满足被忽视的市场需求或解决顾客痛点；

（2）将前沿科技转化为新产品或新服务推向市场；

（3）运用更好的方式（如新技术）提升现有市场的商业效率；

（4）开创全新的市场。

为实现上述目标，创业企业进行商业模式创新需要遵循科学的实施路径和多元的实现方式。

（一）商业模式创新的实施路径

根据亚历山大·奥斯特瓦德提出的商业模式创新循环理论，可以构建包含环境分析、商业模式设计、组织设计和商业模式执行四个阶段的商业模式创新路线图。

1. 环境分析

商业模式创新的首要步骤，是建立具有差异化知识结构的创新团队，包含市场营销、财务管理、人力资源管理、研发管理以及运营管理等不同知识背景的团队成员，从而确保为商业模式创新构建具有异质性和专业性的组织基础。团队成员运用环境分析工具，如PEST分析框架，对政策、经济、社会、技术等环境进行分析，建立商业模式创新目标、关键路径、测试指标等基本内容框架，为后续工作奠定基础。

2. 商业模式设计

新商业模式的设计必须着力构建与原有商业模式的关键差异点，以凸显商业模式创新的必要性和价值感。这些差异点需要具有两方面的特性：一是显著性，即新旧商业模式在构成要素或要素组合方面存在较为明显的差异，能够被顾客、投资者等利益相关方明确感知。二是重要性，即这些明显的差异对利益相关方而言具有重要价值，特别是能让顾客明显感受到新旧商业模式的不同，是影响商业模式创新成败的关键环节。

3. 组织设计

在完成新商业模式设计后，需要将商业模式分解为具体的业务活动和组织流程，并实现组织内的跨职能部门运行。因此，需要开展组织设计活动，以建立与商业模式相匹配的组织结构及制度规范。

4. 商业模式执行

商业模式执行是实施商业模式创新的计划方案，以实现商业模式创新。在商业模式的执行过程中，需要注意平衡处理一致性和适应性之间的矛盾。商业模式执行的一致性强调按照既定计划方案开展工作，在遇到困难和挫折时坚持走预定路线。同时，商业模式执行的适应性要求企业在实施预定方案时应该根据内外部环境的变化，有针对性地调整计划方案，以确保商业模式创新达到预期效果。实现商业模式执行一致性与适应性的动态平衡，是确保商业模式创新过程与环境变化有效匹配的关键基础，是商业模式执行环节的重要任务。

在激烈竞争的市场环境下，商业模式创新是一种连续循环没有终点的创造性活动。企业需要根据内外部环境的变化，对商业模式的有效性进行持续评估以更新商业模式，并保持企业的活力和市场竞争力。

（二）商业模式的创建方法

1. 认知商业模式关乎企业成败

企业的目标是追求利润最大化，创业者的任何决策都是为了企业的生存。如果细心观察一下市场，就会发现一个有趣的现象：经营同类商品的企业，盈利状况竟然会截然不同，这其中的奥妙在哪里？

谁能够持续获得比同行更高的利润，谁能设计出合适而且有效的商业模式，谁就是真正的赢者。在过去的 30 年里，世界上 90% 的公司都未能取得持续的利润增长。如果将国内所有大中型企业清盘的话，有不低于 70% 的公司是亏损而且是资不抵债的。中国企业的平均寿命只有 6~7 年，民营企业的平均寿命只有 2.9 年，生存超过 5 年的不到 9%，超过 8 年的不到 3%。

究竟是什么原因导致了大量的企业走向失败？冰山理论告诉我们，任何企业的失败都有其根源所在，有的是显示在外边的，表现为水面上的那一小部分冰山；而有时真正的根源却容易被创业者忽略，成为其看不到的潜在因素，也就是水面下的更大一部分冰山，那些因素才是最重要的。

2. 研究同行的商业模式

任何企业的经营都会受到可控和不可控因素的影响，有时相同的错误会普遍发生。因此，观察其他企业的做法，可以获得很多经验教训。研究类似企业或者类似产品，可以使你冷静地认识市场需求，帮助你找到合理的商业模式。

3. 寻找最佳的商业模式

寻找最佳的商业模式必须要遵循一个原则：任何模式都应以顾客的需求、市场策略和经营特色为中心。好的商业模式应具有以下三个特点。

（1）必须可以同时满足顾客和企业的需要；

（2）应该是为满足顾客愿望或解决顾客不满而研究出来的对策；

（3）一定要具有自己的特色，且是可以使顾客离不开你的产品或服务的特色。

4. 研究对手的商业模式

（1）知己知彼，百战不殆。你必须首先找出你的竞争者，然后像了解自己一样了解对方。他们的产品和你的有什么异同？目前他们的市场份额如何？他们都有哪些营销策略？要清楚哪些人正与你做着同样的事，掌握和分析他们的信息，才可以找到自己的生存空间。

（2）想顾客之所想。除了向成功的企业家学习之外，绝对以顾客的利益和市场需求为行动指南是创业中的第二条重要准则。如果你比竞争者想得更周到，做得更完美，一直致力于做顾客的"贴心人"，那你就可以战胜竞争对手，取得成果。

（3）急顾客之所急。创业中还应尽量避免过于看重自己的观点和能力的问题。如果你是一个固执的创业者，往往容易忽视团队的意见，甚至忽略顾客的需求。如果你的产品不符合市场需求，你就会立刻失去竞争的优势，把市场白白送给竞争对手。

（4）市场始终如逆水行舟，不进则退。如果你不注意研究竞争者，那么突然有一天，你会发现原本属于你的"奶酪"减少了，被你的竞争者在不知不觉中抢去了。经营永远是"不进则退"，市场永远没有停止变化的时刻。

（5）找出竞争对手的弱点。至少要找出十位和你具有相同客户群体的竞争对手，他们就是和你同分一块市场蛋糕的对手，或者说你要从他们的手里抢过更多的蛋糕，你的企业才会有立足之地。要分析对手，才可以战胜对手。

（6）重视成功创业者的意见。企业经营管理咨询并非只有大企业才需要，对所有的创业者来说，在创业伊始去请教有创业经验的成功企业家，是非常必要的。

（7）与顾客要"亲密接触"。几乎每一个成功的创业者都能够灵敏地捕捉到顾客的需要和渴望，以及市场最细微的变化，并能快速对需求的变化和发展的趋势做出反应。要掌握市场的第一手资料，就应该亲自去目标客户那里体验一下。

（三）商业模式创新的逻辑

1. 成功商业模式背后的逻辑

成功商业模式的创新是商业模式与企业核心竞争优势相互结合的过程，以客户价值主张为商业模式研究的基础，以产业链系统（下游供应链、企业内部运营价值链、上游分销链、客户链）、其他相关利益者链（包含企业治理结构关系、社会公共关系、企业宏观环境）以及竞争链系统组成的生态链系统作为商业模式创新的决策支撑，以强势企业文化构建作为商业模式创新执行的支持，以产品与市场的创造作为成功商业模式的成果输出。成功商业模式的逻辑表现如下。

（1）客户价值的研究是商业模式研究的基础，商业模式设计的根本目的是为客户体验创造新的价值，促使客户愿意为之买单；

（2）组成商业模式创新的生态链系统是企业生存所必须面对的生态环境链，对生态链系统的研究其实是个完整的战略分析、决策的过程；

（3）企业文化是一种软实力，是企业进行各类活动执行的支持系统。

2. 中国企业进行商业模式创新必须克服的相关问题

（1）客户价值主张研究的基础薄弱；

（2）内部运营混乱导致内耗太大；

（3）现代企业文化与"老板"文化的融合。

✓ 实践应用

盈利战略组合

根据埃森哲咨询公司对 70 家企业的商业模式所做的研究分析，有效的商业模式组合应该具有以下三个共同的特点。

（1）它必须是能够提供独特价值的。有时这个独特可能是新的思想，或者是用同样的价格获得更多的利益。

（2）它必须是难以模仿的。企业通过确立与众不同的商业模式，如对顾客的悉心照料、无与伦比的实力等，来提高行业的进入门槛，从而保证利润来源不受侵犯。

（3）必须是脚踏实地的。脚踏实地就是实事求是，就是把商业模式建立在对客户行为的准确把握上。

所以，有效的商业模式是丰富且细致的，并且它是与企业的经营目的相联系的，是具有前瞻性、适用性、有效性的。

问题：

（1）将全班分成5~6个小组，每个小组找出3个企业，说出它们的商业模式是否具有前瞻性、适用性和有效性的特点，并说明为什么。

（2）每个小组选出一个商业模式最具有创新性的企业，并说明为什么。

第7单元 创业风险

知识目标

1. 了解创业风险的内涵、特征、来源和类型。
2. 了解常见的创业风险。
3. 掌握创业风险的管控对策。

素养目标

树立风险防范意识，采用科学的方法处理风险，提升自我保护能力。

任务1 创业风险概述

起航阅读

大学生做微商，盲目从众风险大

最早提出微商概念的是微盟公司的 CEO 孙涛勇，他给出的微商的定义是企业或个人基于社会化媒体开店的新型电商，也可以简单理解为利用微信或者其他社交平台进行商务交易的人。微商模式主要包括两大类：一是 B2C 模式，这类微商基于微信官方平台，比如京东微店、微购物等；二是 C2C 模式，这种模式是以个人形式开店，在朋友圈里进行宣传卖货。2010 年，人们开始接触微商，到 2013 年，上亿的用户通过微信进行网络聊天，并慢慢开始了一些商业活动，随后微商交易活动迅速膨胀，交易模式出现多样性，2015 年也被称为"微商元年"。面临巨大就业压力的大学生，成为微商创业的主流群体，他们作为进入社会的新人，没有足够的创业资金，缺乏经验，微商无疑是最好的选择之一，具有低门槛、低成本和传播速度快的特点。

郑州某大学的李某经过"考察"，决定在朋友圈卖海淘产品，发誓"自己走上微商这条不归路"了，可是在朋友圈发出几条推送后就悄无声息了。问及原因，原来在海外帮助购买产品的朋友在毕业前周游世界去了，没有进货的渠道，而自己也因为推出的产品无人问津，缺乏再做下去的动力。在大学生微商中，像这样蜻蜓点水的"试水者"数不胜数。

在"微商热"的时代下，朋友圈里的微商存在以劣充好，夸大其功能，传播虚假产品信息，欺瞒消费者的情况；还出现了众多网络欺诈，代理以及不合法的传销问题。大学生由于缺乏社会经验，抵御诱惑和谎言的能力较弱，在微商创业过程中最容易面临这些风险，这也给大学生的职业生涯带来重大的影响。微商创业是潮流，并且呈现出良好的趋势和发展前景，对于大学生既是机遇也是挑战，大学生不仅要抓住机遇，努力创业；也要机智应对挑战，风险无处不在，需要有冷静的态度，不能盲目，合理决策，把风险降到最低。

理论讲堂 ◢

一、创业风险的内涵与特征

（一）创业风险的内涵

在远古时期，以打鱼捕捞为生的渔民们每次出海前都要祈祷，主要的祈祷内容就是让神灵保佑自己在出海时能够风平浪静、满载而归。他们在长期的捕捞实践中，深深地体会到"风"给他们带来的无法预测、无法确定的危险。在出海捕捞打鱼的生活中，"风"即意味着"险"，因此有了"风险"一词。

现代意义上的"风险"一词，已经大大超越了"遇到危险"的狭窄含义，其核心含义为"未来结果的不确定性或损失"。一般认为，只要一件事情的发生存在着两种或两种以上的可能性，那么该事件就存在着风险。

对创业风险的界定，目前学术界还没有统一的观点，大多数国内外学者都只针对自己所研究的领域或角度来界定，而并没有将其的一般概念提炼出来。Timmons 和 Devinney 将创业风险视为创业决策环境中的一个重要因素，其中包括处理进入新企业或新市场的决策环境以及新产品的引入。赵光辉主要从创业人才角度界定创业风险，认为创业风险就是指人才在创业中存在的风险，即由于创业环境的不确定性，创业机会与创业企业的复杂性，创业者、创业团队与创业投资者的能力与实力的有限性，导致创业活动偏离预期目标的可能性及其后果。无独有偶，牟永红也从人员风险的角度对创业风险进行了阐述，认为创业过程是需要不断地吸收风险投资的过程，而风险投资家们在对创业企业进行风险评估时，首先看重的就是创业人员，而不是项目本身。人员风险具体表现在人员的能力、人员的流失和人员的道德三个方面。刘骅将创业风险分为系统风险和非系统风险。系统风险是指由于创业外部环境的不确定性引发的风险；非系统风险是指非外部因素引发的风险，即与创业者、创业投资和创业企业有关的不确定因素引发的风险。

综上，创业风险是指创业者在创业中面临的风险，即由于创业环境的不确定性，创业机会与创业企业的复杂性，创业者、创业团队与创业投资者能力与实力的有限性，而导致创业活动偏离预期目标的可能性及其后果。

（二）创业风险的特征

只要在创业过程中规避一定风险，就可能带来意想不到的机会和比例不等的收益。那么，在考虑规避创业风险的时候，创业者首先要认识和了解创业风险的特征及其组成要素，离开这些，规避风险就无从谈起。

1. 创业风险具有客观性

创业风险具有客观性，指的是在创业过程中，风险在很大程度上是不以创业者或创业主体的意志为转移的，而是独立于创业者或创业主体意志之外的客观存在。例如，自然界洪涝灾害等气候，社会领域的战争或冲突，创业过程中发生的意外事故等，都是不以创业者的意志为转移的客观存在。创业者在创业过程中只能采取规避风险的办法，在一定的时间和空间内改变风险存在和发生的条件，来降低风险发生的频率和损失幅度，但是，彻底消除风险是不可能的。

2. 创业风险具有普遍性

人类历史就是与各种风险相伴的历史。人类出现后就面临着各种各样的风险，如自然灾害、疾病、伤残、死亡、战争等。随着科学技术的发展、生产力的提高、社会的进步、人类的进化，又产生了新的风险，且风险事故造成的损失也越来越大。在当今社会，创业面临着自然风险、市场风险、技术风险、政治政策风险等。风险无处不在，无时不有。

3. 创业风险具有不确定性

创业风险具有不确定性，指的是在创业过程中由于信息不对称，创业主体对未来风险事件发生与否难以预测，其不确定性主要表现在以下几个方面。

（1）风险是否发生，即风险发生概率的不确定性；

（2）风险发生时间和空间的不确定性；

（3）风险产生的结果的不确定，即损失程度和范围的不确定性。

这些特性要求我们尽可能在有限条件的基础上进行全方位、全过程的防范。当然，这也会给创业过程带来较高的防范成本。有时候，创业者面对不确定的创业风险会显得无力又无奈。

4. 创业风险具有相关性

创业风险具有相关性，指的是创业者面临的风险与其创业行为及决策是紧密相连的。同一风险事件对不同的创业者会产生不同的风险，同一创业者由于其决策或采取的策略不同，也会面临不同的风险结果。

5. 创业风险具有可变性

创业风险具有可变性，指的是在一定条件下创业风险会因时空等各种因素变化而具有可转化的特性。世界上任何事物都是互相联系、互相依存、互相制约的，而任何事物都处于变动和变化之中，这些变动和变化必然会引起风险的变化。尤其是人类社会自身的进步和发展，也创造和推动了风险的发展和变化。例如，金融危机、国家政策、民俗风情、科技咨询的进步，都可能使创业风险因素发生变动，给创业过程带来影响。

6. 创业风险具有损益双重性

创业风险具有损益双重性，指的是创业风险对于创业收益不只有负面的影响。如果能正确认识并且充分利用创业风险，反而会使收益有很大程度的增加。风险发生后人们的感觉首先是损失，损失使得人们对风险印象深刻。只要风险存在，就一定有发生损失的可能，这种损失有时可以用货币计量，有时却无法用货币计量。风险的存在，不仅会造成人员伤亡，而且会造成生产力的破坏、社会财富的损失和经济价值的减少。因此，创业个体或企业才会寻求应对风险的方法。同时，我们必须认识到，风险并不一定就代表损失，机会与损失并存，机遇与挑战同在。

7. 创业风险具有可测定性与测不准性

创业风险具有可测定性与测不准性，一方面，创业风险是可以测量的，即可通过定性或定量的方法对其进行评估；另一方面，创业风险的实际结果常常会出现偏离误差范围的状况，这是由创业投资测不准、创业产品周期测不准与创业产品市场测不准等造成的。

二、创业风险的来源

创业环境的不确定性，创业机会与创业企业的复杂性，创业者、创业团队与创业投资者的能力与实力的有限性，是创业风险的主要来源。研究表明，由于创业的过程往往是将某一构想或技术转化为具体的产品或服务，在这一过程中，存在着几个基本的、相互联系的缺口，它们是形成上述风险特性的直接影响因素。也就是说，创业风险在既定的宏观条件下往往就直接来源于这些缺口。

（一）融资缺口

融资缺口存在于学术支持和商业支持之间，是研究基金和投资基金之间存在的断层。其中，研究基金通常来自个人、政府机构或公司研究机构，它既支持概念的创建，还支持概念可行性的最初证实；投资基金则将概念转化为有市场的产品原型，这种产品原型有令人满意的性能，对其生产成本有足够的了解并且能够识别其是否有足够的市场。创业者可以证明其构想的可行性，但往往没有足够的资金将其实现商品化，从而给创业者带来一定的风险。通常，只有极少数基金愿意鼓励创业者跨越这个缺口，如富有的个人专门进行早期项目的风险投资，以及政府资助计划等。

（二）研究缺口

研究缺口主要存在于仅凭个人兴趣所做的研究判断和基于市场潜力的商业判断之间。当一个创业者最初证明一个特定的科学突破或技术突破可能成为商业产品基础时，他仅仅停留在自己满意的论证程度上。然而，这种程度的论证后来不可行了，在将预想的产品真正转化为商业化产品，即具备有效的性能、低廉的成本和高质量的产品的过程中，在能从市场竞争中生存下来的过程中，需要大量复杂而且可能耗资巨大的研究工作（有时需要几年时间），从而形成创业风险。

（三）信息和信任缺口

信息和信任缺口存在于技术专家和管理者（投资者）之间。也就是说，在创业中，存在两种不同类型的人，一是技术专家，二是管理者（投资者）。两种人接受不同的教育，对创业有不同的预期、信息来源和表达方式。技术专家知道哪些内容在科学上是有趣的，哪些内容在技术层上是可行的，哪些内容根本就是无法实现的。在失败类案例中，技术专家要承担的风险一般表现为学术上、声誉上受到影响，以及没有金钱上的回报。管理者（投资者）比较了解将新产品引进市场的程序，但当涉及具体项目的技术部分时，他们不得不相信技术专家，可以说，管理者（投资者）是在拿别人的钱冒险。如果技术专家和管理者（投资者）不能充分信任对方，或者不能够进行有效的交流，那么这一缺口将会变得更深，带来更大的风险。

（四）资源缺口

资源与创业者之间的关系就如颜料和画笔与艺术家之间的关系，没有了颜料和画笔，艺术家即使有构思也无从实现。创业也是如此，没有所需的资源，创业者将一筹莫展，创业也就无从谈起。在大多数情况下，创业者不一定也不可能拥有所需的全部资源，这就形成了资源缺口。如果创业者没有能力弥补相应的资源缺口，要么创业无法起步，要么易在创业中受制于人。

（五）管理缺口

管理缺口是指创业者并不一定是出色的企业家，不一定具备出色的管理才能。进行创业活动主要有两种：一是创业者利用某一新技术进行创业，他可能是技术方面的专业人才却不一定具备专业的管理才能，从而形成管理缺口；二是创业者往往有某种"奇思妙想"，可能是新的商业点子，但在战略规划上不具备出色的才能，或不擅长管理具体的事务，从而形成管理缺口。

三、创业风险的分类

（1）按风险来源的主客观性划分，创业风险可分为主观创业风险和客观创业风险。主观创业风险是由于创业者的心理、自身素质导致的创业失败的风险；客观创业风险是由于市场、政策、经济发展和竞争对手等客观因素导致创业失败的风险。

（2）按创业风险的内容划分，创业风险可分为市场风险、技术风险、管理风险、政治风险和经济风险。

（3）按创业投资影响程度划分，创业风险可分为安全性风险、收益性风险和流动性风险。安全性风险指创业者投入的财产以及预期的实际收益可能会存在损失的风险；收益性风险指投资方和创业者投入的资产不会蒙受损失，但预期实际收益存在损失的可能；流动性风险指投资方的资本财产和预期实际收益不会蒙受损失，但资金存在不能如期到账或未如期支付造成的资金停滞，致使投资方蒙受其他方面的损失。

（4）按创业过程划分，创业风险可分为机会识别与评估风险、准备与撰写创业计划风险、确定并获取创业资源风险和创业企业管理风险。机会识别与评估风险，指创业者由于信息获取量不足、信息不准确或推理错误等各种主客观因素导致的风险。准备与撰写创业计划风险，指创业计划的科学合理性与否、计划制订过程的不确定性和制订者自身能力的限制，导致的投资者是否投资、计划对创业实际指导活动的可能风险。确定并获取创业资源风险，指因为资源有限性，获取资源的成本较高而带来的创业活动风险。创业企业管理风险，指管理方式、战略制定、企业文化建设等管理环节存在的风险。

（5）按创业与市场和技术的关系划分，创业风险可分为改良型风险、杠杆型风险、跨越型风险和激进型风险。改良型风险是创业风险中最低的，指利用现有的市场、技术来进行创业而存在的风险；杠杆型风险，指利用新的市场、现有的技术进行创业而产生的风险，如数码相机行业开发农村市场；跨越型风险，指利用现有市场、新技术进行创业产生的风险，体现在创新技术的老市场的运用上，反映了技术替代的风险存在；激进型风险，指利用新市场、新技术进行创业产生的风险，市场大、机会大，但风险也最大。

（6）按创业结果的风险属性划分，创业风险可分为沉船风险和丢船风险。沉船风险，指创业企业没有达到满意的绩效水平的可能性，它与追随错误机会的成本有关，在企业初创期处于最高水平，随着创业企业运营逐渐下降；丢船风险，指没有"从事正确的项目，背离企业成功运营方向"产生的风险，它与不追随最佳机会或不采取潜在行动的机会成本有关，随着时间的推进而不断上升。

任务 2　大学生创业常见风险

☑ 起航阅读

8 个月关门，创业不能只凭一腔热血

去年年初，就读于上海电机学院电子信息工程专业的徐某做出了休学创业的决定。他在贵阳与人合伙开了一家装潢店，但这人生的第一份事业持续时间并不长，从开业关店散伙仅用了 8 个月。

"现在回想，当初选择创业，有的只是一腔热血。"徐某说。

徐某告诉记者："其实创业的点子都不是我自己想的。"当初高中的同学找到他，说发现了一个生财之道：贵阳目前正大举搞城市建设，要建很多房子，如果开店卖装潢材料，不怕没有生意。"他问我有没有兴趣入伙，我一听觉得确实挺有道理，而且我这个同学经营过这方面的业务，所以没多思量，也没经过任何考察，我就答应了。"

创业需要资金，徐某的父母都是江西南昌的普通农民，存下的一点积蓄是为儿子结婚准备的。当得知徐某的想法后，父母的态度截然相反。最后，父亲说服了母亲，10 万元，是两位家长能给出的最大支持。

徐某的装潢店开在贵阳郊区。开业那天，他们自己张罗着搞了一个开业仪式，放了鞭炮摆了花篮，除此之外，再无其他。

店里销售的装潢材料包括：水管、开关、涂料、胶水、电线等，品种繁多。刚开始，两个年轻人劲头很足，四处去跑业务，想着腿脚勤快些，就可以接到大工程、大单子。但几次、几十次的碰壁，让徐某有点懵了。

徐某说："我去过很多大大小小的工地，找包工头谈合作，大部分没听我说完就摆摆手让我走。"贵阳的市场对装潢材料需求量确实很大，但是已经形成了固定的利益链，"我们既没有足够的钱去'公关'，也没有更便宜的货源，想挤进原有的链条，实在太难了。"

大单子做不到，装潢店只能做些零零碎碎的小买卖，大部分都来自家庭装潢，徐某坦言："最大的一笔也只有两三千元，客源越来越少。"

越来越闲，压力也越来越大。"店面租金 8 000 元一个月，加上进货和日常开销，一个月至少要做到 1.6 万元的营业额才能保本。每个月都在亏损，我们两个一起投了将近 30 万元，很快就没了。"

没有生意，没有后续资金，店面就这么关了。

经过这次失败的创业经历，徐某认为，创业不仅要有系统的规划，还要有执行的可行性。"缺客户、缺经验、缺人脉、缺资金，这是我创业过程中遇到的大问题，我建议大学生先积累各方面经验、积攒人脉等，再去创业，可能会顺利一些；另外，最好和自己的专业有所关联，不要踏入太陌生的领域。

"有过一次失败的经历，我越发觉得，没有一技之长，在社会上很难生存。即使还是要创业，我也希望自己毕业后先找一份稳定的工作，有一定的积蓄和资源，更重要的是开阔眼界、积累知识。只有眼光敏锐了，才能准确地找到市场的需求点，创业的风险才越小。"

（资料来源：8 个月关门，创业不能只凭一腔热血，http://m.haiwainet.cn/middle/456689/2015/0615/content_28833923_1.html）

理论讲堂

人类社会所面临的风险多种多样，不同的风险有着不同的性质和特点，它们形成的过程、发生的条件和对人类造成的损害也是不一样的。大学生创业者要认真分析自己创业过程中可能会遇到的风险，这些风险中哪些是可以控制的，哪些是不可以控制的，哪些是需要极力避免的，哪些是致命的或不可管理的。一旦这些风险出现，个人应该如何应对和化解。需要特别注意的是，一定要明白最大的风险是什么，最大的损失可能有多少，自己是否有能力承担并渡过难关。

大学生创业常见的风险主要有以下几个方面。

一、盲目选择项目

大学生创业时如果缺乏前期市场调研和论证，只是凭自己的兴趣和想象来决定投资方向，甚至仅凭一时心血来潮就选定项目、做出决定，盲目上马，最终一定会碰得头破血流。

对创业者而言，市场调研在创业初期是非常必要的一项工作，大学生创业者一定要在了解市场的基础上创业，减少盲目和冲动。一般来说，大学生创业者刚刚起步，资金实力大都较弱，所以应选择启动资金不多、人手配备要求不高的项目，从小本经营做起比较适宜。

二、创业技能缺乏

很多大学生创业者眼高手低，理想大于现实，当创业计划真正转变为实际操作时，才发现自己根本不具备解决问题的能力，这样的创业往往很难成功。针对此种情况，一方面，大学生需要积累相关的企业管理和营销经验，如可以选择利用节假日去企业实习；另一方面，要积极参加必要的创业培训，积累创业知识，学习创业技能，接受专业指导和训练，提高创业成功率。

三、资金风险

是否有足够的资金创办企业是创业者遇到的首要问题，资金风险在创业初期会一直伴随创业者。企业创办起来后，就必须考虑是否有足够的资金支持企业的日常运作。对于创业企业来说，如果连续几个月入不敷出或者由于种种原因导致企业的现金流中断，都会给企业带来极大的威胁。相当多的企业会在创办初期因资金短缺而严重影响业务的拓展，甚至错失商机而不得不关门停业。

创业者一定要学会广泛开辟和利用融资渠道，为创业计划的实施提供资金支撑，否则创业只能是一纸空谈。自筹资金、银行贷款、民间借贷等都是传统的融资方式，除此之外，还可以充分利用风险投资、创业基金等新型的融资渠道。

四、社会资源贫乏

企业创建、市场开拓、产品推介等工作都需要调动社会资源，在这方面，大学生会感到非常吃力。这就要求创业者要有意识地培养和积聚社会资源，平时应尽可能多地参加各种社会实践活动，扩大自己人际交往的范围。创业前，可以先到相关行业领域工作一段时间，通过这个平台为自己日后的创业积累人脉。

五、管理风险

一些大学生创业者虽然技术出类拔萃，但理财、营销、沟通、管理方面的能力普遍不足。创业失败，大都是管理方面出了问题，比如决策随意、信息不通、理念不清、患得患失、用人不当、忽视创新、急功近利、盲目跟风、意志薄弱等。尤其是大学生比较单纯、知识单一、经验匮乏、对社会的复杂性了解不深、资金实力和心理素质不足，这些都会增加在管理上的风险。

要想创业成功，大学生创业者必须技术、经营两手抓。大学生创业者可以从合伙创业、家庭创业或从虚拟店铺开始，锻炼管理能力，提升创业能力，也可以聘用职业经理人负责企业的日常运作。

六、竞争风险

商场如战场，竞争是市场经济的核心要素，所以，如何面对竞争是每个企业都要随时考虑的事情，对创业企业更是如此。如果创业者选择的行业是一个竞争非常激烈的领域，那么在创业之初极有可能受到同行的强烈排挤。一些大企业为了把小企业吞并或挤垮，常会采用低价销售的手段。

对于大企业来说，由于规模效益或实力雄厚，短时间的降价并不会对它造成致命的伤害，而对初创企业则可能意味着有彻底毁灭的危险。因此，考虑好如何应对来自同行的残酷竞争是创业企业生存的必要准备。

七、团队分歧的风险

现代企业越来越重视团队的力量。创业企业在诞生或成长过程中最主要的力量来源一般是创业团队，一个优秀的创业团队能使创业企业迅速发展。但与此同时，风险也蕴含在其中，团队的力量越大，产生的风险也就越大。一旦创业团队的核心成员在某些问题上产生分歧，不能达到统一，极有可能会对企业造成强烈的冲击。

事实上，做好团队的协作并非易事，特别是与股权、利益相关联时，很多初创时很好的伙伴会闹得不欢而散。

八、缺乏核心竞争力的风险

企业要想不断地发展壮大、持续健康地运行，是否具有自己的核心竞争力就是最主要的风险。一个依赖别人的产品或市场来打天下的企业，是永远不会成长为优秀企业的。核心竞争力在创业之初可能不是最重要的，但要谋求长远的发展，就会是关键。没有核心竞争力的企业终究会被淘汰出局。

九、人力资源流失风险

一些研发、生产或经营性企业需要面向市场，大量的高素质专业人才或业务队伍是这类企业成长的重要基础。防止专业人才及业务骨干流失应当是创业者要时刻注意的问题。这些员工离职会使企业有形和无形资产都遭受损失，削弱企业的核心竞争力，也可能影响企业的正常运转和持续发展。

十、意识上的风险

意识上的风险是创业团队最内在的风险。这种风险无形无声，却有极强的毁灭性。风险性较大的意识有投机心态、侥幸心理、试试看的心态、过分依赖他人的心态、回本的心态等。大学生创业过程中所遇到的阻碍和风险并不仅限于以上几点。机遇永远与风险并存，在企业发展过程中，随时可能有灭顶之灾。特别是初次涉入商海的创业者，许多人是"小打小闹"，都面临着资金少、抗风险能力低、创业经验不足等问题，随便一点小的事故就可能会使处于婴儿期的事业毁于一旦，导致多年辛苦积攒的创业资金血本无归。

创业有风险，从商须谨慎。市场经济条件下，创业总是有风险的，不敢承担风险就难以求得发展。大学生在创业过程中遇到的阻碍并不仅仅包含上述几种，创业风险始终存在于企业发展的各个阶段。为此，大学生创业者要始终保持积极心态，树立风险意识，汲取优秀经验，在经营活动中尽可能预防风险、降低风险、规避风险。

任务3　创业风险的管控对策

☑ **起航阅读**

彩色钥匙

　　小李看准了彩色钥匙这个小本经营项目，经过认真考察和细致分析他选择了一个叫千色的彩色钥匙品牌，成为千色彩色钥匙的加盟商。千色彩色钥匙使用超强硬度的合金材质，采用韩国新型的高分子喷涂技术生产，与其他同类产品相比不易折断，喷涂层不易脱落，不易磨损，进出锁孔200次以上仅有轻微划痕。虽然千色彩色钥匙成本较高，但它的质量值得信赖。小李认为，作为主要卖点的彩色涂层是每个消费者首先关心的问题，在图案花色相差不大的情况下，相对于选择那些甚至可以用指甲刮脱表层图案的产品，选择一个质量有保证的品牌，对于消费者在接受这个产品的过程中建立起他们的消费信心是至关重要的。

　　千色公司的加盟费是3 000元，配送卧式和立式配匙机各1台，工作服2套，小饰品架4个，以及名片和宣传画等物品，首次进货必须在3 000条匙胚以上，而普通匙胚单价加上运费和损耗相当于2.1元。小李走访了一些配钥匙点，找好常用的匙型订了货，又向千色公司进了一些钥匙包、钥匙扣等小商品，付了加盟费和货款共计12 000元。接下来，小李又在市中心商业步行街租下了一间约6平方米的小店面，月租2 800元，押金是2个月租金，租期为半年。小李预计每天的营业额在400元左右，产品成本和销售费用约230元，净利润可达每月5 000元，5个月即可收回全部投资。

　　在开业之前，小李请人到各大学校、商业区等派发了宣传单，每张宣传单上都标明了店铺地址和开业日期。因此，开业那一天，店里人气很旺，可是配了一些钥匙出去以后，出现了顾客回家开不了锁的情况，小李请人检查了2台配钥匙机才知道，其中那台卧式配钥匙机的精度不准，需要调校，而另一台立式配钥匙机更是需要修理后才能使用。原来千色公司为了压缩成本，采购的是价格低廉的劣质配钥匙机，精度差到了无法使用的程度。而且为了保守所谓的商业机密，千色公司删除了生产配钥匙机厂家的地址和联系方式，想请求厂家维修或者是调换能够正常使用的机器根本就不可能。万般无奈之下，小李只得花了800多元重新购买了2台配钥匙机。

　　小李原来预计每天销售彩色钥匙40条左右，但实际上每天只能销出10余条。其实，许多顾客进店后有消费的意向，但最终都放弃了购买。一方面，彩色钥匙有数百种图案、50余种匙型、上万种搭配，经常出现有喜欢的图案匙型对不上，或有合适的匙型却不喜欢现有图案的情况。另一方面，各地的钥匙型号千差万别，不同的型号之间有非常细微的差别就会对不上，于是有的顾客在一大串钥匙里只能配上一两条的情况下放弃了消费，也不再问津。在配制钥匙的过程中，开齿位时须将匙胚表面磨去一层做修整，虽然这是正常现象，不影响匙柄的公仔图案，但却有很挑剔的顾客以此为由拒绝付款，小李只能改为先收款再配钥匙。更多的顾客则是觉得价格偏高，配一条彩色钥匙需要20元，而配一条普通钥匙只要5~10元，两相比较，看一看也就走了。

经过一番思考，小李把单品价格从20元降到了18元，又请那些没有找到合适匙型的顾客留下联系方式，跟千色彩匙公司定制了以后再通知顾客购买，但效果还是不理想。

顾客对于单价从20元到18元的价格降幅并不敏感，当时没有找到合适匙型的顾客消费欲念只是一闪而过，事后很少愿意专程回去购买，只有极个别顾客抱着千金难买心头爱的心理接受了定制的货品，可是以每盒50条为单位的进货方式也使小李的积货越来越严重。

最令小李头疼的是他没有专业技术，没办法做到以相似的匙型改制成所需的匙型。而且彩色钥匙的材质是超强硬度的合金，不但对配钥匙机有相当严重的磨损，而且对于加工者的技术要求也更高，即使是请熟练的配匙师父也无法避免配出的钥匙开不了锁的情况。特别是使用立式配钥匙机配制的电脑钥匙、防盗电脑钥匙及特种电脑钥匙等20余种匙型，经常会出现这种情况，修整和重配都不能解决，最后只好退款给顾客，蒙受了不少损失。

小李想到一些精品店和配钥匙点做彩色钥匙的批发业务，但在推销过程中发现，精品店配钥匙服务，根本无法销售，而配钥匙点又兼营修单车、补皮鞋等业务，彩色钥匙陈列在那样简陋的摊点上也无法以精品的价格销售。批发的利润每条只有约0.6元，每个月能批出去600条左右，这笔300多元的收入还不够支付交通和通信费，更不用说广告费用了。

虽然使出浑身解数，小李每天的营业额仍然只有100余元，可是营业开支却需要200多元。在苦苦支撑了3个月之后，小李最终放弃了彩色钥匙的经营。

（资料来源：经营彩色钥匙小本生意的失败教训，https://www.yjbys.com/qiuzhizhinan/show-231165.html）

理论讲堂

一、创业风险的控制

风险无处不在，一旦发生难免造成损失，因此，最有效的办法是控制风险的发生或将损失降到最小。风险控制是指通过不同的方法和措施，使风险发生的损失最小，常用的方法有回避风险、转移风险、损失控制和自留风险。

（一）回避风险

回避风险是指对所有可能发生的风险尽可能地规避，以直接消除风险损失。它包括避开风险的两种方式：先期回避和中途放弃。这两种方式都是基于承担或继续承担风险的成本将大大超过回避风险的可能费用这一认识。

1. 先期回避

先期回避是最完全彻底的回避，也是较常见的一种回避方式。如一家化工企业曾计划在某小镇的郊区进行新产品试验，但这一计划有可能导致该镇居民财产遭受巨大损失，因此企业必须购买保险以预防这种可能性。然而联系后只有少数保险公司愿意承担，而且保费大大高于公司愿意支付的数额。最终该公司决定取消这项试验计划，回避了赔偿巨大财产损失的风险。

2. 中途放弃

中途放弃不如先期回避那样常见，但确实存在。如某制药企业从报告中得知其生产的某药品有新发现的严重毒副作用后，立即停止生产该药品。

回避风险具有简单、易行、全面、彻底的优点，能从根本上排除风险来源和风险因素。将风险的概率保持为零，从而保证企业的安全运行，是一种有效的、普遍应用的方法。但回避风险也有其局限性，该方法通常用于风险损失程度大、发生频率高的风险，或者应用其他风险控制技术的成本超过其产生的效益时，否则不宜采用。

（二）转移风险

转移风险是指一些单位和个人为避免承担风险损失，而有意识地将损失或与损失有关的财务后果转嫁给另外的单位和个人去承担。转移风险有保险转移和非保险转移两种。

1. 保险转移

保险转移是指向保险公司缴纳保险费并同时将风险转移给保险人。

在这种转移中，保险人有条件地同意接受由损失引起的财务负担，因此投保人将损失的财务后果转嫁给了保险人。保险能提供有效的损失补偿，分散风险，进行风险控制，起到监督作用。但保险并非万能的技术，一般仅适用于只有损失机会而无获利可能，并且有可能进行预测的纯粹风险。

2. 非保险转移

非保险转移的受让人不是保险人，而且大部分转移是通过针对其他事项的合同中的条款来实现的。

在有关非保险转移的合同中，多数是为了转移财产直接损失或收益损失的财务后果，有些则处理人身损失，大多数是转移对第三者所负的经济责任。一般通过以下两种途径转移风险。

（1）转移风险源。转移风险源的所有权或管理权就可以部分或全部地将损失风险转移给他人承担。如出售承担风险的财产，同时将与财产有关的风险转移给购买该项财产的经济单位或个人；财产租赁可以使财产所有人将自己所面临的风险部分地转移给租借人；建筑工程中，承包商可以利用分包合同转移风险。

（2）通过契约转移责任。企业管理人员可以在签订合同时树立转嫁风险意识，在所签订的合同中，尽可能转嫁给签订合同的对方。但鉴于风险的关联性，特别是大型企业涉及面广，协同配合、同步建设、综合平衡等问题很复杂，风险集中，关联性极强，不同风险之间呈现出一定的灾害链，构成相关分布。所以应在签订相关契约时明确提示合约伙伴应用保险这一转嫁工具。

非保险转移作为一种风险财务技术，自有它重要的作用，但也有局限性，不能完全依赖这类转移方式。

（三）损失控制

损失控制是指在风险发生时或在损失发生后，为了缩小损失程度所采取的各种措施，其主要目的是减少损失发生的机会或降低损失的严重性，使损失最小化。损失控制主要包括预防损失和减少损失两方面的工作。

1. 预防损失

预防损失是一种事前的、积极的风险控制技术，即采用各种措施努力消除造成风险的一切原因，以达到减少损失发生次数或使损失不发生的目的。预防损失活动是将注意力放在以下几个方面。

（1）消除或减轻风险因素；

（2）改变或改善存在风险因素的环境；

（3）抑制风险因素和环境的相互作用。

2. 减少损失

减少损失是一种事后的风险控制技术，试图通过一系列措施来降低损失的严重程度，使发生损失的影响降到最小。它和预防损失对策不同，更关注的是风险的结果和后果。

一种广泛采用的减少损失的方法是"挽救"，完全损失的情况是较少发生的，因此可以采取挽救措施尽可能减少损失。如，一座被水淹过的物资仓库，可能有某些储存品经干燥、消毒等有关技术处理后仍可投入使用；一片被冰雹损毁了作物的农田，经过抢种、补种仍有可能获得收成，这些都是挽救措施的例子。

（四）自留风险

自留风险是指企业既不回避也不转移风险，而选择自行承担风险及损失发生后的直接财务后果。自留是处理风险最普遍的方法，以这种方式处理风险并不是因为没有其他的处置办法，主要原因是出于经济性的考虑。该方法多应用于对发生概率低、损失程度小的风险的控制。

自留可能是有意识的，也可能是没有意识的；可能是有计划的，也可能是无计划的。当创业者未意识到风险的存在，或低估了潜在损失的严重性，因而未做风险处理准备时，自留是被动的，必然会对企业产生不利的影响，因而必须避免被动自留风险，而采取主动自留风险。企业选择自留风险作为风险控制的措施，通常有以下几种情况。

（1）该风险是不可保的。比如一些天灾导致的损失，如地震、洪水等，这种情况下企业采取自留风险的管理措施往往是出于无奈；

（2）与保险公司共同承担损失。比如保险人规定一定的免赔额，以第一损失赔偿方式进行赔偿，采用共同保险的方式作为一定的补偿，保险人会让渡一部分保险，也就是收取比较低的保险额；

（3）企业自愿选择自留的方式承担风险。对于某种风险，该企业认为自留风险较投保更为有利。企业通常考虑的因素有：企业自留风险管理费用小于保险公司的附加保险；企业预计的期望损失小于保险公司预计的期望损失；企业自留的机会成本比投保的机会成本大。

二、创业风险的外部防范措施

外部风险，即非企业自身因素造成的风险。外部风险很多是由客观因素造成的风险，是每个创业者都无法避免的。常见的外部风险的应对措施主要有以下几种。

（一）应对竞争对手的跟进

所有的行业都不可能独家经营，也不可避免地要面对竞争对手，当"棋逢对手"时，该如何保证自己始终处于优势地位呢？下面讲解一些应对竞争对手跟进的策略。

1. 控制技术，限制竞争

如果创业依托的技术有专利权，那么将在很大程度上排除同类竞争项目出现的可能性，技术的专利权可以有效降低投资成本和投资的商业风险。

2. 紧密注视同领域的动向

在研发阶段，应密切注视其他企业类似工作的进行情况，如同类产品的功能设计、后期研发进度等，从而找出自己产品的优势，为产品推出市场，以及产品上市后，后期如何跟进提供可执行的方案。

3. 选择高技术项目

如果项目的技术含金量足够高，其他企业无法通过破解技术配方或关键内核来仿制新产品，而其他企业自行研制开发需要很长的时间，因而高技术项目能够有效地延长其他企业跟进的时间，在此期间，创业企业可以确保收回投资、完成利益返回并且占据较大的市场份额。

4. 制定换代产品开发规划

在产品开发阶段，即第一代产品还在酝酿过程中时，创业企业就要制订后续系列产品的开发计划，并在生产规划中详细论证以确保开发计划的实施。真正有生命力的企业不是停滞不前的，新产品的成功并不代表整个市场认可。因此，创业企业一方面要抓紧时机生产升级换代产品以改善原有产品的缺点，更好地满足客户的需求；另一方面，还要优化生产工艺和销售渠道，在成本和价格方面适应市场竞争的需要，使自己一直保持领先地位。

5. 注重产品的多样性

在当今市场竞争日益激烈的情况下，创业企业在推出主打产品的同时一定要采取产品多样化的战略，以便扩大市场占有率并满足客户不断变化的个性化、复杂化的需求。多样化的产品也能有效防止竞争者的模仿和进攻。

✓ 案例播报

产品开发出奇制胜

麦片有很多好处，可以当早餐食品，但在早餐食品市场中麦片的市场占有份额却不高。如何提高麦片的市场占有率？希洛公司打算重新定义麦片的使用价值，把麦片当作任何时候都能食用的健康点心，而不仅仅是早餐食品。希洛公司采用一种客户熟悉的产品形状——巧克力条，麦片加上巧克力条就成了新的产品——麦条。

这种现在看来很平常的产品，在当时却是一种新事物，并由此创造了新的消费需求，它的出现也为希洛公司带来了新的生机和活力。

（二）应对市场变化

不管是企业还是企业的产品，都需要面对市场。市场不是一成不变的，它会随着当前的各种因素发生变化，面对市场的变化，创业者应该如何应对呢？下面介绍一些常用的应对措施。

1. 有效的市场调查

只有进行有效的市场调查和分析，才能了解客户的需求。这是保证产品或服务有市场需求的唯一可行办法。市场调查不仅包括项目创意的调查，还要贯穿产品研发和试制过程的始终，成为可依赖的标准，切实指导产品的开发和改进。只有这样，新技术、新产品才能有客户、有市场、有存在的价值。

2. 新领域的先锋

新技术、新产品不仅可以适应客户需求，满足客户需要，还能够引发新的市场需求，动态地改变消费者的偏好，使企业成为新领域的先锋并由被动适应变为主动引领。

3. 扎实高效的组织

仅有好的创意、好的机会还不足以真正成就一家企业，新产品、新技术的实现和推广，特别是进入市场以后的环节，更要依靠扎实高效的团队努力。因此，只有建立高素质、善于学习、能够主动适应市场的组织，才能将新产品的营销推广策略真正落到实处，将企业的意图进行到底。

(三) 应对宏观经济环境及政策法规的变化

在宏观经济环境及政策法规发生变化时，创业者可采取以下应对措施。

1. 选准恰当的时机

任何一个国家或地区都存在经济周期。创业企业要把握市场动向，在经济下降阶段或萧条阶段开始创意和研发，然后在宏观经济繁荣时期和经济上升期进行市场运作。这是因为在经济周期的上升阶段，投资形势和市场需求都将较好，商业风险相对较小，从而可以达到降低成本、提高收益的目的。

2. 重视环境和市场的选择

创业企业应谨慎对待创业选址和市场开拓。创业企业不仅要注重行业发展特点，还应对企业预选地区的政策、文化及自然环境进行综合考虑，特别是产业运作和资源条件要求比较高的企业更应如此。另外，市场开拓从哪里开始，整体发展如何规划，对于这些问题应考虑企业所在国家、地区的宏观环境和相应的政策法规。

3. 了解政策法规

创业企业在选择项目时就应充分了解相关产业的政策法规以及行业的发展动向。选择政策法规给予支持发展的产业、行业对企业是有一定帮助的。同时，关于企业的组建、运营以及市场的各类法律和规范，创业者都应透彻了解，掌握最新动态，善于利用发展机会，这对企业的短期发展、长期发展都有相当大的帮助。

4. 冷静对待法规的变化

如果政策法规有所改变，则创业者应冷静分析如何利用新出现的商业发展机会或如何采取措施规避可能出现的损失。创业者切忌盲目追随热门产业而放弃自己的优势项目或是拒绝变化，切忌做出违反国家或地方法规的事情。

创业需要创业者有创新式的思维、敏锐的市场嗅觉以及精密细致的管理方式，同时创业者还要注意宏观经济环境和政策法规。政策有利有弊，创业者应趋利避害，根据政策找到利于自己、利于企业的融入点。

第 7 单元 创业风险

☑ 案例播报

政策法规扶持再助创业成功

小王大学毕业后开始创业，近期他的生意越来越红火。为进一步寻求发展，小王有意将目前的服务社转制为工商企业，但目前服务社内有 5 名从业人员享受非正规就业社会保险费补贴，如果转制为企业，就不能再继续享受补贴，5 名从业人员的社会保险费一个月就要多缴纳近 3 000 元。创业成本压力本来就大，如果再多出一部分用工成本，小王担心刚刚走上正轨的生意会出现资金周转问题，一时不知道如何是好。

小王的担心被一位在政府相关部门工作的朋友知道了，他告诉小王："所在辖区新开业的工商企业，每吸收一名区内户籍的失业、协保或农村富余人员就业，可以享受每人每月 500 元的补贴，还可连续享受 18 个月。"小王的情况正好符合享受这个优惠政策的条件。

（四）应对资金风险

资金是企业运营的关键要素，一般来说，创业者面对资金风险时，应多留意整个市场的价格波动趋势，当发现有价格变化的苗头时，应主动采取措施。同时，创业者应动态地配置生产资源，根据市场变化调整进货量、存货量和出货量。创业者要通过观察、内部调控应对资金风险，同时还要争取将风险变为机遇，占领市场先机。

【提醒】如果企业是出口型企业，那么创业者除了需要了解国内市场价格外，还需要了解国际市场价格。在国际贸易中，创业者可采用套期保值等方法保护自己的权益，同时创业者还应研究利率及其相关因素的变化，如通货膨胀、金融政策、财经政策、税收政策等。

（五）应对信用危机

由于我国的信用机制还处于较为不健全的阶段，因此创业者要提高警惕，对投资方、技术持有者、管理和技术开发人员、供应方等各方人员或组织的资本信用状况、技术和资金能力等都要了解清楚。另外，还要签订细致有效的合同，利用法律工具保护自己和他人的合法权益。

三、创业风险的内部防范措施

与外部风险相对的是内部风险，即由企业本身控制或由企业决策失误等造成的风险。每个企业内部都存在不同程度的风险，下面介绍企业内部常见的风险形式及应对方法。

（一）应对投资分析的风险

传统行业的投资分析都是在所在产业的历史发展经验数据和可靠材料的基础上进行

的，而创业企业绝大多数是高新技术企业，前期往往缺乏历史数据的支撑，进行投资分析时，仅凭创业者的直观感觉或一些不太成熟的调查数据，分析结果的精确度很低。此时，创业企业可考虑参考相关行业的发展，通过横向比较得出差异与共性，为自己的决策提供可参考的依据。由于分析时多采用估计和统计的方法，所以在实施时要特别注意动态分析和适时调整，不仅要考虑计算得出的结果，还要考虑环境的变化和企业的真正需要。

（二）应对技术风险

产品的核心是技术，在企业内部应如何避免因技术而产生风险呢？总结起来有以下两方面的措施。

1. 专利/知识产权的保护

新技术可以估价入股成为创业企业的无形资产。寻求专利或知识产权的保护是不容忽视的重要环节。

2. 技术保护

除了专利或知识产权的保护外，在新技术或新产品推向市场之前，还应考虑加入技术成分的保护。如无法通过成分检测破解的化学配方、在机器的核心电路部分设置加密芯片或进行封装、软件内核中装配监控毁灭程序等。

（三）应对管理危机

由于创业企业管理团队的成员一般都比较年轻，管理团队又是新组建的，成员彼此间缺乏默契，再加上管理团队成员的管理经验不足，又要在短时间内完成新技术、新产品的生产和推广，因而会出现很多的管理问题，创业者必须积极采取措施进行应对。

1. 积极借用外脑

对于创业企业管理队伍年轻化的问题，在企业起步这个比较关键的发展阶段，创业者可以考虑与风险投资企业合作，邀请有经验的人士参与经营管理，还可以聘用各方面的专业人才加盟。这样可以利用有经验的专业人才带动整个组织及管理团队的成长和进步。

2. 培养团队精神

企业的成功并不是靠单打独斗，而是需要各个部门、各个涉及的人员共同协作，积累形成企业自身的价值。可以说，企业内部的团队精神也是助力企业最终成功的重要因素。面对日益激烈的市场竞争，企业更应该注意自己团队人才的培养，塑造符合自身发展目标的企业文化。

3. 控制人员流失

由于创业企业很容易遇到各方面的风险和阻力，所以常常要面对技术、管理和销售服务人员流失的问题。创业者要想留住人才，就要根据不同类型人才的特点，采取不同的措施。

（1）管理、技术人才：明确利益关系，对于重要人员可考虑分配一定数额的公司股份。同时制定有效的激励机制，管理人员和技术人员应该适用不同的绩效考评机制，不仅利用金钱激励，还要用企业文化所形成的强大凝聚力留住人才。

（2）销售服务人才：根据业绩评估，及时提高工资与福利待遇；建立完善的晋升制度，做到奖罚分明；服务人员本土化，加强其从业素质的培训和提高，使其在企业中体会到个人价值。

（四）应对财务危机

创业企业在最初一两年很可能会遇到财务危机，如果能顺利度过这个危机，企业可能会迎来一个春天。在面对这些财务危机时，创业者可采取以下措施。

1. 放弃追求高利润

大多数创业者在企业略有起色的时候急于向外界表现自己的经营能力，而利润恰好是非常有说服力的证明，因此，大多数创业者在企业发展初期会过多地追求利润指标，这对创业企业来讲弊大于利，其原因有两方面：一是账面上的利润将成为计税的依据，而此时过多的税务支出对于企业来说有较大压力；二是企业业务的快速膨胀，会导致存货、应收账款等占用大量资金，而此时企业的经验和应变能力都比较弱，任何一个环节出了问题都会引发综合性的财务问题。

【提醒】在企业创立的前5年，创业者应始终把客户需求作为第一目标，并在资金允许的情况下加大投资力度，提高产品技术含量。

2. 利用现代财务分析工具

良好的财务管理是达到创业目标的必要条件，如情况允许，企业可用先进的财务分析工具对企业的财务状况进行控制。一般企业需要进行现金流量分析、现金流量预测，以及制定完善的现金管理机制。成长中的创业企业必须准确预测企业的现金需求量及何时需要，并明确现金需求的目的，要留有较长的缓冲时间，以保证可以筹措到所需的资金。

3. 适时调整财务结构

企业在发展过程中应适时改变财务结构。事实证明，如果销售额增长，创业企业的成长速度就会大于资本结构的成长速度。因此，创业企业的每一次成长都需要一个与众不同的新财务结构。当创业企业成长时，来源于私人的资金，不论是来源于所有者本身及其家庭，还是来源于外人，都无法满足创业企业成长的需求。企业在运营一定年限后，会力求寻找更大的资金来源，主要途径有筹措权益资本（发行股票）、寻找合伙人、与其他企业合伙、向保险公司求援等。在选择资金来源时，创业者必须充分了解合伙人或合伙企业的信誉、营业互补性及发展前景，并且合伙人或合伙企业不可成为自己的竞争对手。

4. 进行资金规划

企业每个年度都要进行资金规划。资金规划对大多数创业企业来说是生存的必要条件。如果成长中的创业企业能事先合理地对资金需求及资金结构做好一定周期的计划，那么在需要资金时，无论资金的种类、时间及需求的方式如何，通常都不会出现太大的困难。如果等到创业企业的成长速度超过资金基础及资金结构的成长速度时再进行财务规划，此时往往已经出现问题，会导致创业企业的发展受阻。

5. 制定财务制度

创业企业只有制定一套完善的财务制度，才能对应收款项、存货、制造成本、管理成本、服务、配销等进行有效控制。同时，创业企业应随时根据实际情况制定并调整财务制度，保证其严格执行。

✓ 实践应用

一、目的

（1）了解创业风险的基本概念及类型。

（2）通过相关创业资料的阅读，初步了解创业风险的基本内容。

（3）锻炼收集分析资料、团队合作、个人表达的能力。

二、内容

以小组为单位，通过报刊、网络等搜集若干关于创业风险的案例。选择其中一则以小品或话剧的形式进行角色模拟扮演，其他同学观看并谈谈得到的创业启示。

三、组织与实施

（1）教师布置实训项目及任务，并提示相关注意事项及要点。

（2）把班级成员划分为若干小组，成员可以自由组合，也可由教师指定。小组人数划分视班级总人数而定。

（3）以小组为单位，通过书刊、报纸、网络等搜集若干关于创业风险的案例。仔细阅读资料，充分展开讨论。讨论时长可视情况而定，课堂讨论或课外讨论均可。选择其中一则作为表演剧情的参考，角色、道具、剧本等由本组成员自行决定。

（4）表演之前，小组发言代表对本组的演员及角色进行介绍陈述，每组的表演时间以不超过10分钟为宜。

（5）各小组表演结束后，小组发言代表陈述从本小组表演中得到的启示。期间允许并鼓励其他小组的成员提问，小组发言代表及该组成员进行答疑。

（6）由各组组长组成评审团，对各组的表演评分。

（7）教师进行最后总结及点评。

第8单元 实施创业计划

知识目标

1. 了解创业计划书的作用和主要内容。
2. 掌握创业计划书的撰写方法与技巧。
3. 学会创业计划演练与展示技巧。

素养目标

通过创业计划书的撰写，树立规划意识。

任务1 认识创业计划

✅ 起航阅读

创新创业，走出亮丽风景线

2018年，赵宏丽入读中南大学湘雅医学院药学专业，恰逢国务院下发《关于推动创新创业高质量发展打造"双创"升级版的意见》，进一步激发"双创"热潮。赵宏丽积极加入"新型干粉吸入剂载体花形乳糖的研究及产业化"创新研究团队，并带着相关创新成果多次参加大学生创新创业大赛。2020年，赵宏丽带领团队展开"花形乳糖载抗病毒药物的抗新冠肺炎的干粉吸入剂的研发"，获得国家级立项。

在专业学习中，赵宏丽还接触到单冲压片机，这是一种制备药物固体制剂生产片剂的重要设备。传统单冲压片机上料时免不了少许料体浪费，下料时又容易造成片料破损。在抱怨之余，赵宏丽尝试对单冲压片机进行技术改良。随着创新项目日渐成熟，2020年刚升入大三的赵宏丽正式开始创业，湖南致雅生物科技有限公司应运而生，并获得市场投资青睐。

动脑动手解决身边的"小缺陷""不方便"，二十韶华的大学生还没毕业就当上了"老总"，所创建企业不到2年便成长为湖南省优秀企业，多家创投单位主动伸出橄榄枝。创新加创业，中南大学学生赵宏丽走出一道格外亮丽的人生风景线。

一、创业计划及其作用

（一）认识创业计划

创业计划（Business Plan）也叫商业计划、经营计划或业务计划，是一份对新建企业的内部环境、外部环境及企业战略做出详细描述的书面文件。创业计划包括创业定位、营销计划、财务计划、组织管理等，用以描述创办一个新的企业时所有相关的外部及内部要素。创业计划有时也叫路线图（Road Map），主要用来回答这样一些问题：我们要去哪（Where）？怎样到达那里（How）？潜在的投资者、供应商和顾客有什么需要（What）？什么时候能满足这些需要（When）？要回答这些问题，就要求创业者在做出一系列重大决策并在做出创业计划之前收集足够的信息。创业计划是创业者叩响投资者大门的"敲门砖"，是创业者计划创立的业务摘要，一份优秀的创业计划可能会为创业者带来事半功倍的效果。

创业计划书就是把创业构想用书面语言表达出来的一种文字形式。创业计划书也是包含整个项目产生的过程、决策依据、实现路径、存在问题及问题的解决途径、财务分析和预测、风险预估和对策、加盟和退出条件等一系列内容的说明文件。创业计划书是一份全方位的商业计划，其主要用途是递交给投资商，以便于他们能对企业或项目做出评判，从而使企业获得融资。

（二）创业计划书的作用

创业计划书不仅是一份书面的计划，而且是一个实实在在的行动纲领。创业计划书制定的是企业 1~3 年的规划。

（1）能帮助创业者厘清思路，做出正确评价。在使用创业计划书融资前，创业计划书首先应该是给创业者自己看的。因此，创业者应该以认真的态度对自己所有的资源、市场情况和初步的竞争策略做尽可能详尽的分析，并提出一个初步的行动计划，做到心中有数。另外，创业计划书还是创业资金准备和风险分析的必要手段。对创业企业来说，创业计划书的作用尤为重要。一个酝酿中的项目往往很模糊，通过制订创业计划书，把正反理由都书写下来，然后再逐条推敲，创业者就能对这一项目有更加清晰的认识。

（2）能帮助创业者凝聚人心，进行有效管理。一份完美的创业计划书可以增强创业者的自信，使创业者明显感到对企业更容易控制、对经营更有把握。因为创业计划书提供了企业全部的现状和未来发展的方向，为创业企业提供了良好的效益评价体系和管理监控指标。创业计划书通过描绘创业企业的发展前景和成长潜力，使管理层和员工对企业及个人的未来充满信心；并通过明确要从事的项目和活动，使大家了解将要充当的角色，要完成的工作，以及自己是否胜任这些工作。因此，创业计划书对于创业者吸引所需要的人力资源、凝聚人心具有重要作用。

（3）帮助创业者对外宣传，获得融资。创业计划书作为一份全方位的项目计划，是对即将展开的创业项目进行可行性分析，也在向风险投资商、银行、客户和供应商宣传拟建的企业及其经营方式，包括企业的产品、营销、市场及人员、制度、管理等各个方面的内容，在一定程度上也是拟建企业对外进行宣传和包装的文件。

（4）指导创业行动。在撰写创业计划书的思考过程中，创业者可以清楚地看到，什么才是未来事业成功中最重要的因素，创业者可以在创业计划书中将自己的经营计划及如何实现描述得清晰明了。

（5）提供创业信息。一份制作规范、专业的创业计划书就等于创业者的第一张创业名片。它会告诉创业者的资金支持者这不仅是一个浓缩的商业计划，同时也将成就一个未来有信誉、有实力的企业家。创业者在创业初期获得的信任就从这里开始。

（三）创业计划书的六大内容

（1）创业设想。创业设想包括创业项目的具体描述、确定目标客户、产品或服务性能描述、满足顾客和市场的哪些需求。

（2）市场分析。市场分析包括顾客类型分析、未来发展趋势分析、市场现状和需求分析等。

（3）经营方案。经营方案内容为企业目标规划、经营战略、管理方式、风险分析、企业组织、经营场地、创业团队等。

（4）财务融资。财务融资包括启动资金预算、融资计划、盈亏平衡点、投资回收期估算。

（5）营销规划。营销规划包括产品定位、定价策略、薪酬计划、广告方式、营销策略。

（6）经营目标。经营目标要全面总结经营思路，篇幅以一页为宜。

✔ 拓展延伸

商业计划中的常见错误

一、忽略现金流

最早期的商业计划几乎完全集中在盈利能力，如相关费用如何能够产生更多的利润。但是，更重要的是要考虑现金流的概念。从技术上讲，企业可以在纸上"有利可图"，但现金流问题并未解决。想象一下，在一个场景中，账单堆积和客户不按时支付发票，那么，负现金流可能会使公司陷入破产倒闭的境地。所以，确保现金流管理策略是创业计划书中重要的一部分。

二、过多地表述个人想法

个人想法是很重要的，但在商业计划书里不是最重要的。如果你把个人想法放在根本上，回避一些细节性的思考，如果抱有"这个想法很好，足够用来工作"，那么你已经创建了一个有缺陷的商业计划了。即使是最好的想法仍然需要一些实际的可操作方案来奠定成功的基础。商业计划中应该是减少使用"什么""如何""哪儿"和"等到"之类的词语。

三、没有具体目标

在设定目标时，你需要具体描述场景或长期模型，大多数初创企业家会跳过细节，只给一个模糊的描述，如"在前几年大幅增长"，而不是"第一年销售增长 40%，第二年 30%"。这里有两个原因：一是懒惰（或缺乏提供更具体的信息的渴望）；二是疑心自己提供的数据可能是错的。数字可以是错的，但是，如果你想要得到一个可衡量和可操作的目标，则必须给出一个具体的描述。

四、商业模型不现实

具体的目标往往并不足以让你的商业计划可行，你还需要设置现实的数据和期望值。大多数创业者会乐观地预测指数增长——他们的描绘中会有一段缓慢增长甚至没有增长的时期，紧随其后的是一个"临界点"，此后销售将迎来爆炸式的增长。事实是，大多数企业并不会这样，设置不切实际的期望只会伤害自己。

任务 2　撰写创业计划书

✓ 起航阅读

张某的创业计划

张某毕业于某名牌大学，经过多年的业余研究，他在室内环境污染治理方面取得了一项重要突破，这项技术如果在实际中得到应用，前景非常广阔。于是，张某便辞去原来的工作，准备自己创业。但由于多年的积蓄都用在了室内环境污染治理的研究上，在七拼八凑注册了一家公司后，张某已经无力再招聘员工、购买实验材料了。无奈之下，张某想到了风险投资基金，希望通过引入合作伙伴的方式解决困境。为此，他多次与一些风险投资机构或个人投资者接洽商谈，虽然张某反复强调他的技术多么先进，应用前景多好，并拍着胸脯保证投资他的公司回报绝对低不了，但总是难以令对方相信，而且他对于投资人问到的多数数据也没有办法提供，如市场需求量具体有多少？一年可以有多少销售量？投资后年回报率有多高等？招聘一些技术骨干也比较困难，这些人也总是对公司的前景缺乏信心。

这时，张某的一位朋友话点醒了他，"你的那些技术有几个投资者搞得懂？你连一份像样的创业计划书都没有，怎么让别人相信你？投资者凭什么相信你？"于是，在向相关专家请教咨询后，张某又查阅了大量的资料，然后静下心来，从公司的经营宗旨、战略目标出发，对公司的技术、产品、市场销售、资金需求、财务指标、投资收益、投资者的退出等方面进行了分析和论证。在这个过程中，他还得不时做一些市场方面的调查。一个月后张某拿出了一份创业计划书初稿，经过几位相关专家的指点，他又再次进行了修改和完善。凭着这份创业计划书，张某不久就与一家风险投资公司达成了投资协议，有了风险投资的支持，员工招聘问题也迎刃而解。

一、创业计划书的构成

创业计划书通常包括封面（标题页）、保密要求、目录、摘要、正文、附录几部分。

（一）封面（标题页）

标题页可以放一张企业的项目或产品彩图，但需留出足够的版面排列以下内容：创业计划书编号、公司名称、项目名称、项目单位、地址、电话、电子邮件、联系人、日期等。

（二）保密要求

保密要求可放在标题页，也可放在次页，主要是要求投资方项目经理妥善保管创业计划书，未经融资企业同意，不得向第三方公开创业计划书涉及的商业秘密。

（三）目录

目录标明各部分内容及页码，要注意确认目录页码同内容的一致性。

（四）摘要

摘要是对整个创业计划书的概括，目的在于用最简练的语言将创业计划书的核心、要点特色展现出来，吸引读者仔细读完全部文本，因而一定要简练，一般要求在两页纸内完成。摘要十分重要，它是投资者首先要看的内容，因而必须能让投资者有兴趣并渴望得到更多的信息，给其留下长久的印象。计划摘要应从正文中摘录出投资者最关心的问题：包括对公司内部的基本情况，公司的能力以及局限性，公司的竞争对手、营销和财务战略，公司的管理队伍等情况的简明而生动的概括。如果公司是一本书，它就像是这本书的封面，做得好就可以把投资者吸引住。

（五）正文

正文是创业计划书的主体部分，要分别从公司基本情况、经营管理团队、产品/服务技术研究与开发、行业及市场预测、营销策略、产品制造、经营管理、融资计划、财务预测、风险控制等方面对投资者关心的问题进行介绍，要求既有丰富的数据资料，使人信服，又要突出重点，实事求是。

（六）附录

附录是对正文中涉及的相关数据、资料的补充，作为备查。

二、创业计划书撰写方法与技巧

创业计划书是整个创业过程的灵魂，其详细记载着一系列创业活动，是创业过程中不可或缺的元素。因此，需要注意运用专业的方法与技巧。

（一）撰写方法

创业者在撰写创业计划书时，应遵循正确的写作方法。

（1）做好工作计划，使创业计划的写作过程有条不紊；

（2）始终围绕创业产品与服务来展开，并经营性地评估产品或服务的创业价值；

（3）要充分寻求外部有关人员的指导与协助；

（4）在不断修改补充中完善创业计划书。一般来说，最终形成的创业计划书的正式文本与创业计划书草案可能相差很大，有的甚至面目全非；

（5）要针对创业计划书的目标读者设置计划项目的不同侧重点。风险投资者对创业计划书中的市场增长及营利性比较感兴趣；战略伙伴与主要客户最关心产品、服务、市场、盈利、管理团队的运作能力等。

（二）撰写技巧

（1）封面。总体风格要简洁大方，线条要美观流畅；公司名称、总经理姓名、联系方式等要清晰，文字字体要易认。

（2）目录。明晰各章节标题及所对应的页码，通常不超过 3 页。

（3）摘要。作为计划书的浓缩版，摘要讲求以简洁的手法勾画出一幅诱人的图景以感染投资者。语意应精益求精，语句清晰流畅，篇幅以 1~2 页为宜。

（4）企业概况。简单明了，概括即可，重点介绍该企业的与众不同之处。

（5）市场分析。包括市场需求现状、市场竞争现状、企业产品在市场中的地位预测。市场分析要以平实的语言进行说明。

（6）产品介绍。对于产品或服务是什么，简明地讲清楚即可，没有必要介绍太多的技术原理和内容；产品或服务的特点，重在介绍市场化的特点；附带产品原型、图片以吸引投资者，加深投资者对产品的印象。

（7）组织结构。组织结构最好采用图表的形式，一目了然；对于创业团队的描述，关键要叙述管理者的素质和能力；经验和经历也很重要，大胆起用新人要说明理由。

（8）营销策略。需要把营销计划、宣传策略、价格决策和营销队伍几大要素先概括介绍再具体地讲清楚。核心问题如市场竞争是否激烈，激烈到何种程度，当市场成长时市场占有率是上升还是下降，客户在哪里，怎样预算，应对措施如何等，缺一不可。

（9）生产计划。把设备现状与更新、质量控制与改进以及新产品投产计划讲明即可。

（10）财产规划。重点是提供未来 3 年的现金流量表、资产负债表以及损益表。

（11）风险分析。风险在哪里？如何应对？资本如何积累？最好和最坏的设定是怎样的？将这些问题解答完毕，这一部分的编写就到位了。

（12）附录。将管理层简历、销售手册、产品图纸、其他说明等需要补充的材料附加在此即可。

创业计划书的写作有一定的原则可依，有一定的技巧可讲，但并不意味着所有的创业计划书是千篇一律的。项目不同、用途不同，创业计划书的内容和结构也不同。有的创业计划书仅供内部参考，有的为了寻求合作伙伴，有的为了吸引风投，有的为了向投资人汇报。总之，创业计划书是个性的体现，并没有通用的模板。

三、创业计划书常见误区及应对措施

（一）市场情况阐述模糊

有些创业者在撰写创业计划书时，对产品的市场情况描述得比较模糊，有的只是一带而过，缺乏市场调研和数据支撑。

应对策略：从最有可能打动读者的部分开始，首先要写你对此项目的市场预期，以及你的目标客户、目标市场和在创业初期必将遇到的竞争对手等，也应该列出你的营销措施。大多数投资人认为在创业中取得成功的秘诀就是要找到并开拓一个足够大的市场。一般情况下，市场需求应给出肯定描述。市场调研非常重要。给出的数据要做注释，权威数据应该给出来源，以增加可信度。

（二）缺少对竞争者和竞争形势的详细分析

有些创业者在写创业计划书时，盲目自信，缺少对竞争者和竞争形势的详细分析。

应对策略：进入某个领域和市场前，必须"谋定而后动"，做好以下分析。

（1）找到你的潜在客户群；

（2）对你的竞争者进行必要的分析；

（3）分析本行业处在生命周期的哪个阶段。

（三）缺少对不确定因素的分析和应对措施的分析

创业是一项充满挑战和机遇的过程，每个创业者都希望自己的创业计划能够获得成功，但是在制订创业计划书时，一些创业者却没有将不确定因素考虑进去，例如技术问题、资金短缺等。

应对策略：主动向在此行业里经营成功的企业家或创业导师咨询，请他们帮你分析一下计划书，有些经验是值得借鉴的。注意，专家和导师的意见也只能是供创业者参考，而不能代替决策。

（四）财务数据预估的数字缺少依据

有些创业者在创业计划书中所列的财务数据经不起推敲，如第一年期望的销售额是多少，第一年期望的净收益是多少，第一年将偿还多少贷款，这些指标对投资人非常重要，如果缺少依据，将无法令人信服。

应对策略：凡是出现在创业计划书中的财务报表中的数字都应该是有依据的，或者是根据相关资料参考后预估的，不能凭空想象就写上去，要经得住推敲，经得住投资人、银行家的追问，他们经常会问这些数字是怎么来的等问题。

（五）创业团队不均衡

大多数投资人都相信，投项目就是投人，创业团队是评价项目及投资决策的主要依据。有些创业者认为把最强的人组合在一起就能组成一个最强的团队，团队成员的性格、经历等相似为佳，其实这样组建的团队是不均衡的。

应对策略：团队成员在专业、性格、经验、经历甚至性别上要力求互补，不要都是同一专业的人员，这样不利于人岗匹配和协同作战。

✅ 案例播报

创业计划书示例

摘要：俗话说"民以食为天"，但在高校里，学校食堂的伙食一直被学生们所抱怨，由于学校食堂提供的饭菜普遍是大锅菜，虽然价格较低但是不受学生欢迎。如今，人们的生活水平不断提高，对于高校学生来说，健康营养、价格适中的饮食才是他们所需要的。因此，在学校附近办一个专以学生为消费群体的餐厅是我所想要创业的目标。

我的创业梦想已经存在很长时间，对于餐厅的创建及其运行模式已经有所了解。另外，资金的筹措、人员的聘用、地点的选择都正在进行中。

一、项目概况

项目目的：校园食堂的伙食一直被学生所诟病，在学校附近经营一个价格适中、品种多样的餐厅是一个非常盈利的创业项目。

项目名称：大学生之家。

性质：为大学生提供早、午、晚餐，特色冷饮和小吃零食的集用餐休闲为一体的学生餐厅。

建设地点：××大学城。

市场分析：在大学中一直被诟病的就是学校食堂提供的餐食，大学食堂的饭菜质量不高已成为公认的问题。大学食堂提供的饭菜仅满足了学生们的温饱，而质量却远没有达到学生们的要求。本餐厅就是希望能够提高大学生的饮食质量，为大学生提供价格低廉、安全高质并富有特色的食品，同时为各高校提供一定的勤工助学岗位，帮助学生更好地完成学业。

服务宗旨：健康营养，服务学生，创办有特色的餐厅。

经营范围：提供早餐、午餐、晚餐及特色冷饮和小吃零食。

（1）早餐以浙江等南方小吃为主打特色，当然本地小吃也是少不了的。品种多，口味全，营养丰富，使就餐者有更多的选择。

（2）午餐和晚餐则有中西不同口味菜式，同时提供果汁、冰粥、冰豆甜汤、咖啡、水果拼盘等。

（3）全天提供各色餐点、冷饮、热饮。

市场营销：在餐厅的初步发展阶段，采用优惠营销，利用各种优惠方式吸引学生，并在各大高校里进行宣传，不断加深学生对本餐厅的印象，打响品牌。同时，聘用手艺精良的厨师创作各种精致美食。随着餐厅固定食客的增加，建立起坚实的客户关系。

财务数据：财务计划栏。

注册金额：15万元。

融资方式：自己工作所得 5 万元，家人资助 5 万元，贷款 5 万元。

组织理念：特色饮食，微笑服务。

结论：学生餐厅与传统餐厅有着明显的不同，其特色经营会是盈利的主要来源。以大学城为市场，消费群集中，消费方向稳定，人流量大，消费的潜在性强，是餐厅存在的主要支柱。据我们的市场调查与分析，本店产品的市场需求是存在的，并具有一定的竞争力。而本人正是学生——这个最大客户群中的一员，所以更能了解顾客需要什么样的产品和服务，从这些方面来看，应该是很有机会挤入本地餐饮市场的。

二、管理层

（一）饮经营者：××

职责：①拥有餐厅的决策权，对餐厅成员有聘用解雇的权力；②餐厅员工的薪资和休假的安排；③热情待客，客人至上，保证优良的服务，加强对员工服务态度的监督；④把控餐厅的经营情况，加强对餐厅的财产管理，掌握和控制好各种物品的使用情况；⑤加强对每个厨师的沟通合作，采纳客人的意见并改进食品的质量。

（二）中餐厨师：××

职责：①每日早午餐的制作，保证食品质量；②遵守作息时间，准时开餐，不擅离职守，不得无缘无故罢工，以免影响餐厅经营；③遵守安全操作流程，合理使用原材料，节约水、电、燃气等；④上班时穿厨师专用服，将自身整理干净，在工作时间不抽烟，安全烹饪，努力创作特色饮食。

（三）西餐厨师：××

职责：与中餐厅厨师职责相同。

（四）服务生（3人）：××、××、××

职责：①微笑服务，礼貌待人；②每日餐厅营业前，整理好桌椅，餐厅卫生，准备好各种用品，确保餐厅正常营业；③客到时，及时安排好客人入座，主动介绍本餐厅特色饮食；④对客人礼貌，客人的非私人问题有问必答，随时留意客人情况，努力将客人服务周到；⑤工作中碰见自己不能解决的问题，及时向餐厅管理者汇报，请其帮忙解决问题；⑥客人离开后，注意是否有遗留物，若有，速交柜台，然后迅速整理餐桌，做好下一批客人来之前的准备；⑦下班前检查工作区域是否关灯、关窗，电源是否切断，确保安全；⑧与员工之间建立良好关系，互相帮助，遵守餐厅规章制度。

三、研究与开发

（一）项目申请

餐厅的创建需要进行申请，取得经营许可证。在银行进行抵押贷款，获取开业基金。

（二）餐厅开办前准备

（1）租用场地。

（2）装修餐厅，餐厅风格自然、随意，同时富有现代气息。墙面采用偏淡的暖色调，厨房布置合理，采光性好，整体感观介于家庭厨房性质与酒店房性质之间。

（3）聘用中西餐厨师，签订合同。

（4）联系原材料供应商，与之签订合作合同。

（5）聘用勤工俭学的学生为服务员，谈好薪资、工作时间、工作内容，签订好劳工合同。

（6）开始在各高校进行宣传活动。

四、行业及市场

餐厅是为人们提供生活饮食的地方，是人们生活所必不可少的。随着生活水平的不断提高，经济的不断发展，填饱肚子不再是人们对饮食的要求，现代人所追求的是干净卫生、有特色的餐厅。本餐厅就是在此基础上建立起来的，价格适中、选择多样、安全卫生、微笑服务等是本餐厅能生存下来的重要条件。

（一）此类餐厅的形成及发展前景

世界不断融合使越来越多的西餐厅在中国开办起来，高校学生在接触西方文化的同时，也对西方的食物充满了好奇，因此，以中餐为主、西餐为辅的餐厅有着一定的市场需求，只要价格合理，味道较好，餐厅风格独特，一定会有较高盈利。

（二）餐厅所在地（大学城）消费市场分析

××大学城是高校集中的地方，消费量大，中餐厅多，但是专为学生提供休闲场所的餐厅却并不多，因此，学生餐厅会有较大的市场。且本餐厅的价格较为适中，符合大部分学生的消费标准。

（三）现已创办的此类餐厅概况

（1）名称：××餐厅。

（2）成立时间：××年×月×日。

（3）所在位置：××大学城。

（4）优势分析：存在时间长，有固定客人，午餐、晚餐有特色，开业时，此类餐厅并不多，因此具有较高的人气，符合人们追求新奇的心理。而且在当时，价格便宜，风味独特，颇受追捧。

（5）主要经营项目介绍：午餐是中餐，晚餐是西餐。

（6）存在的缺陷：①餐厅长时间的风格未做改变，且饮食种类几乎没有变化，消费者毫无新鲜感；②因为生意较为火爆，整体价格有所上调，学生有所不满。

（7）本餐厅的竞争策略。

①做好宣传，开展各种促销活动。

a. 前期宣传：大规模，高强度，投入较大。后期宣传：重视已有顾客关系管理，借此进行口碑营销。定期举办活动，通过活动唤起顾客的消费欲。

b. 针对节假日，开展促销活动。

②创造本餐厅特色。

a. 永远不要让自己的餐厅落伍，应始终保持高雅的格调，紧跟潮流和消费群体的消费习惯与真实需要；自己的餐厅是为高校师生提供饮食的，要有这种意识——永远和校园生活合拍。

b. 这是你的餐厅。每一个员工都应该有这种主人意识，要热情，主动，有亲和力。应该通过一系列的方法让员工时刻牢记这种意识，让每一个员工都以自己代表本餐厅的形象而自豪。

五、营销策略

（一）在确定经营方式前，本餐厅会对消费群和竞争对手进行调查和分析，根据不同情况制定相应的经营策略。

1. 优势宣传

本餐厅经营解决了学校食堂饭菜口味单一等问题，也无流动小摊卫生没有保证的担忧，并且与食堂同样方便快捷，节约时间。同时，非餐点时间还提供冷饮、冰粥等，并提供免费茶水。简洁舒适的装修将是餐厅的一大特点，学生普遍喜欢在干净、服务态度好的餐馆就餐，因此令人满意的服务也将是本餐厅的一大特色。此外，学校食堂有明确的就餐时限，而校外很少有餐馆出售早餐，因此本餐厅可以较容易地抓住这部分因时间差而丢失的市场份额，换句话说就是在就餐点前后的一段时间要就餐的潜在客户群产生的市场份额。本餐厅的消费群目标是高校的学生，因此，绿色卫生、餐点独特、价格适宜是本餐厅最大优势。本餐厅的设计风格符合广大学生的审美标准。具体内容请参见附件一。

2. 服务

本餐厅推崇的是微笑式服务，作为餐厅的一员，不管是餐厅管理者，还是服务员，面对顾客均需要微笑服务，真诚待人，其具体要求本餐厅在聘请厨师以及服务员时已经强调。餐厅规章制度也有明确要求。

3. 品质与价格的双重保障的竞争策略

本餐厅所强调的是绿色生活、健康享受美食，因此，对于原材料均要求较高，符合大学生的健康饮食要求。本餐厅的消费群是广大学生群体，因此，在价格方面会尽量符合学生的消费需求。

4. 校园广告

前期资助学生举办的活动，在学生活动中推广本餐厅，打响本餐厅的名气，吸引顾客前来。等有了一定的顾客群体，就会采用各种优惠方式来留住顾客，当然这是在盈利的前提下进行的。

（二）经营模式的建立

（1）本餐厅提供免费茶水和鲜汤，并且米饭的质量相对竞争者要好，可采用不同的做法（如蒸熟，这是一种南餐馆常见的米饭做法），使口感与众不同，以求有别于竞争者，给顾客更多的优惠，以吸引更多的客源。

（2）本餐厅推出烧烤、冷饮、八宝饭等情侣套餐，由于休闲饮食的空缺，这也将成为本店的一大特色。

（3）有许多学生习惯于"三点一线"的生活方式，许多时候为了节约时间会选择最近的就餐地点而不愿到较远的餐馆，所以在地理位置选择上不会与学校有太远的距离。

（4）餐厅在适当的时候还将推出外送服务，根据不同情况采取相应的做法。如，若有3份以上（包括3份）的点餐可以免费送货上门，单独点餐需交付一定的送货费，这样做有一个好处，如有一人想叫外卖为了免送货费则会叫上另外两位同学一起点餐，如此也能增加销量。

（5）餐厅使用不锈钢制的自助餐盘，既节约又环保；废弃物也不能随便倾倒，可以与养殖户联系，让其免费定期收取，如此可以互利。据悉，竞争者在这方面做得并不到位。

（6）暑假期间虽然客源会骤降，但毕竟还有部分留校学生、附近居民以及打工人员，届时可采取减少生产量、转移服务重点等方式，以改善暑期的经营状况。寒假期间则考虑修业 1 个月，以减少不必要的成本支出。

（7）制作顾客反馈表。在服务中严格要求工作人员树立顾客第一的观念，认真听取顾客意见。将顾客满意进行到底。树立顾客满意自己才满意的观念，做到时时刻刻为顾客着想。

六、市场进程及目标

半年：吸引顾客前来，努力在半年内收回初期投资。提升知名度、美誉度，积极进行市场调研，努力开发新产品，为餐厅的进一步发展积蓄资本。

2 年：进一步健全餐厅的经营管理体制，确定自己的特色品牌饮食，各类活动相继推出，固定的顾客人数进一步增加。餐厅运营已经步入稳定良好的状态。

5 年：在经营稳定后，可以考虑扩大经营，扩大餐厅的范围，并可以寻找新的经营场所，做连锁经营，并慢慢打造自己的品牌，可以向专为学生提供饮食的餐饮行业发展。

七、风险及对策

（一）资金方面

为防止资金回收较慢、资金链条断裂，需要有备留资金，15 万元的开业资金中必须要有一定的资金留做备用。

（二）资源方面

本餐厅的原料主要以果蔬、豆类、菌类为主，这些是当今最受欢迎的绿色天然无污染食品，尤其本餐厅是以绿色食品为主的餐厅，因此在原料的选择上需要专业的知识和技术投资，这样才有利于采购到新鲜、天然、无污染的绿色食材。因此，要与原料供应商建立长期友好的合作关系。

（三）经营方面

餐厅长时间经营下来，顾客会对餐厅的饮食感到厌倦，对餐厅风格的一成不变感到无趣，那么，就要适时地改变菜色，运用一定的资金改变餐厅风格。

（四）管理方面

（1）为防止厨师被挖角而辞职，餐厅管理者需对餐厅的特色菜有一定的了解，并及时聘请另一个厨师发明新的特色菜。

（2）同时，对于餐厅的厨师和服务员，餐厅管理者需要与之处好关系，给予较为丰厚的报酬，适时听取他们的意见，改善自己的管理方式。

（五）其他方面

随着世界的发展，国外大型餐饮公司进军中国，国际品牌既快又多地进入中国市场，必将给中国餐饮业带来极大的冲击。餐饮业竞争激烈，尤其是来自国外的快餐连锁店，如肯德基、麦当劳在中国的快餐业中占据很大的市场份额。因此，善于创新，善于学习，是餐厅能长期生存下去的根本。

八、财务计划

（一）现金流量表

（1）初始阶段的成本主要是：场地租赁费用（3 万元），餐饮卫生许可等证件的申领费用、场地装修费用（1.5 万元），厨房用具购置费用、基本设施费用（5 000 元）等。

（2）运营阶段的成本主要包括：员工工资、物料采购费用、税收、水电燃料费、固定资本、折旧费、杂项开支等（大约 7 万元）。

（3）剩余 3 万元作为餐厅本金，预防各种突发状况。

（二）预计损益表（主营业务收入）

据预算分析及调查，可初步确定市场容量，并大致估算出每日总营业额约 1 500 元，毛利润 1 000 元。由此可计算出投资回收期约为 3 个月。

任务3　创业计划演练与展示

☑ 起航阅读

"郑州大学融莘模拟创业公司"正式成立

2006 年 5 月 12 日，由郑州大学学生创办的"郑州大学融莘模拟创业公司"，经过 1 个月的试运行后在一期生活园区正式挂牌成立。这是河南省高校中首家以学生为公司主体，自我经营、自我管理，自负盈亏，并聘请教师指导的模拟公司。该公司除董事会成员由老师组成外，所有员工均由学生担任。业务主要有人才推介、校园直销、电脑维修等。同年 8 月，该公司第一家实体"爱心助学超市"试营业，生意异常火爆。

学校为公司提供必要的办公场所，公司的组织和运作模式完全模拟公司制形式，实行董事会领导下的经理负责制，设立董事会、经理层二级管理部门。董事会聘请学生处负责人及老师担任，负责对公司进行监督和指导；经理层则是由在全校学生中通过公开招聘、竞争上岗的形式，选拔表现突出、才能出众的学生组成，负责公司的日常运作和管理。该公司成立初期，将以人才推介、产品代理、校园推广、广告策划为主要业务方向。在项目来源上，由经理层策划并不定期向全校征集，如通过举行商业策划大赛等。入选项目由董事会组织有关专家评议后择优采用，另外，公司市场部将专门负责联系和搜集项目，经董事会批准后实施。

学生模拟办公司，旨在以模拟公司为平台，发挥学校各专业优势，结合大学生个人特长，将勤工助学工作与就业教育、创业教育等紧密结合起来，以模拟公司化的运营模式积极引导大学生开展各种勤工助学活动，使学生学有所用、学有所为，广泛参与社会实践，全面提高专业知识水平和综合素质，以适应当今社会对人才的要求。在模拟公司的实践过程中，将着重培养学生的诚信意识、竞争意识、团队合作意识、创业能力和经营能力，使大学生的创业理念、管理水平、创新精神得到提升，不断提高学生的就业求职能力。公司取名为"融莘"就是想把创业精神融入莘莘学子的成长经历中。

理论讲堂

一、创业计划的演练

（一）通过大赛演练计划

大学生创业计划竞赛不是普通意义上的大学生的专业比赛。创业计划不是单纯的、个人的、集中在某一个专业的学生竞赛，而是以实际技术为背景，跨学科的优势互补的团队之间的综合较量。参加创业计划大赛，创业者将会得到以下收获。

1. 系统学习创业知识

参赛者在创作创业计划的过程中，一般可以通过大赛提供的系统培训，以及学习、交流，全面地接受创业者所应具备的知识和技能训练。参赛者通过参加竞赛，可以获得对产品或服务从构想变为现实的全局把握。在完成创业计划的过程中，培养沟通能力、说服能力、组织能力。在接受挑战的过程中，增强创业的勇气、信心和能力。参加创业大赛的经历本身也是一种财富。

2. 磨炼创业团队

参赛者通过比赛可以结识未来创业的合作伙伴，参赛小组的成员将最有可能在将来形成创业合作关系，开创成功事业。在此过程中，创业团队可以得到磨合，磨炼团队的创业能力，形成创业凝聚力。

3. 积累商业资源网络

参赛者通过比赛，可以结识风险投资家。参赛者可以向风险投资家充分展现自己产品或服务的巨大市场前景，为进一步创业赢得资金。参赛者还将结识商界和法律界人士，为将来创业建立良好的商业关系网络。同时，很多新闻单位对全国大赛比较关注，参赛者可以借助媒体向社会推荐自己和产品的整体形象，为未来创业建立良好的媒体资源。

4. 验证完善创业计划

参加创业比赛的过程，就是设计、论证、实施、优化完善创业项目的实施方案的系统过程。参赛过程中，有创业团队的精心参与，有指导教师的专业指导，有大赛评委的精彩点评，有各参赛团队和参赛项目的交流，这些都是其他形式所不具备的创业论证优势。

✓ 拓展延伸

中国"互联网+"大学生创新创业大赛

中国"互联网+"大学生创新创业大赛是针对大学生群体开展的一项全国性赛事，其目的在于深化高等教育综合改革，激发大学生的创造力，培养造就"大众创业、万众创新"的主力军，推动赛事成果转化和产学研用紧密结合，促进"互联网+"新业态形成，服务经济提质增效升级；以创新引领创业、创业带动就业，推动高校毕业生更高质量创业就业。重在把大赛作为深化创新创业教育改革的重要抓手，引导各地各高校主动服务创新驱动发展战略，积极开展教学改革探索，把创新创业教育融入人才培养，切实提高高校学生的创新精神、创业意识和创新创业能力。

2015年5—10月，为贯彻落实《国务院办公厅关于深化高等学校创新创业教育改革的实施意见》（国办发〔2015〕136号），进一步激发高校学生创新创业热情，展示高校创新创业教育成果，由教育部与有关部委和吉林省人民政府共同主办了首届中国"互联网+"大学生创新创业大赛，大赛采用校级初赛、省级复赛、全国总决赛三级赛制，现每年举办一届。"互联网+"大学生创新创业大赛建立了促进学生全面发展的重要平台和推动产学研用结合的关键纽带，极大激发了大学生投身创新创业的热情，也是一次在全国范围检验高校创新创业教育改革发展的大舞台。

一、背景资料

首届中国"互联网+"大学生创新创业大赛总决赛于 2015 年 10 月 19—20 日在吉林长春举行，其间中共中央政治局常委、国务院总理李克强对大赛做出重要批示："大学生是实施创新驱动发展战略和推进大众创业、万众创新的生力军，既要认真扎实学习、掌握更多知识，也要投身创新创业、提高实践能力。"

2015 年 10 月 20 日，中共中央政治局委员、国务院副总理刘延东接见首届中国"互联网+"大学生创新创业大赛获奖学生、指导教师和专家评委代表，出席深入推进高校创新创业教育改革座谈会并讲话。她强调："要全面落实党中央、国务院决策部署，认真贯彻李克强总理重要批示精神，切实增强深入推进高校创新创业教育改革的责任感和紧迫感，全面提高人才培养质量，为促进大众创业、万众创新和建设创新型国家提供有力人才支撑。人是创新最关键的因素，创新驱动是人才驱动。加快实施创新驱动发展战略，迫切需要深化高校创新创业教育改革。要进一步促进高等教育改革发展，牢固树立科学的教育理念，落实立德树人根本任务，优化专业结构，提高教育质量，促进学生在创新创业中全面发展，适应和服务经济社会发展和国家战略需求。要把创新创业教育融入人才培养体系，改革教育教学内容方法，改进课程，强化实践。大力推进高校与政府、社会、行业企业协同育人，开展实质性、高水平的国际交流合作，吸引优质教育资源，促进科研成果转化。提升教师创新创业教育的意识和能力，开展专门培训，完善考核评聘制度。各地区、各有关部门及全国高校要加强规划、配套政策、协调指导，形成创新创业教育改革的强大合力，让支持大学生创新创业在全社会蔚然成风。"

2017 年 8 月 15 日，习近平总书记给第三届中国"互联网+"大学生创新创业大赛"青年红色筑梦之旅"大学生回信："第三届中国'互联网+'大学生创新创业大赛'青年红色筑梦之旅'的同学们，来信收悉。得知全国 150 万大学生参加本届大赛，其中上百支大学生创新创业团队参加了走进延安、服务革命老区的'青年红色筑梦之旅'活动，帮助老区人民脱贫致富奔小康，既取得了积极成效，又受到了思想洗礼，我感到十分高兴。延安是革命圣地，你们奔赴延安，追寻革命前辈伟大而艰辛的历史足迹，学习延安精神，坚定理想信念，锤炼意志品质，把激昂的青春梦融入伟大的中国梦，体现了当代中国青年奋发有为的精神风貌。实现全面建成小康社会奋斗目标，实现社会主义现代化，实现中华民族伟大复兴，需要一批又一批德才兼备的有为人才为之奋斗。艰难困苦，玉汝于成。今天，我们比历史上任何时期都更接近实现中华民族伟大复兴的光辉目标。祖国的青年一代有理想、有追求、有担当，实现中华民族伟大复兴就有源源不断的青春力量。希望你们扎根中国大地了解国情民情，在创新创业中增长智慧才干，在艰苦奋斗中锤炼意志品质，在亿万人民为实现中国梦而进行的伟大奋斗中实现人生价值，用青春书写无愧于时代、无愧于历史的华彩篇章。"

二、大赛特点

中国"互联网+"大学生创新创业大赛自 2015 年 5 月至 2022 年已举办 8 届，大赛由教育部（主导）联合相关部门主办，强调利用互联技术，但也不仅仅局限于"互联网+"，比赛实质是鼓励各类原创，具有科技价值、商业价值的项目参加比赛，每一届大赛从大赛主题、参赛类型到评审规则多多少少都会有一些变化，具体内容如下（以第九届中国"互联网+"大学生创新创业大赛为例）。

为贯彻落实党的二十大精神，深入贯彻落实习近平总书记给第三届中国"互联网+"大学生创新创业大赛"青年红色筑梦之旅"大学生重要回信精神，"三位一体"统筹推进教育、科技、人才工作，把创新教育贯穿教育活动全过程，以创造之教育培养创造之人才，为全面建设社会主义现代化国家提供基础性、战略性支撑，第九届中国国际"互联网+"大学生创新创业大赛于 2023 年 5—10 月举办，本届大赛主题为"我敢闯 我会创"。

（一）总体目标

第九届大赛力争做到"六个更"。一是更中国：更深层次、更广范围体现红色基因传承，充分展现新发展阶段高水平创新创业教育的丰硕成果，集中展示新发展理念引领下创新创业人才培养的中国方案，提升新时代中国高等教育的感召力。二是更国际：深化创新创业教育国际交流合作，汇聚全球知名高校、企业和创业者，服务以国内大循环为主体、国内国际双循环相互促进的新发展格局，搭建全球性创新创业竞赛平台，提升新时代中国高等教育的影响力。三是更教育：推动思想政治教育、专业教育与创新创业教育深度融合，弘扬劳动精神，加强学生创新实践能力培养，造就敢想敢为又善作善成的新时代好青年，提升新时代中国高等教育的塑造力。四是更全面：推进职普融通、产教融合、科教融汇，鼓励各学段学生积极参赛，形成创新创业教育在高等教育、职业教育、基础教育、留学生教育等各类各学段的全覆盖，打通人才培养各环节，提升新时代中国高等教育的引领力。五是更创新：积极开辟发展新领域新赛道，不断塑造发展新动能新优势，丰富竞赛内容和形式，激发全社会创新创业创造动能，促进高校创新成果转化应用，服务国家创新发展，提升新时代中国高等教育的创造力。六是更协同：充分发挥大赛平台纽带作用，促进优质资源互联互通，推动形成开放大学、开放产业、开放问题的良好氛围，助推大赛项目落地转化，营造支持青年大学生创新创业、共同合作、互相包容、互相支持的良好生态。

（二）参赛要求

（1）参赛项目能够紧密结合经济社会各领域现实需求，充分体现高校在新工科、新医科、新农科、新文科建设方面取得的成果，培育新产品、新服务、新业态、新模式，促进制造业、农业、卫生、能源、环保、战略性新兴产业等产业转型升级，促进数字技术与教育、医疗、交通、金融、消费生活、文化传播等深度融合。

（2）参赛项目应弘扬正能量，践行社会主义核心价值观，真实、健康、合法。不得含有任何违反《中华人民共和国宪法》及其他法律法规的内容。所涉及的发明创造、专利技术、资源等必须拥有清晰合法的知识产权或物权。如有抄袭盗用他人成果、提供虚假材料等违反相关法律法规或违背大赛精神的行为，一经发现即刻丧失参赛资格、所获奖项等相关权利，并自负一切法律责任。

（3）参赛项目只能选择一个符合要求的赛道报名参赛，根据参赛团队负责人的学籍或学历确定参赛团队所代表的参赛学校，且代表的参赛学校具有唯一性。参赛团队须在报名系统中将项目所涉及的材料按时如实填写提交。已获本大赛往届总决赛各赛道金奖和银奖的项目，不可报名参加本届大赛。

（4）参赛人员（不含产业命题赛道参赛项目成员中的教师）年龄不超过 35 岁（1988

年 3 月 1 日及以后出生）。

（5）各省级教育行政部门及各有关学校要严格开展参赛项目审查工作，确保参赛项目的合规性和真实性。审查主要包括参赛资格以及项目所涉及的科技成果、知识产权、财务状况、运营、荣誉奖项等方面。

（三）赛制设置

（1）大赛主要采用校级初赛、省级复赛、总决赛三级赛制（不含萌芽赛道以及国际参赛项目）。校级初赛由各院校负责组织，省级复赛由各地负责组织，总决赛由各地按照大赛组委会确定的配额择优遴选推荐项目。大赛组委会将综合考虑各地报名团队数（含邀请国际参赛项目数）、参赛院校数和创新创业教育工作情况等因素分配总决赛名额。

（2）大赛共产生 4 100 个项目入围总决赛（港澳台地区参赛名额单列），其中高教主赛道 2 300 个（国内项目 1 800 个、国际项目 500 个）、"青年红色筑梦之旅"赛道 600 个、职教赛道 600 个、产业命题赛道 400 个、萌芽赛道 200 个。

（3）高教主赛道每所高校入选总决赛项目不超过 5 个，"青年红色筑梦之旅"赛道每所院校入选总决赛项目不超过 3 个，职教赛道每所院校入选总决赛项目不超过 3 个，产业命题赛道每所院校入选项目不超过 3 个，萌芽赛道每所学校入选总决赛项目不超过 2 个。

（二）通过模拟完善计划

1. 通过软件模拟经营

企业运营模拟实战训练系统是一种全新的实验实训课程，系统运用计算机软件与网络技术，结合严密的系统和精心设计的商业模拟管理模型及企业决策博弈理论，全面模拟真实企业的商业运营环境，让学生在虚拟商业社会中完成企业运营中的各项管理决策。

创业者通过在模拟商业环境中对虚拟企业的运营管理，参与企业运营管理的团队分工、战略规划、市场研究、生产计划、研发投入、销售管理、市场拓展、报表分析等决策，掌握在真实企业运营中会遇到的各种决策情况，并对出现的问题和运营结果进行有效分析与评估。在真实的企业经营中，不允许创业者总是不断尝试，犯各种各样的错误，一些决策失误甚至会导致创业失败。通过经营模拟软件，可以帮助创业者在模拟运营中不冒实际风险，体验创业的运营管理，完成企业运营管理中的分析决策，在失败中吸取教训，在成功中领悟真谛，从而真正提升创办企业的实际能力。

2. 组建商务模拟公司

要学习真正的经营之道，仅仅停留在书本层面或是通过软件模拟仍是"纸上得来终觉浅"。组建"商务模拟公司"是一个不错的做法。

"商务模拟公司"的实施方法可参考以下步骤。

（1）行业选择。

大学生通过思考、讨论，在众多纷杂的行业中，寻找适合自己的创业机会，从而为"开公司挣钱"创造好的开端。这一过程可在一周内完成，设计和展示自己的想法和梦想，在活动一开始就达到一个仿真的环境和状态。

（2）成本核算。

选择行业之后，大学生自行组建团队，并在一周内完成拟设公司的成本核算过程。这一阶段的工作，可通过上网查询、市场调查，最后提交创业所需的资金明细，包括设备、原材料、人工、注册费用等相关费用清单，以避免盲目行动。这些均是在实习单位无法学到的东西，同时也是创业必须熟悉的环节。创业者必须知道项目有风险，投资需谨慎。

（3）创建公司。

在前两个步骤中，活动参与者基本上能找到自己的专长。在召开第一次股东大会后，选出董事会、监事会的所有会员，并由董事会组建公司的管理机构：采购部、生产部、财务部、营销部、人事部等，竞争（聘）上岗，合理分工。之后完成公司名称、标识的设计、公司文化的宣传、创业计划书的编写、公司章程的拟订、公司组织结构示意图和公司管理制度的制定。同时，按照有限责任公司注册的整体流程，在一周内完成公司登记工作。

在此过程中，由参与者扮演工商、税务、银行、会计师事务所等角色，全面模拟公司工商注册的过程。一方面可以使学生对经济法和管理学原理有更深刻的体会，另一方面又使学生熟悉职业岗位所需的各方面理论、知识及法律法规和政策，极大地激发了学生学习的主动性和积极性，从而实现从感性到理性的提升。

（4）公司运营。

在公司成立的基础上，活动参与者进行为期三周的模拟公司经营，主要训练公关礼仪、商业谈判、签订合同、布置展区、财务管理、仲裁诉讼等方面的能力。公司运营模拟的主要内容包括：①采购原材料。根据营销计划采购商品入库，存货管理，谈判，签订合同，寄发订单；②组织生产。根据生产计划组织产品的生产工作；废旧物资的利用，节约成本，增加收入；③开展营销。涉及产品定价，广告设计，展销会的布展，上门推销等内容；销售具体商品、签订和提供服务、解决客户异议、处理客户投诉等；④财务核算。为保证商流、物流、资金流的合理清晰，做好大量的票据传递和财务管理，每日的进销存日报表与现金日记账均做到核对无误；⑤税务申报。税务申报是保障公司正常运转必不可少的部分，模拟进行增值税、营业税、企业所得税等申报工作。此过程尽量保持和所安排行业的一致，以求买方和卖方的相互性和竞争性，可适时由某机构承担最终消费者和最初供应商的角色。

（5）业绩总结。

为了激发创业热情，公平公正地评价每一位活动参与者，主要可以采取以下几种评价方式。

①经营业绩评比。"模拟公司"运营周期结束后，提交公司的资产负债表、损益表及现金流量表，总结经营表现；②岗位技能评比。对参加活动的成员进行岗位技能评比，如评出优秀经理人、优秀策划人、优秀财务总监、优秀营销总监等；③创业计划书方案评比。对所有公司创业时的创业计划书和经营过程中的具体方案进行评比，评出优秀的创业计划书和方案。

二、创业计划的展示

创业计划书的展示就是创业者对创业计划进行深入剖析以后，将结果通过语言和操作等形式向投资者呈现出来的过程。再好的创业计划也需要充分完美地展示出来，才能进一步引起投资者对其创新内容和亮点的兴趣。因此，创业者需要掌握下面的展示技巧，力求使创业计划书达到事半功倍的效果。

（一）整体展示技巧

1. 展示大方自信

在展示创业计划时，创业者要用最短的时间使观众了解产品的特性和市场前景等基本信息，做到自然流畅、条理清晰地回答投资者提出的各种问题。有的大学生创业者在展示创业计划时表现得紧张忐忑，走上讲台照着文件简单地读一遍；有的大学生创业者胆子小，展示时不敢面对观众，而且声音小，这些都会影响创业计划的展示效果。在展示创业计划时，大学生创业者应努力克服紧张情绪，放松自我，营造良好的现场氛围，敢于展示、善于展示，这样才能取得良好的展示效果，达到征服投资者的目的。

2. 表达准确流利

许多大学生创业者由于对创业计划不够了解，又缺乏展示的技巧，因而在展示创业计划时经常会出现照本宣科、内容枯燥乏味、语言含糊、层次混乱等问题，导致展示效果非常不理想。因此，大学生应有意识地培养科学的思维能力和语言表达能力，学会准确且有条理地表达自己的想法。创业者在展示过程中，声音要清晰洪亮，站姿方位要适当，展示的开场白要清楚，补充要简洁明了，避免出现口头禅，如"嗯""啊"等，学会正确选择展示的内容，提高展示的效果。展示不是以量取胜，而是要依据展示的目标进行取舍，围绕展示的关键点、容易出现的错误、自己的初步解释等进行。

3. 优化展示形式

创业者在展示创业计划时要做到层次分明，形式多元化。常用的创业计划展示形式有口头展示、书面展示、肢体语言展示等，创业者要根据创业计划的内容来决定采用什么样的展示形式。创业者要对创业计划的展示形式进行优化，使其兼具科学思维和创新设计，在生动活泼的展示过程中融入理性的科学思维；把握形态符号、视听符号、图形符号等元素对创业计划加以展示，将主题信息准确地传达给观众。

4. 掌握答疑技巧

投资者在演示环节结束后，往往不会立即决定是否进行投资，而是要提出一些问题来确认他们所关心的内容，并尽可能详细地了解创业计划。因此，正确解答疑问成为创业者能否获得投资的关键。创业者在答疑时要有积极的态度，投资者提出疑问或异议是正常的现象，创业者不要害怕或消极应对，应该以积极的态度去对待。创业者应对自己和创业计划充满信心，要清楚自己是投资者的利益提供者，是在为投资者提供一个良好的投资机会。创业者在答疑时应始终保持礼貌，面带笑容，表情平静，态度专注，找出提问者质疑的原因。投资者提出疑问或异议的背后会有多种原因，创业者如果在不明原因的情况下就予以回答，就缺乏回答问题的针对性，可能答非所问或没有传递投资者需要的信息，就容易失去投资者的认同。因此，要听清楚投资者的疑问或异议，弄清楚投资者反对或怀疑的原因，必要时确认一下自己的理解是否正确，然后根据投资者的疑问或异议回答问题，对于因误解或怀疑造成的疑问或异议，应立即澄清。

（二）路演展示方法

现场展示创业计划的机会来之不易，创业者应把握好展示的机会，详细展示创业项目的具体内容，认真回答投资者提出的疑问。创业者展示创业计划的基本方法如下。

1. 构思展示框架，确定展示内容

设计创业计划展示框架，要做到架构科学严谨，能够有效地串联展示内容。创业者首先要对创业计划的相关资料进行初步筛选与整理，确定重点内容，然后根据展示内容的特点，选择恰当的展示模式，如叙事式等，以达到有效地展示创业计划、给投资者留下深刻印象的目的。展示模式是多样化的，具体的展示模式要结合创业计划中的执行概要进行设计。创业者在选择展示模式时要注意为展示内容服务，不要一度为了追求展示效果，而忽略了投资者的需求。确定展示框架和模式后，创业者要制定切实可行的创业计划展示方案，设计好创业计划的展示流程，为保证创业计划的成功展示打好基础。

2. 选择展示要点，优化展示效果

创业计划展示需要准备的材料主要是展示文件，创业者在编写展示文件时可以根据投资者的兴趣、特点确定自己的展示要点，并对展示要点进行详细描述和重点展示。展示文件的编写需要做到以下三点。

（1）直奔主题。

创业者要把最有说服力的事实放在前面，一开始就让投资者知道企业的性质和所属行业，避免使用专业术语来讲述关键问题，应该使用简单的语言来表达复杂、专业的问题，做到通俗易懂，深入浅出。

（2）多用图表。

创业者应选用多样化的图形或者表格来进行表达，力求将复杂问题简单化，给人直观、深刻的印象。创业者编写展示文件时要做到内容安排科学合理、逻辑层次分明，利用简洁的设计和语言来表达意图。同时，创业者还应避免过多的修饰，使创业计划变得模糊，掩盖创业计划的商业价值。

（3）利用现代科技。

创业计划展示应该使用现代手段，集文字、图像、音乐、视频、动画、音效等方式于一体。创业者可以通过技术手段将这些数字资源整合成一个可交互的展示文件，以流畅的文字、精美的插图、活泼的动态画面，给人强烈的视觉冲击，从而达到一种非常形象的效果。

（三）展示中应注意的相关问题

一般来说，创业计划书的展示方式根据展示目标不同可分为两类：一类是针对可能性投资人、客户或者是评委所做的创业计划宣讲展示；另一类则是获得与投资者谈判机会的面谈展示。这两种展示方式，在展示过程中需要注意以下问题。

1. 宣讲展示创业计划需注意的问题

（1）宣讲要突出重点。创业者在陈述时要围绕重点环节展开阐述，严密论证，避免面面俱到、重点不突出。

（2）安排要逻辑严密。创业者要控制展示的内容、时间和次序，一切展示活动应当在控制中进行。要注意避免在陈述过程中对投资者关注的重点项目、模式缺乏分析的问题。

（3）分析要实事求是。例如，要避免对企业的财务状况进行过于理想化的设计。不注意这些问题，就会影响创业计划展示的效果。

2. 面谈展示创业计划需注意的问题

创业者在获得与风险投资人面谈机会时，则要注意下面的"六要""六不要"原则。

（1）"六要"原则。

①要对公司的产品和服务充满热情和信心。

②要明确自己的底价，并在必要时坚决离开。

③要牢记自己与风险投资者之间要建立长期合作伙伴关系。

④要了解风险投资者（谈判对手）的个人情况。

⑤要了解风险投资公司以前资助的项目有哪些，了解目前投资项目的结构组合。

⑥要只对自己可以接受的交易进行谈判。

（2）"六不要"原则。

①不要回避问题。

②不要答案模糊。

③不要隐瞒重要问题。

④不要期望对方立刻做出决定，一定要有耐心。

⑤不要把交易的价格定死，要有灵活性。

⑥不要带律师参加谈判，以免在细节上过多纠缠。

✓ **实践应用**

1. 从网上搜集1~2篇创业计划书，对创业计划书进行分析，并尝试为搜集到的创业计划书撰写概要。

2. 根据你的专业和兴趣，试着写一份创业计划书，并介绍一下如何才能使自己的创业计划脱颖而出。

第9单元　新创企业

知识目标

1. 了解新创企业的组织形式。
2. 熟悉新创企业选址需考虑的因素及原则。
3. 掌握新创企业成长管理的技巧和策略。

素养目标

逐步具备创业者的基本素质，能多看、多读、多问、多聊、多思考，关注并适应市场变化，主动拥抱变化，调整企业经营策略。

任务1　新创企业的组织形式

起航阅读

选择适合的企业组织形式

学过平面设计的李琴想开办一个设计工作室，但由于一时还凑不出创业所需的资金，便暂时放下了创业的想法，应聘到本地最大的一家平面设计机构工作。在工作中，李琴刻苦认真、谦虚好学，不断从资深设计师身上学习新的设计技术和理念，同时为自己的创业做准备。工作一年多后，李琴正式辞职，决心用自己的积蓄开始创业。为了节约成本，李琴租下了一栋旧写字楼里的一间仅十几平方米的小办公室。有了办公室之后，李琴又到旧货市场买了办公桌椅、文件柜等办公家具，并把自己家里的计算机搬到办公室用于办公，她还买了一台彩色打印机，所有成本总共不到1万元。

一切准备工作就绪后，李琴到工商局进行注册咨询，咨询后得知，如果注册有限责任公司，各种手续办下来要花2000多元，而注册个体工商户的花费要少很多，于是她就用"李琴设计工作室"的名字办理了个体工商户的注册手续。领到营业执照时，李琴无比自豪，她的创业梦想终于走出了第一步，接下来就可以开展业务了。

一、企业的组织形式

企业的组织形式反映了企业的性质、地位和作用，表明一个企业的财产构成、内部关系，以及与外部经济组织之间的联系方式。目前，我国常见的企业组织形式有个人独资企业、合伙制企业和公司制企业（有限责任公司、股份有限公司）三大类别。

（一）个人独资企业

个人独资企业，即个人出资经营、归个人所有和控制、由个人承担经营风险和享有全部经营收益的企业。以独资经营方式经营的独资企业有无限的经济责任，破产时借方可以扣留业主的个人财产。

1. 个人独资企业的特点

个人独资是最常见的企业组织形式，它具有以下特点。

（1）只有一个出资者。

（2）出资人对企业债务承担无限责任。在个人独资企业中，出资人直接拥有企业的全部资产并直接负责企业的全部负债，也就是出资人承担无限责任。

（3）独资企业不作为企业所得税的纳税主体。一般来说，个人独资企业并不作为企业所得税的纳税主体，其收益纳入所有者的其他收益一并计算缴纳个人所得税。

2. 个人独资企业的优点和缺点

个人独资企业是企业制度序列中最初始和最古典的形态，也是民营企业中最常见的形式之一。许多大企业、大集团在创业的时候都是以个人独资企业的身份开始的。

1）个人独资企业的优点

（1）保密性强。个人独资企业由创业者经营管理，和企业相关的商业保密信息由创业者一人掌管，杜绝了核心技术机密的泄露，保证了企业在市场经济中的竞争优势。很多以配方为核心竞争力的企业都是个人独资企业，或者是从个人独资企业起步的，如"老干妈""俏江南"等我们熟知的品牌。

（2）灵活性强。创业者以个人或一个家庭为单位，无资本数量限制，而且企业的创立、转让、倒闭等行为只需创业者向政府及相关部门登记申请即可，没有其他手续，故而免掉了很多程序，节约了时间和成本。个人独资企业不受外来限制，创业者对企业的经营有很大的自由，可以灵活地调整企业的经营模式，方便、快捷地解决难题，快速适应市场。

（3）缴纳税金少。相比于法人企业，个人独资企业只需缴纳个人所得税，无双重课税。企业经营发展所赢得的利润归个人所有，无须与别人共享，企业的经济负担较小。

2）个人独资企业的缺点

（1）企业规模较小，难以筹集大量资金。创业者个人的资金终归有限，当企业还处于发展初期、规模较小的时候，借贷款难度也较大。因此，个人独资企业反过来也限制了企业的发展。

（2）高风险成为创业者的软约束。创业者以个人财产对企业承担无限责任，在硬化了企业预算约束的同时，也带来了创业者承担风险过大的问题，从而限制了创业者向风险较大的部门或领域进行投资的活动，对新兴产业的形成和发展不利。

（3）企业经营的连续性得不到保障。企业所有权和经营权高度统一的产权结构虽然使企业拥有充分的自主权，但也意味着企业是创业者个人的企业，创业者的健康、学识、能力及其所受的各种影响，都可能关乎企业的存亡。

由于个人独资企业创设条件简单，易于组建，所以大多数的小企业按个人独资企业组织设立。

（二）合伙制企业

合伙制企业是指由两人或两人以上按照协议投资，共同经营、共负盈亏的企业。合伙制企业财产由全体合伙人共有，合伙人对企业债务承担连带无限清偿责任。

1. 合伙制企业的特点

（1）有两个以上所有者（出资者）。

（2）合伙人对企业债务承担无限连带责任，包括对其他无限责任合伙人集体采取的行为负无限责任。

（3）合伙人通常按照他们对合伙企业的出资比例分享利润或分担亏损。

（4）合伙企业一般不缴纳企业所得税，其收益直接分配给合伙人。

2. 合伙制企业的优点和缺点

1）合伙制企业的优点

（1）资金来源较广。与个人独资企业相比，合伙企业可以从众多的合伙人处筹集资本，合伙人共同偿还债务，减少了银行贷款的风险，使企业的筹资能力有所提高。

（2）管理能力较高。合伙制企业的合伙人都具有企业决策权，可以集思广益，突破个人独资企业只有创业者一人的局限性，从而提高企业在市场的竞争力。

（3）保障小股东利益。在企业管理和决策时，小股东和大股东有相同的地位，小股东也可以参与进来，这样大大地保证了小股东的利益。

2）合伙制企业的缺点

（1）风险高。合伙制企业和个人独资企业一样，合伙人在企业倒闭还债时，个人的家庭财产也面临威胁。

（2）灵活性差。合伙人的产权不可以自由出售或转让，必须经过其他合伙人的同意才可以实施。每位合伙人都要对一定比例的净利润缴纳所得税，无论他们是否获得这部分利益。由于每一位合伙人都有决策权，每一件事情都要协商才能决策，灵活性不高，如果合伙人之间有分歧矛盾，会直接影响到企业的发展。

（三）公司制企业

1. 有限责任公司

有限责任公司是在我国境内依法设立的，股东以其认缴的出资额为限对公司承担责任，公司以其全部资产为限对公司的债务承担责任的企业法人。有限责任公司（有限公司）是我国企业实行公司制最重要的一种组织形式。

1）有限责任公司的特点

（1）有限责任公司是指根据《中华人民共和国公司登记管理条例》规定登记注册，由 50 个以下的股东出资设立，每个股东以其所认缴的出资额对公司承担有限责任，公司以其全部资产对其债务承担责任的经济组织。

（2）股东出资须达到法定资本的最低限额。一人有限责任公司注册资本的最低限额为 10 万元人民币，一般有限责任公司注册资本的最低限额为 3 万元人民币。

（3）有限责任公司不能公开募集股份，不能发行股票。

（4）股东对公司的债务承担有限责任，倘若公司破产清算，股东的损失以其对公司的投资额为限。

2）有限责任公司的优点和缺点

（1）有限责任公司的优点。

①公司便于治理。由于有限责任公司产权主体多元化，每一位投资者都会按照一定的份额来享受权利、履行义务。所以，每一位投资者都有提高治理公司能力的要求，重视制定公司章程，争取让公司的决策管理实现最优，并且通过成立股东大会、董事会、监事会，来参与公司运行的每一个环节，能够提高公司的生产效率，保证公司发展途中的公开化、透明化。

②延续性强。具有所有权的董事由股东会选举和罢免，具有经营权的经理由董事会聘任和辞退，所以，即使某些股东出让股份也不影响公司的延续，公司可以实现长远发展。

③投资风险有限。和个人独资企业及合伙制企业不同，有限责任公司的股东以投资额为限承担有限责任，出资额以外的财产不受债权影响。

（2）有限责任公司的缺点。

①税收繁重。有限责任公司承担双重税收，不仅要上缴净利润的所得税，而且股东还要缴纳股息的所得税，公司财产负担较重。

②企业规模受限。由于有限责任公司自身的限制，企业不能公开发行股票，导致企业规模受限。

2. 股份有限公司

股份有限公司是依法设立，其全部股本分为等额股份，股东以其所持股份为限对公司承担责任，公司以其全部资产对公司的债务承担责任的企业法人。股份有限公司是与其所有者（即股东）相对独立的法人，对公司债务承担有限责任。

1）股份有限公司的特点

（1）有限责任。这一点与有限责任公司相同，股东对股份有限公司的债务承担有限责任，倘若公司破产清算，股东的损失以其对公司的投资额为限。

（2）永续存在。股份有限公司的法人地位不受某些股东死亡或转让股份的影响，因此，其寿命相较独资企业或合伙制企业更有保障。

（3）可转让性。股份有限公司的股份转让比独资企业和合伙制企业的权益转让更为容易。

（4）易于筹资。从筹集资本的角度看，股份有限公司是最有效的企业组织形式。由于其永续存在，以及举债和增股的空间大，股份有限公司具有更大的筹资能力和弹性。

（5）对公司的收益重复纳税。作为一种企业组织形式，股份有限公司也有不足，最大的缺点是对公司的收益重复纳税：公司的收益先要缴纳公司所得税；税后收益以现金股利分配给股东后，股东还要缴纳个人所得税。

2）股份有限公司的优点和缺点

（1）股份有限公司的优点。

①资本集中快捷。股份有限公司可以面向大众发售股票债券，吸收社会上的闲散资金，以最快、最便捷的方式收取资金。

②股份流动性强。股份有限公司的股票易于转让，公司可以通过资本运作、优化资源配置、提高企业自身价值，加快公司产权的流动与重组。

③公开化。股份有限公司必须坚持公开性原则，公开企业所有相关信息，便于社会的监督及检查，促进了公司向透明化发展，杜绝了腐败现象，有利于公司的市场竞争，保证了公司的经营效率。

（2）股份有限公司的缺点。

①受到来自各方面的限制较多。如法律限制和社会限制，股份有限公司设立手续复杂，组建经费较高，风险较大。

②小股东没有话语权。股份有限公司的大股东有绝对的表决权，但要是重大的决策失误，就会导致公司严重亏损甚至倒闭，这样小股东投入公司的资产就会血本无归。

③对公司的收益重复纳税。公司的收益先要缴纳公司所得税，税后收益以现金股利分配给股东后，股东还要缴纳个人所得税。

二、企业组织形式的选择

创业伊始，创业者不但要了解我国现有的企业组织形式有哪些，更应当了解每一种组织形式的优劣，从而选择一种最合适的企业组织形式。通常，选择组织形式需要考虑以下五个因素。

（一）投资的行业

对于一些特殊的行业，法律规定只能采用特殊的组织形式，如律师事务所只能采用合伙形式而不能采用公司形式，银行、保险等行业则只能采用公司制。因此，根据拟投资的行业选择企业的组织形式是首要考虑的因素。对于法律强制规定了的行业，只能按照法律的要求选择组织形式。例如，近来非常热门的私募股权基金，法律只允许其选择公司制和合伙制，越来越多的私募股权基金选择了有限合伙制的组织形式。

（二）创业者的风险承担能力

创业者自身的风险承担能力是创业者必须考虑的因素之一，企业组织形式与创业者日后承担的风险息息相关。公司制企业股东仅以出资额为限承担责任，普通合伙制企业投资人、个人独资企业投资人都要承担无限责任。如选择后两种企业组织形式，创业者要承担较大风险。

(三) 税务因素

由于不同的企业组织形式所缴纳的税不同，因此，选择企业组织形式必须考虑税务问题。根据我国税法规定，个人独资企业和合伙制企业的生产经营所得计征个人所得税，公司制企业既要缴纳企业所得税，又要在向股东分配利润时为股东代扣代缴个人所得税。因此，从税负筹划的角度，选择个人独资企业和合伙制企业的税负更低。

(四) 融资需求因素

如果创业者资金充足，拟投资的事业资金需求也不大，则采用合伙制和有限责任公司制均可，如果日后发展业务所需资金规模非常大，则建议采取股份有限公司的组织形式。

(五) 经营期限因素

对于个人独资企业，一旦投资人死亡且无继承人或者继承人决定放弃继承，则企业必须解散。合伙制企业由合伙人组成，一旦合伙人死亡，除非不断吸收新的合伙人，否则合伙制企业寿命也是有限的。因此，合伙制企业和个人独资企业的经营期限都不会很长，很难持续发展下去。但公司制企业则不同，除出现法定解散事由或股东决议解散外，原则上公司制企业可以永远存在。

除上述因素外，还可以从投资权益的自由流通和经营管理需要等多个方面就企业组织形式的优劣进行分析比较，进而选择最合适的组织形式。

✓ 案例播报

诊所5大类型，哪种最适合你运营？

随着生活质量越来越高，人们对看病的要求不再停留在医疗疾病的基本层面，而是追求根据医疗效果、医疗服务、治疗时间等一系列数据整合而成的病人心目中的性价比，市场上的私人诊所有着很大的发展空间。但是诊所不是千篇一律的，诊所的类型是根据诊所的创办以及人员构成的，常见的诊所类型有以下几种。

类型一：独立诊所

独立诊所由一名医生和若干名辅助人员（如护士、行政人员）组成。老板兼医生，医生本人就是法人代表，诊所的财产完全属于医生本人，经营管理完全由医生自己独立进行，诊所的盈亏也完全由医生自己负责。这是小诊所最常见的组织形式。

好处：诊所的拥有者、经营者和业务骨干是同一个人，经营管理单纯，组织简单，经营灵活。同时，具有极强的独立性和隐蔽性，经济收入和分配受外界干扰少，如果经营得好，可以获得较高利润。

缺点：由于诊所所有者身兼数职，会面临很大的压力，对个人身心健康和休闲生活易造成不利影响。

类型二：协作诊所

协作诊所由多名医生以协作的方式组成，由一名医生（一般是一名年龄大、资历高、经验丰富、固定患者多的医生，同时是诊所的老板）聘请其他医生。

好处：由于医生队伍扩大，加大了诊所拓展业务的空间，提高了诊所的盈利能力，也可以减轻诊所老板在业务方面的压力，十分适合刚从学校毕业出来的医生。

弊端：由于人员增加，管理的复杂性和难度也随之增加，尤其是在新老医生的沟通管理上易出现问题。另外，年轻医生可能会对报酬比例提出异议。

类型三：联合诊所

联合诊所由两个或以上医生通过平等协作的方式共同创办。他们一般共同使用招牌、场地以及一些设施、设备，但是在具体业务方面又是彼此独立、互不相干的，在经济方面也是独立核算。

好处：可以资源共享，帮助协作各方壮大声势、降低在场地和公共设施方面的成本，有利于大家抱团发展。

弊端：如果合作各方在经营理念、人际交往、个人性格等方面存在不一致、不协调的地方，在合作过程中就会很容易发生矛盾，最终可能导致合伙失败。

类型四：合伙式诊所

合伙式诊所是由几个合伙人共同投资成立的诊所。诊所的所有资产都是共有的。这种诊所的组织结构和经营管理有点像有限责任公司。

好处：由于投资人多，诊所的资金可能会很雄厚，实力大大增强，有利于通过规模效应在竞争中获胜。

弊端：诊所规模大，经营管理的难度也大。另外，如果各位投资人在经营理念方面不能达成一致，或者在日常管理中不能良好合作，也会给诊所事业发展造成不利影响，甚至导致诊所破产。

类型五：连锁式诊所

连锁式诊所有一个或几个非医学专业的人或公司投资开设诊所，和现在常见的连锁店在组织形式上相同，是连锁式经营模式在诊所方面的运用。

好处：经营管理的专业化程度高，有利于诊所生存和健康发展，连锁式经营也有利于诊所事业快速扩张。

弊端：经营管理难度较大，品牌效应导致诊所千店一面，不利于诊所，特别是专家的个性发挥。

（资料来源：诊所5大类型，哪种最适合你运营？https://www.sohu.com/a/247989254_100240945）

任务2　新创企业选址

✓ 起航阅读

2021年8月，李学从走上了创业之路，因为喜欢汽车，他把目标锁定在与汽车有关的项目上。不久，一家汽车饰品店在短暂的忙碌之后诞生了，然而仅仅半年就鸣金收兵了。

回忆那段创业的日子，李学从很是痛苦，感叹为什么付出了很多，回报却很少。其实，创业之前，李学从是做了充分准备的。因为喜欢汽车，他就琢磨着在汽车方面找路子。他先在网上收集了一些关于汽车消费品的创业项目，然后根据实际情况，考虑到随着人们生活水平的提高，买车的人越来越多，而爱车的人一般都比较注重车内装饰，那么，开一家汽车饰品店，生意应该不错。李学从觉得自己的想法还是比较顺应市场发展的，然后便忙碌地开始了第二步工作。他从网上搜索了一些经营汽车饰品的代理商，并对各家的产品质量和价位进行比较后选定了一家郑州的代理商。经过联系，他和那家代理商签好了协议，交了 6 000 元的加盟费，然后开始租房子、装修、进货，脑子里满是憧憬的李学从很快就成了老板。但是现实给李学从的热情浇了一盆冷水。开张后顾客寥寥，尽管他店里的饰品很吸引眼球，无奈汽车饰品店所处的位置比较偏，路过的车不少，但也仅仅是路过，而且大部分是大货车，根本不会在这样一个地段停车，更不会来买车内饰品。李学从每天都早早开店，很晚才打烊，商品的价位也定得很低，即便这样，开业半年，总共才卖出 3 000 元的货。房租到期之后，李学从不敢再恋战，把剩下的货放到朋友空着的车库里，从此不提开店的事。

李学从的失败主要是因为选址不善，对消费群的研究不足。李学从选的位置太偏，定位也不准确，如果开业前未对周边环境做充分的市场调查，盲目选址，开业后不能满足周围消费者的需求，交通不便也不能吸引顾客，这些都会使店铺遭受巨大损失。

理论讲堂

一、影响创业场所选择的因素

创业场所选择是创业者在创业初期面临的一大难题，选择创业场所应该考虑市场因素、商圈因素、物业因素、地区因素、个人因素、价格因素等的影响。下面介绍主要的几个因素。

（一）市场因素

对于市场因素，可以从顾客和竞争对手两个角度来考虑。从顾客角度看，要考虑经营地点是否接通顾客，周围的顾客是否有足够的购买力。对于零售业和服务业，店铺的客流量和客流的购买力决定着企业的业务量。从竞争对手角度看，经营地点的选择有两种不同的思路：一是选择同行聚集的地方，同行成群有利于人气聚合与上升，比如当下的服饰一条街、建材市场、家电市场、小商品市场等；另一种思路则是"别人淘金我卖水"，别人都蜂拥到某地去淘金，成功者固然腰缠万贯，失败者也要维持生存，如果到他们中间去卖水，肯定稳赚不赔。

（二）商圈因素

商圈因素就是指要对特定商圈进行特定分析。如车站附近是往来旅客集中的地方，适合发展餐饮、食品、生活用品行业；商业区是居民购物、聊天、休闲的理想场所，除了适宜开设大型综合商场外，特色鲜明的专卖店也很有市场；影剧院、公园名胜附近，适合开展餐饮、娱乐、生活用品等行业；在居民区，凡能给家庭生活提供独特服务的生意，都能获得较好发展；在市郊地段，可以考虑向驾车者提供生活、休息、娱乐和维修车辆等服务。

（三）物业因素

物业因素同样也不能忽略，在置地建房或租用店铺前，创业者应首先了解地段或房屋的规划用途与自己的经营项目是否相符；该物业是否有合法权证；还应考虑该物业的历史、空置待租的原因、坐落地段的声誉与形象、是不是环境污染区、有没有治安问题等。

（四）地区因素

地区因素指的是经营业务最好能得到当地政府的支持，至少不能与当地的政策背道而驰；个人因素有时会被一些创业者过多地关注，一些人常常选择在自己的住所附近经营，然而这种做法可能会令创业者丧失更好的机会或因购买力无法突破导致经营受到局限；创业者在购买商铺或租赁商铺时，要充分考虑价格因素，包括资金、业务性质、创业成功或失败后的安排、物业市场的供求情况、利率趋势等，以免做出错误决定，对企业的业务经营造成不良影响。

二、选择创业场所的原则

创业大学生在选择经营场所时要慎重，由于创业企业经营类型的不同，对经营场所的要求也不同。但是不管从事何种经营，应综合考量，做出最优选择。一般来说，选择创业场所要遵循以下原则。

（一）方便性

众所周知，人都有一定的惰性，买东西或者享受服务都希望方便，希望一下车、一抬眼就能看见，而不是费时、费力地寻找。因此，要想使生意兴隆，最好的办法就是让顾客能随时随地享受服务。

（二）安全性

任何人在购物和享受服务的时候都希望在一个安全的环境中。因此，在选择经营场所时，要注意不要选在治安差的地方，也不要选择在管理较为混乱的集贸市场和娱乐场所附近，因为这些区域是治安和火灾事故的易发地区，容易威胁到顾客的人身安全。

（三）竞争性

当代社会行行有竞争、处处有竞争，创业大学生不要妄想找到一个没有竞争的经营场所。竞争性太强不利于创业企业的发展，但如果一个地方没有竞争，那就说明这个地方不适合做这个行业。在有竞争对手的地方创业，有利于了解同行的经营状况和整个行业的发展状态，适时调整自己的经营方向与运作策略。

（四）愉悦舒适度

创业大学生在选择经营场所时要注意自己所选择的场所及其周围设施的愉悦舒适度如何。经营场所附近的配套设施要齐全，如有路灯和绿化设施，空气比较清新。店内的装修要美观大方，冬暖夏凉，让人有一种清新愉悦的感觉。

（五）人流量

正常情况下，繁华的商业区和人口密度较高的大中型社区人流量大，市场需求旺盛，相对来说客源较为稳定，因此可以在一定程度上保证创业的稳定性和较高的盈利；反之，在偏僻的地区和小型的、不成熟的社区，人流量小，客源不稳定，无法保证经营的可持续发展。

（六）租赁价格

经营场所地点不同，租赁价格相差甚远。在一些老牌的商业集中区域，租赁价格高；相反，在一些相对偏僻的老区或是新开发地段，租赁价格相对较低。到底选择哪里，这要根据创办企业的性质、经营定位和自身的经济实力来综合考虑。

现在很多地方为鼓励和吸引投资，都在本区域范围内设立了个各式各样的开发区，软件园、高科技园区等名目繁多的特别经济区域，在这些区域内设立企业可以享受很多优惠政策。因此，大学生在创业时非常有必要了解相关政策，尽量把创业场地选择在特别经济区域内，这样既可以简化手续又能节约费用。

三、不同类型企业选址注意事项

（一）销售类

销售类企业创业成功的关键是经营地址的选择。因此，在选择时要重点确定商圈范围，通过具体了解企业的消费者构成及其特点，确定企业选址。一般来说，经营场所一般应选择在人口密集的地区，既方便消费者，又有利于企业的经营。

1. 便利性

销售类企业进行选址首先要考虑其业态特征，单体规模小、以经营选择性较低的日常生活用品为主的零售业要满足顾客便利的要求；单体规模大、商品品种齐全、以经营选择性较强的商品为主的零售业，应该选择在人流大、交通便利的地方。

2. 聚合性强

这些销售企业由于经营业务单一、规模小，对顾客的吸引力比较弱，自身难以拥有较大的客流量。这些销售企业在选址上可采取聚合策略，即依附大商场或专业街，借助大商场的客源或专业街聚集的人气来扩大影响。比如，麦当劳、肯德基快餐店几乎都建在大商场旁边。

3. 人气足

客流量是销售类企业选址时必须要考虑的重要问题。同样一条街道，交通条件不同，基础文化设施不同，通向的地区或位置不同都可能会使销售业绩存在很大差异。因此，创办销售类企业在选址时要对客流量进行调查和分析，研究客流路过的目的和客流量大小等问题。

（二）餐饮类

餐饮类比其他行业选址要求更高，创业者要结合当地居民的消费习惯、消费水平确定经营方式和服务档次，进而选择经营地址。一般来说，餐饮类企业地址选择要注意以下三个方面。

1. 符合市场需求

餐饮企业的地址选择要与市场需求，也就是客户需求相符合。例如，快餐企业的理想地点是流动人口较多的商业购物区、大中专院校附近、主要交通干道附近等；而经营高品质菜肴，用餐环境典雅、服务上乘的餐饮企业最好开在高档住宅区、金融机构所在地区，便于客源市场的商务宴请等。

2. 靠近消费群体

根据不同的消费群体来选择企业地址。如果主要消费群体为上班职工，可以在公司集中区选址；如果主要消费群体为学生，可以在学校附近选址；如果主要消费群体为休闲人士，可以在商业闹市区或者特色风景区选址。

3. 注重周围环境

餐饮企业应选择干燥、有排水条件和电力供应的地区，不要设在容易受污染的区域，要远离粪坑、污水池、暴露的垃圾场等地，还要在粉尘、有害气体、放射性物质和其他扩散性污染源的影响范围之外。

（三）制造类

制造类企业选址需要综合考虑多方面的因素，这些因素既包括定量的成本因素，又包括定性的区位条件因素。

1. 关注成本因素

成本是制造类企业选址所要考虑的重要因素。制造类企业需要大量的原材料等生产要素。不同的地区，其价格会有所不同，所以制造类企业应选在离原料基地较近的地方，可以节约成本。另外，劳动力和厂房等也是选址时要考虑的问题，选址在劳动力丰富并且价格低廉的地区，有利于降低生产经营成本，而且企业厂房等固定成本会有地区性的差异。

2. 考虑区位条件因素

制造类企业选址考虑所在地区的区位条件，也就是要考虑运输便利程度、地方政策。对于制造类企业来说，产品和原料的运输成本在总成本中均占有较大的比重，在靠近原材料的地区选址可以使运输成本最低。

有些地区采取鼓励投资建厂的政策，在当地划定制造工业区，低价出租或出售土地、产房、仓库，并在税收、资本等方面提供优惠政策。同时专门的制造工业区有利于制造类企业之间信息迅速传播，相互刺激发展。

制造类企业选址的结果会影响职工的生活，为稳定职工队伍，应选择职工生活比较方便的地区。厂址一般应靠近劳动密集的地方或者技术较为密集的市区附近，这样可以减少职工的住宿、交通费用开支。

3. 注意环境污染、噪声问题

加工类企业一般会产生一定的环境和噪声污染，因此地址应选择在离居民区、饮水基地远一点的地方。

四、选择创业场所的具体方法

（一）实地考察

自己走街串巷看看周边的市场如何，人们的需求量如何，等等。这个工作是非常耗时耗力的，特别是在冬天和夏天，是非常艰辛的过程。

（二）网络寻找

可以登录一些分类信息的网站或者是房屋租赁的网站，那里有不少商铺租赁的消息，里面信息非常丰富，搜索以及筛选都非常方便，也可以在一些房地产交易会上了解大量的商铺信息。

（三）委托房产中介

房产中介一般都掌握着丰富的关系网和资源，对周边的房子是非常了解的，有些中介人士可以给你提供一些你希望了解的消息，这一方法针对性强，但需要支付价格不菲的中介费。委托房产中介时，要善于借助其资源，也要谨慎辨别，以免受骗。

（四）利用政府相关部门的服务

各省各市都有创业指导部门，这些部门提供免费的创业指导服务，其中包括如何选择创业场地。

✓ 案例播报

医院应该如何选址

医院建设选址涉及诸多方面因素。近年来，"绿色建筑""可持续发展"等理念的不断提出和发展完善，为医院建设选址提供了全新的视角，项目建设运行与环境的和谐共生及互动也成为一大课题，因此医院建设选址是一个动态的不断扩展更新的话题。

"选址"实质上是一种"分析过程"，包含两个方面：对不同选址场地及其依托环境进行利弊比较分析；对某一特定的选址场地及环境进行论证分析。分析的功课做到位，选择目标的确定则水到渠成。

归纳起来医院建设选址应遵循以下几方面的原则。

一、医院建设选址与地形地貌

医院建设选址场地的地形地貌千差万别，是影响选址分析的重大因素之一。它决定着医院建设的规划布局和具体方案实施。首先应选择在生态安全区内进行建设，避开地震断裂带、滑坡、崩塌、沉陷、泥石流、洪水等自然地质灾害多发地段。

应优先选择地势平坦、用地形状规则，排水通畅，交通便利、日照充足、通风良好的地块。但在实际操作中，相当数量的案例受城市选址区位和功能区划分等多方面因素制约，不尽理想，选址选在较为特殊的地形，如上下起伏较大，过扁或过长等。如果选择不慎会从根本上影响医院的流程及功能，这就使我们的选址分析变得愈加复杂。有的看起来似乎绝不适合建立医院，而实际上经过巧妙处理后，不但完全能满足建立要求，还能使布局与众不同，别有特色；有的貌似可用，实际却隐含着致命缺陷。这就要求我们在选址过程中要慎重分析，咨询多方面专家的意见，善于发现潜在的有利或不利条件，识别真伪，最终决策。

二、医院建设选址区位与交通

医院的首要任务是为人民群众提供医疗保健服务，群众就医是否方便，就医路线的远近，乘车到达时间的长短，乘坐什么交通工具，紧急救护道路是否快捷通达，服务人口多少及范围大小，等等，都决定了区位和交通在选址过程中举足轻重的地位。

一般来讲，服务半径较大的县级以上的医院，交通区位是关系患者来医院就诊率的首要影响因素。有调查资料说明，患者就诊率与时间和距离呈负相关。以公共汽车的时间距离计算，10分钟距离8.5人/千米，20分钟距离7.2人/千米，40分钟距离5.7人/千米，140分钟距离2人/千米。因此医院选址应适当邻近城市主要道路，最好有两个边与城市道路相接，一来可满足医院有诸多独立出入口设置的要求，二来能保证门急诊、住院、探视等不同人车流快捷进出。

医院与大型车站、地铁中心站等交通枢纽应保持适当距离，并有快捷城市公共交通系统与之相连，既防止大流量人车流相互干扰，又保证就医患者群体的快速转运。随着城市公共交通体系日益兴旺完善，私人汽车的逐渐普及，医院成为仅次于大型交通枢纽车站等交通最繁忙的区域。因此，医院选址过程中，应协同城市交通管理规划部门，对选址进行认真的交通评估分析。另外，在城市总体规划中，还应把大、中型医院的内外交通纳入城市交通体系规划中，使医院的"小交通体系"建立在合理的交通"大框架"根底之上，以免留下遗憾。

三、医院建设选址与周边环境的互动关系

"绿色建筑"、可持续开展理念拓展了我们对医院建设选址的视野。"绿色建筑"不是孤立于城乡及生态系统之外的设计，也不是各种技术的堆砌与拼凑。以往的建筑设计由现实条件、环境限制出发，选择方式是基于人对建筑本体的依赖与需求而决定。对于"绿色建筑"而言，仅做到这点是不够的，"绿色建筑"是要符合并成为人与自然、人与建筑、建筑与环境、自然系统与建筑构成的建筑运行实体，达到符合"绿色建筑"定义和要求。因此对于医院建设选址，我们应站在更高角度来对待和处理工程与环境的关系。可以从以下两方面来理解。

（1）尽最大可能屏蔽选址周边环境有害因素对工程本身的不利影响，达到医院自身建

设环境最优。选址要远离各类辐射污染源，如电磁辐射（电力输送高压走廊）、放射性物质辐射源；空气、噪声污染源，如铁路边、高速路边、污水处理厂等。

（2）除了考虑外界环境对医院的影响，还要从保护生态环境，可持续开展的角度，更注重分析工程建立对周围生态环境的影响，防止工程建立对现状生活环境、自然生态环境产生明显的扰动。如尽量避开幼儿园、中小学校、食品加工厂等对环境质量比较敏感的机构。从较大范围环境层面考虑，医院建设选址应防止选在生态敏感区域，如主要交通干线两侧的控制用地，功能片区的长期控制用地等非建筑用地；城市主要公园、绿地、森林；农田、水源地、大型水库、矿产资源区、地热区；主要森林水体、河流水体、沼泽、海岸、湿地；等等。选址还应充分利用并保护场地周边的自然条件、保存和利用地形、地貌、植被、水系，保持历史文化与景观的连续性，保护场地的完整性，尽量减少暴雨时场地的水土流失及其他建筑行为而造成的灾害。

总而言之，医院建设选址牵系全局，虽然我们面对的现实存在诸多不尽如人意之处，但只要我们站在一个新的高度去想、去做，结果会大不一样。我们的医疗建筑设计及工程建立管理创新将会进入一个更广阔的空间。

（资料来源：谈医院建设选址，https://wenku.baidu.com/view/f132c60db80d4a730 2768e9951e79b8969026886.html? _wkts_ = 1690961852697&bdQuery = % E8% B0% 88% E5% 8C%BB%E9%99%A2%E5%BB%BA%E8%AE%BE%E9%80%89%E5%9D%80)

任务 3　新创企业的生存管理

☑ 起航阅读

海底捞公司案例分析

四川海底捞餐饮股份有限公司成立于 1994 年，是一家以经营川味火锅为主，融汇各地火锅特色于一体的大型跨省直营餐饮民营企业。公司始终秉承"服务至上、顾客至上"的理念，以创新为核心，改变传统的标准化、单一化的服务，提倡个性化的特色服务，致力于为顾客提供"贴心、温心、舒心"的服务；在管理上，倡导双手改变命运的价值观，为员工创建公平公正的工作环境，实施人性化和亲情化的管理模式，不断提升员工价值感。

在外部行销方面：在海底捞用餐，消费价格算中上；但是走进餐厅，服务员会为坐在等待区，等叫号排队的顾客送上免费水果、饮料、零食，以及扑克牌、跳棋之类的桌面游戏，供大家打发时间；餐厅还主动提供免费上网、美甲、手部护理、皮鞋清洁等服务。用餐时，除了给客人眼镜布、手机袋，为长发女性送上橡皮筋、为孕妇送靠垫，为婴儿提供婴儿座椅，还会帮你换毛巾，甚至剥虾壳等，顾客也许还会意外收到餐厅赠送的鲜花、冰淇淋、果盘等。同时，海底捞还效仿麦当劳、必胜客等西式速食，推出二十四小时营业、火锅外送服务、网上订餐等服务。

在内部行销方面：海底捞将"人情管理"运用到了极致，三分之一的员工来自老板张勇的老家四川同乡；店长、老板身先士卒，尊重员工，更重要的是，企业为员工提供各类奖励、内部提供晋升制度、设立学校让员工子女免费就学、给员工父母"发工资"，建立爱心基金扶助员工家属就医等激励，大幅提高了进员工的忠诚度。一线员工也被授予减免两百元人民币以下的许可权，可以为顾客免单、送菜、打折及赠送小礼物等，这些都是其他地方大堂经理才有的授权。

海底捞从不考核各分店的营业额、获利额，考核标准只有员工满意度和顾客满意度，以及员工的创意服务点子。海底捞通过这样的差异化竞争策略，在外部行销方面吸引了大量顾客，而在内部行销又激发了员工的积极性，进而通过员工与顾客的互动行销，满足了消费者没有被满足的隐性需求，为顾客提供"贴心、温心、舒心"的服务，使"小火锅做成大市场"，取得了巨大的成功！

海底捞公司的成功可以总结为以下几个方面。

一是突出服务个性，将人性化管理与制度化、标准化管理有机结合。

二是更新经营理念，提升文化品位，增加海底捞文化的附加值。

三是适当控制规模，坚持质量效益优先，不盲目寻求扩张。

四是树立以人为本的理念，关注劳动力市场变化，注重人才引进，建立人员培训体系，形成"以用为本、人尽其才"的氛围和机制。

五是时时关注外部环境变化、技术革新、产业潮流，不断创新，创建百年老店。

理论讲堂 👉

一、新创企业管理的特殊性

新创企业成立初期应以生存为首要目标，其特点是主要依靠自有资金创造自由现金流，实行充分调动"所有的人做所有的事"的群体管理，以及"创业者亲自深入运作细节"。

创业是一件说的人多、做的人少、成功的人更少的事。很多大学生都是在一时冲动之下准备创业，结果由于没有充分准备而惨败，不仅经济受损，信心也受到打击。想要创业成功，很多前期准备工作要做好。

(一) 企业创立初期的目标就是活下来

大学生就业问题一直是社会的热点和难点。自主创业成为越来越多大学毕业生的选择，但最后能够坚持下去的大学生只是少数。很多大学生创业因为离市场太远，根本活不下来。大学生创业应转变创业观念：创业之初活下来比活得好更重要。很多大学生创业之后才发现，现实和当初设想的很不一样，仅有理想和热情是不够的，不能闭门造车，要放低身段，不断寻找客户、盯准市场，不断调整。大学生正处在青春活力的时期，有一定的基础文化素养，有从学校里吸取的专业理论和实践方面的认识和体验，有创业的兴趣点或潜能，还有政府有关部门出台了很多优惠政策，再加上家庭和朋友的支持和帮助，这些都是大学生的创业资源。然而大学生自主创业的弱点也是明显的，那就是对社会的了解和认知程度不够。大学生创业存在资金不足、过于理想化、应对危机的心理素质较弱、缺乏系统创业的知识结构等风险，部分大学生创业存在一定的盲目性和冲动性。从编制创业计划书开始，到工商登记注册，以及企业成立后的内部管理、市场、资金、团队运作等，大学生创业企业会碰到比一般企业更多的困难。创业资本难筹是大学生创业者必须面对的一道坎，不管是货币形态的资本、物质形态的资本还是经验思维形态的资本。大学生创业绝不是"人有多大胆，地有多大产"那么简单，大学生应该看清自身所具备的条件，头脑一定要清醒，清楚目标就是生存下去，获取一定的利润，推动企业往前走，追求规模型成长。因此，在企业创立初期，发展重点就是确定有利的市场定位，从市场定位出发，开发出适合的产品或服务，找准市场，吸引客户，使企业生存下来。

（二）企业创立初期主要依靠自有资金

新创企业的启动，需要大量的资金用于租赁厂房、购买机器和办公设备、研究开发生产技术以及产品销售。因为企业的风险承受能力是有限的，产品投放市场后，如果销量没有打开，造成产品积压，现金流出往往大于现金流入，会造成资金不足。由于此时没有销售记录和信用记录，存在巨大的风险，所以新创企业从银行获得贷款几乎不可能。这时创业者主要依靠亲戚或朋友资助，只有加大营销力度，扩大市场份额和规模，才能解决生存问题，创造自由现金流。

（三）创业之初需要事必躬亲

一是因为百事待举，找人不容易，雇佣的人流动性大，所以创业者必须事必躬亲，这将充分考验创业者的身体体能与精神耐力，同时也需要创业者在业务能力上成为一个全能人才，成为业务核心、客户核心与人力资源核心；二是只有事必躬亲，创业者才有机会在团队中树立威信，创业者做甩手掌柜往往很难成事；三是只有前期事必躬亲才能在逐渐实现授权的时候，做好适当分工，也才能充分掌控工作的要害关键与轻重缓急，授权与掌控之间才不会偏废。

（四）创业初期要做好必要的准备

创业已成为社会关注的焦点，为鼓励自主创业，政府出台了很多优惠政策，以降低创业者的创业成本。可是创业却不是一帆风顺的，有人的创业之路荆棘丛生。如创业成功率低，一些创业者屡屡上当受骗等。成功创业的关键是选择适合自己的创业方式。绝大多数创业者都缺乏必要的创业知识和准备，所以创业者要参加有效的创业培训，以提升自己的创业素养，这样可以少走很多弯路。

二、新创企业成长的驱动因素

企业成长的推动力量包括创业者、创业团队、市场、资源和创新等。

（一）创业者

新《公司法》的实施，是创业者的一个福音。相关法律规定，创业者申请注册公司时不再需要最低注册资本，也无须再提交验资报告。事实上，如果愿意，仅用1元就能注册公司当老板了，这意味着创业门槛大大降低，创业者不用再望而却步了。此外，中国的创业公司正享受着让全世界都羡慕的政策支持，一个个经济技术开发区正在各个城市拔地而起，政府不仅帮助创业者兴建厂房、办公室，还在税收、人力招募方面给予巨大的支持。创业者要全身心地投入行业中，熟悉其运行规律，要经过详细的评估和周密的调查之后再去实施创业计划，最好是选择好行业之后，先去比较优秀的企业实践几年，获取必要的行业知识，建立有效的人脉，夯实创业的根基。在创业初始阶段，应该寻求有经验的人帮助，要注重团队精神，不要蛮干，方向比坚持更重要。一个企业的高层管理者，是决定企业成长的关键力量，是企业的精神领袖。创业者在经营中要表现出优秀品格，如强烈的进取心、较强的内控能力、敢于冒险、富于创新，以及不断挑战自我、超越自我的精神，才能凝聚团队。

（二）创业团队

创业团队必须有胜任的带头人。在企业管理和市场营销中，我们经常谈论领导者的核心竞争力，在创业团队中，带头人的作用非常重要。创业团队中必须有可以胜任的领导者，而这种领导者并不是单单靠资金、技术、专利来决定的，也不是谁出了好的点子谁就当领导。不管创业者在某个行业多么优秀，都不可能具备所有的经营管理经验，而借助团队，他们可以获得企业所需要的经验，例如顾客经验、产品经验和创业经验等。人际关系在创业中的比重也被放在一个很重要的位置，它会或多或少地帮助创业者，是企业成功的因素之一。依靠团队，人脉关系可以放得更大，可提高创业成功的概率。一项针对创业者能力的研究报告指出，组成团队与管理团队是成功的创业者需要具备的主要能力之一。由于组成创业团队的基石在于创业愿景与共同信念，因此，创业者需要提出一套能够凝聚人心的愿景与经营理念，形成共同目标、语言、文化，作为互信与利益分享的基础。

（三）市场

准确的市场定位是创业成功的关键。在创业之前，创业者必须明白自己究竟干什么行业、生产什么产品，只有定位精确，创业者才能走得更快、更远。很多创业初期的人都想着尽量"大小通吃"，赚所有人的钱。但是，麦当劳不可能兼卖利润高的鱼翅捞饭，五星级酒店没有可能把地下室改成招待所，"捞过界"的后果极有可能是把自身原有的顾客群也一并丢掉。

（四）资源

很多人在初次创业的时候，资源都是十分欠缺的。资源不足，使创业成功的概率降低，但要有完全充分的资源也是不可能的。在资源准备上，一般来说，要符合两个条件：一个是要有进入一个行业的起码资源，另一个是具备差异性资源。如果任何条件均不具备，创业成功的可能性很小。

创业资源和条件主要包括几个方面：①业务资源，即赚钱的模式是什么；②客户资源，即谁来购买；③技术资源，即凭什么赢取客户的信赖；④经营管理资源，即经营能力如何；⑤财务资源，即是否有足够的启动资金；⑥行业经验资源，即对该行业资讯与常识的积累；⑦行业准入条件，如某些行业受到一些政策保护与限制，需要进入资格条件；

⑧人力资源条件，即是否有合适的专业人才，创业者可以不专业，但必须有专业人才帮助你。以上资源，创业者也不需要100%的具备，但至少应具备其中一些重要条件，其他条件可以通过市场方式来获得。比如，创业者如有足够的财力资源，其他资源欠缺可以弥补；如果有足够的客户资源，其他资源的欠缺也容易改变。

（五）创新

创新是企业的唯一生命主线，失去创新，企业将停滞不前，甚至衰亡。创新是企业得以生存与发展的根本，创业期的企业往往处在风险期，抵抗内、外部风险的能力都很弱。因此，企业在存续期间不能失去创新。

三、新创企业成长管理的技巧和策略

新创企业成长管理需要注重整合外部资源，追求外部成长，管理好保持企业持续成长的人力资本，及时实现从创造资源到管好、用好资源的转变，形成比较固定的企业价值观和文化氛围，注重用成长的方式解决成长过程中出现的问题，从过分追求速度转到突出企业的价值增加。新创企业成长管理的技巧和策略有以下几点。

（一）整合外部资源追求外部成长

新创企业由于规模小，各种资源相对匮乏，为实现企业在不确定的环境中的持续成长，需学会整合外部资源，发挥资源的杠杆效应，促进新创企业发展与壮大，这是新创企业成长管理的重要技巧与战略。新创企业可通过缔结战略联盟、首次公开上市、特许经营等方式实现成长。

（二）及时实现从创造资源到管好用好资源的转变

从创造资源到管好用好资源是指企业在开发创造各种生产经营必需资源的同时，采取必要措施，加强对各种资源的管理，并充分利用已开发的资源为企业创造更大价值，实现创造与利用并举。

企业只注重创造资源，忽视对所创造价值进行科学管理和有效利用，容易导致某些资源被企业内部的个人占用，使企业承受经济损失，企业也会无形中培养出一批同行业竞争对手。相反，企业在生产经营中应树立创造资源、管理资源和利用资源并重的管理理念与经营理念，建立企业资源管理制度和资源利用监督机制，加强对企业核心技术人员与员工的管理，加强对企业核心技术的管理，加强对企业设备的管理，加强对企业客户关系的管理，加强对企业技术信息的管理等。管好用好企业已创造的资源，可以使企业核心竞争力得到提升，使企业利润保持在稳定的水平上，在同行业中赢得认可并占据优势。

（三）确立企业愿景、使命、核心价值观，营造文化氛围

企业愿景、使命和核心价值观是引领企业发展的灵魂，虽无形，却渗透在企业发展的方方面面。企业愿景又称企业宗旨，是指企业长期发展的方向、目标、目的和自我设定的社会责任与义务等，其描述了企业在未来社会里是什么样子；企业使命是指企业在社会经

济发展中所应担当的角色和责任，是指企业的根本性质和存在的理由；企业核心价值观是指企业在生产经营活动过程中逐渐形成的，由组织成员共同遵守和分享的同一价值观念、价值判断和行为准则。

企业文化氛围是由企业员工对企业的使命和愿景的期望以及创业者的目标、理念和态度共同形成的，是企业应对成长过程中出现的一系列问题的关键。新创企业在制定兼顾长远目标的短期目标，设立高水平的道德标准，激发员工个人能动性，提供共享的快递信息，采用特定的管理方式，打造清晰的团队精神等方面所形成的文化氛围，会对企业的业绩产生十分显著的影响。因为当员工清楚创业者及管理团队的目标追求与管理方式后，其在生产经营中的付出与努力将直接反映在企业业绩上，从而促进新创企业成长。

（四）为企业快速成长做好准备

企业成长是一个动态过程，是通过创新、变革和强化管理等手段积蓄、整合并促使资源增值进而追求企业持续发展的过程。企业成长包括"质"和"量"两个方面。企业成长的量，主要表现为企业经营资源的增加，即销售额、资产规模、利润等；企业成长的质，主要表现为变革与创新能力，指经营资源的性质变化、结构的重组等，如企业创新能力、环境适应能力等方面。

1. 确定目标

企业的成长目标必须适当。企业需要把握能在风险和资源回报之间取得平衡的各种活动、产品和业务的组合。超过了平衡点，利润率的提高就会使风险大大增加；但低于平衡点，减小风险将会使生产率和利润率急剧下降，从而危及企业的市场地位。

2. 营造氛围

一家企业为了获得成长能力，就必须在其内部营造一种继续学习的氛围。它必须使所有成员都愿意准备承担新的、不同的、更重大的责任，并把这看成是理所当然的事。

3. 准备人才

创业者也可以从企业外部引进各类专家或专门人才。但是，从根本上说，成长必须是来自企业内部的，即使是通过兼并收购获得的成长。而且，成长必须建立在企业的核心优势之上。

4. 做好财务规划

必须为建立一个更大的企业做好财务上的规划。否则，当企业开始成长时，企业会发现自己处于财务危机之中，并可能因此使成长遭到挫折。对于中小型企业，即使是规模不大的成长，也会很快就超过企业的财务基础，在人们一般很少注意的领域中提出财务上的要求，使现有的资本结构安排不起作用。财务战略对成长至关重要，其重要性不亚于产品战略、技术战略和市场战略。

☑ **拓展延伸**

我国民营医院应如何管理

现如今，民营医院进入市场已是一个不争的事实，然而医院毕竟不是企业，和企业的管理模式有着截然不同的概念；社会效益和经济效益并存是现代民营医院生存的根本，纵观国内众多民营医院的成功之路，我们必须强调的是：社会效益是第一位的，经济效益居第二位，而且必须坚持接受区域领导和为人民服务的宗旨，并具有先进的技术和一流的服务，坚持临床与科研相结合，注意观念创新、服务创新、制度创新、科技创新以及管理创新。

一、人力资源的管理

从根本上说，医疗市场竞争的关键还是人力资源的拥有度和储备力；这些人才主要包括民营医院的决策者、策划者、运行者及市场营销人员等；树立正确的人才理念是吸引人才、用好人才的前提；而拥有和储备更多的优秀人才，则是民营医院生存和发展的重要保障。

（一）人才现状

现如今，大多数民营医院的竞争者是政府扶持、具有垄断性的公立医院，从比较优势上看，公立医院在人力资源上占优势，这也是制约民营医院发展的关键所在，因为民营医院建院时间短，底子比较薄弱，人员的整体素质不高，而且人员流动性很大，有些民营医院存在着留不住人才的现象，制约了医院的发展和壮大。

（二）人才引进

人才已经成为重要的战略资源和市场争夺的宝贵资源，民营医院在逐渐壮大的同时，对人才的需求也在不断增加；因而，如何引进人才、留住人才便是民营医院发展的重要课题，在实施人才战略过程中，民营医院应关注重点人才，创造一切条件聘请具有扎实的医学基础、精深的临床专业理论、丰富的实践经验的学科带头人和专业技术骨干，此外，还需公开招聘，选拔一些适合医院发展的可塑性人才，要有计划地吸收应届优秀大学毕业生和研究生，新生力量是医院可持续发展的坚强后盾。

（三）人才的管理

民营医院的人才高流动性和公立医院的低流动性形成了鲜明对比，人才的频繁流动非常不利于民营医院的发展，其根本原因是民营医院缺乏长效的人才管理机制；民营医院应建立灵活高效的动态调节机制，在医院内部形成有利于人才成长的运行机制和环境；"用人不疑""疑人不用"，努力培养员工的主人翁意识和团队精神。

要做到"以人为本"，在用人问题上，民营医院会走两个极端，一方面是"饥不择食"的盲目引进和随意任用；另一方面，许多医院的条条框框太多，看文凭，论资历，不重视能力和贡献，影响人才的引入，也挫伤了员工的积极性；一些高层决策者高喊"尊重人才"的口号，其实不过是"叶公好龙"；因此管理者对人才要有发展的眼光，用积极的态度，做到人尽其才。

培养创新精神，医院在关爱人才的同时，要强化医务人员的竞争意识和敬业精神，促使广大医务人员努力进取，将个人目标与医院的发展密切结合；创新能力是优秀人才必备的素质，只有不断创新，敢为人先，才能开阔思路，促进医院发展，不断提高服务水平；民营医院要有发展的眼光，激励科技兴院，对积极创新，开展新业务和新技术，获得科技成果及发表优秀论文的科室或个人及时给予物质和精神奖励。

（四）规范考核机制

医院应以学科发展、队伍建设和医疗任务为依据，本着优化和高效的原则设置各级职务岗位，人员聘用以合同形式加以确立，实行合约管理；对不同职务岗位的医务人员制定不同的考核标准；根据不同专业，职务层次，按照客观、公正、科学的原则，从职业道德、业务水平和诊疗质量等方面对医务人员进行全面评估和严格考核；考核结果作为续聘、缓聘、解聘、增资、晋级的重要依据。增强员工的凝聚力，在医院中营造良好的氛围，开阔员工视野，使员工真正感受到大家庭的温暖，建立起新型忠诚关系的医院文化。

二、行政与经营管理

（一）强化内部监督

内部监督机制是现代医疗机构内部治理机制的重要组成部分；建立健全并严格实施医院内部控制制度对逐步完善现代医院管理体制，实现"优质，高效，低耗，便捷，安全"的医院经营目标，具有非常重要而深远的意义；随着市场经济的发展，竞争环境日趋激烈，民营医院面临的经营风险也日益复杂化；一家医院如果没有科室来产生经济效益，也就无从谈起医院的整体经营收益问题；但由于医院对于重点项目资金投入比重很大，出现纰漏的机会必然相对较多；如果我们建立和完善了相关的内控制度体系和运行机制，并建立与之相适应的领导集体决策机制，对于充分发挥职工能动作用，避免决策失误，减少经营损耗，提高抵御风险能力，提高投资收益，均会起到很大作用。

（二）挖掘自身优势

相对于公立医院而言，民营医院更应善于在经营方面扬长避短，并充分发挥自己医院的优势特色；如在为目标患者群体提供的服务定位方面，可采取细分市场方法，即不与公立医院去争夺主流病人，而是在大专科小综合或者大专科不综合的发展方向上不断拓展自己的特色，切忌求大求全，避免项项有盈利的经营误区；民营医院只要紧密结合市场需求，坚持发挥自身优势，确定重点优先发展科室项目或特色专科，通过向目标患者群体提供优质服务来赢得市场，日积月累，民营医院必定会受益匪浅。

（三）增强核心竞争力

医院核心竞争力实际上就是相对于竞争对手的竞争优势，是某个医院独有的，别人无法模仿的或很难模仿的；医院的核心竞争力强调医院内部因素的决定性作用，强调医院内部能力、资源和知识的积累，是医院获得持续竞争优势的基础。

如果把一个医院的核心竞争力进行分解，我们认为大致应包括：医院文化凝聚力、专科市场影响力、营销策划执行力以及品牌价值提升力等要素。

首先，我们谈谈医院文化凝聚力问题。自企业文化概念诞生至今已经被各行业、机构、团体认可与推崇；我国医疗机构对于企业文化的研究还不是很长，但医院文化对于提高医院竞争力的作用不容忽视；医院文化的塑造，能够增强医院员工的群体意识和凝聚力，进而有利于医院的生存和发展；尤需注意的是，医院文化不仅能够起到对内导向，增强凝聚力和规范行为等作用，更主要的是能通过这些方面直接提高医院的可持续增长的经营业绩。我们知道，任何一个企业如果要持续发展，必然依靠核心竞争力，相对于医院而言，其核心竞争力的关键则来自诊疗技术和不断完善的服务，技术和服务均源于管理，而高明的管理则源于医院文化；良好的医院文化可以体现在每位医务工作者的工作态度、工作方法与共同的价值观上。

其次，医院的核心竞争力还体现在专科市场影响力方面。我们知道，医院发展和诊疗水平提高都必须依靠科技创新与进步，实现科学技术与临床诊疗的紧密结合是现代民营医院实现安全、高效、快速发展的重要途径。可以说，以科技促发展，抓好学科建设和专业人才培养，促进医院整体实力提高和可持续发展，是民营医院长期而重要的工作。通过科技创新，提高医院的竞争优势是每个医疗机构的有效手段。由于民营医院受到资源限制，可采取重点扶植优势项目的方式，推动医院重点专科的发展，进而推动医院品牌工程的塑造与发展。较具有相对优势的公立医院而言，民营医院更应树立以科技促发展的科学发展观，不断丰富、提高诊疗水平，积极鼓励新技术、新方法在临床诊疗方面的应用，使广大患者真正得到切实有效的诊疗，促进我国医疗卫生事业的蓬勃发展。

在现代市场环境下，民营医院要有逆水行船的决心和准备，在经营理念、融资、产权、品牌等方面积极探索，不断提高自身的竞争力，为我国的医疗卫生事业贡献出更大的力量。

（资料来源：民营医院管理方式调研报告，https://www.wenmi.com/article/pvf7zc04ss6e.html）

✓ 实践应用

马里奥·瓦伦汀拥有一家经营得十分成功的汽车经销商店——瓦伦汀商店。25 年来，瓦伦汀一直坚持独资经营，身兼所有者和管理者两职。现在他已经 70 岁了，打算从管理岗位上退下来，但是他希望汽车经销商店仍能掌握在家族手中，他的长远目标是将这份产业留给自己的儿孙。

瓦伦汀在考虑是否应该将他的商店转为公司制经营。如果他将商店改组为股份公司，那么他就可以给自己的儿孙留下一笔数目合适的股份。另外，他可以将商店整个留给儿孙让他们进行合伙经营。为了能够选择正确的企业组织形式，瓦伦汀制定了下列目标。

（1）所有权。瓦伦汀希望他的两个儿子各拥有 25% 的股份。五个孙子各拥有 10% 的股份。

（2）存续能力。瓦伦汀希望即使发生儿孙死亡或放弃所有权的情况，也不会影响经营的存续性。

（3）管理。当瓦伦汀退休后，他希望将产业交给一位长期服务于商店的雇员乔·汉兹来管理。虽然瓦伦汀希望家族保持产业的所有权，但他并不相信他的家族成员有足够的时间和经验来完成日常的管理工作。

（4）所得税。瓦伦汀希望公司采取的组织形式可以尽可能减少儿孙们应缴纳的所得税。他希望每年的经营所得可以尽可能多地分配给商店里的所有人。

（5）所有者的债务。瓦伦汀知道经营汽车商店会出现诸如对顾客汽车修理不当而发生车祸之类的意外事故，这要求商店有大量的资金。虽然商店已经投了保，但瓦伦汀还是希望能够确保在商店发生损失时，他的儿孙们的个人财产不受任何影响。

根据掌握的关于不同企业组织形式的相关知识，你认为该企业应采取什么样的组织形式？请针对瓦伦汀的目标具体进行分析，并尝试提出可能的改进意见。

参 考 文 献

［1］李家华. 创业基础［M］. 北京：北京师范大学出版社，2013.

［2］汪戎. 创业基础：大学生创业理论与实务［M］. 北京：高等教育出版社，2014.

［3］林强，马超平. 大学生创业实务［M］. 大连：大连理工大学出版社，2012.

［4］马雅红. 大学生创新创业教育基础与能力训练［M］. 北京：北京理工大学出版社，2016.

［5］杨秋玲，王鹏. 创业基础［M］. 北京：北京理工大学出版社，2018.

［6］李燕. 创业基础［M］. 北京：北京理工大学出版社，2018.

［7］张兵. 大学生创新创业基础［M］. 北京：高等教育出版社，2016.

［8］吴亚梅，龚丽萍. 大学生创新创业教程［M］. 重庆：重庆大学出版社，2018.

［9］胡楠，郭勇. 大学生创新创业指导［M］. 北京：人民邮电出版社，2021.

［10］赵俊亚，李明. 大学生创新创业教育［M］. 北京：清华大学出版社，2018.

［11］胡艳，苟延杰，吕雪. 大学生创新创业基础［M］. 成都：西南财经大学出版社，2019.

［12］张雪黎，刘安卿. 大学生创新创业教程［M］. 北京：人民邮电出版社，2017.

［13］周军，方显峰. 大学生创新创业教程（慕课版）［M］. 北京：人民邮电出版社，2018.

［14］刘小庆，曹静，王存芳. 大学生创新创业［M］. 北京：人民邮电出版社，2019.